교실 속 즐거운 변화를 꿈꾸는

프로젝트 학습

교실 속 즐거운 변화를 꿈꾸는

프로젝트 학습[개정판]

1판 1쇄 인쇄 2021년 8월 20일
1판 1쇄 발행 2021년 9월 1일

지은이 | 강인애 · 정준환 · 정득년
펴낸이 | 모흥숙
펴낸곳 | 상상채널
출판등록 | 제2011-0000009호

_이 책을 만든 사람들
편집 | 김루리, 이지수
기획 | 박은성, 안나영
일러스트 | 김병용

종이 | 제이피시
제작 | 현문인쇄

주소 | 서울시 용산구 한강대로 104라길 3 내하빌딩 4층
전화 | 02-775-3241~4
팩스 | 02-775-3246
이메일 | naeha@naeha.co.kr
홈페이지 | http://www.naeha.co.kr

차기추도 학습을 키워주는 핵심 수업 방식!!

[개정판]

교실 속 즐거운
변화를 꿈꾸는

프로젝트 학습

강인애 · 정준환 · 정득년

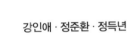

프로젝트 학습, 자기주도 수업의 중심에 서다

상상채널

  어느 시대, 어느 나라를 막론하고 교육 현장에서의 가장 큰 관심사는 '어떻게 하면 학생들이 공부를 좀 더 많이, 좀 더 잘할 수 있게 하느냐'이다. 이를 위해 교육자들은 수많은 학습 이론을 제시하였고, 시대별 혁신적인 새로운 매체가 등장할 때마다 학교 교육 현장에 활용되도록 노력해왔으며, 방학마다 수많은 다양한 교사 연수 프로그램이 실시되었다. 그리고 지금 이 순간에도 여러 학술 잡지, 학회지, 학회에서는 근본적으로는 학생들의 학업 성취도 향상을 위해, 그리고 부수적으로는 이와 연결선상에서 창의성, 인성, 비판적 사고력, 문제 해결력, 협력 학습력 등을 함양시키기 위한 방법과 전략 제시를 위한 활발한 논의가 이루어지고 있다.

  근래에 들어 등장한 교육 혁신을 위한 방안 및 방향성으로서 학습자중심교육, 프로젝트학습, 문제기반학습, 통합수업, 주제중심학습, 다중지능교육, 자기주도적 학습, 배움의 공동체, 창의·인성 교육, 학교 문화·예술 교육, 협동 학습, 디지털 교실 등의 다양한 용어를 만나게 된다. 그러나 새로운 용어나 방향이 등장할 때 마다 교사나 학생은 물론 학부모조차 '또 다시 공부해야 할 새로운 방식'으로 인해 진통을 겪는다. "이번에는 또 어떤 것인가? 언제 배워서 어떻게 적용해야 할 것인가? 그렇다면 이전의 것은 모조리 버려야 할 것인가?"하는 문제를 놓고 씨름하게 되는 것이다. 더욱이 최근 들어 신문 매체에서 앞다투어 보도하고 있는 '교권의 추락', '몰락하는 학교' 등의 우울한 내용을 보면서 '과연 우리나라 교육의 해법은 없는 것일까?'를 다시 한 번 생각해 보게 된다.

흔히 학생들의 공부와 관련지어 생각할 때 으레 등장하는 세 가지 요소는 '학교'라는 장소, '교과서'에 국한된 학습 자원, 그리고 가르침의 주체로서의 '교사'를 생각해 볼 수 있다. 그리고 지금껏 이 세 가지 요소는 오랜 기간 동안 다양한 이름으로 불리며 적용되어왔던 일련의 '혁신적 교육 운동'의 물결 속에서도 그 절대적 위치를 고수하면서 그 안에서의 이런 저런 소극적 변화와 방법의 변주곡의 형태로 굳건히 생존해왔다. 그리고 그 숱한 혁신적 교육 방안과 방법은 매번 잠시의 등장과 함께 환호되다가 급격한 퇴진을 맞이해야 했다.

이제 이 책에서 소개하고자 하는 '프로젝트학습'은 이러한 세 가지 요소의 위치와 역할을 '완전히 뒤바꾸어 접근'하는 수업 방식을 의미한다. 첫째, '교실'에 국한되어있는 학습 장소는 오프라인 교실을 넘어선 온라인 공간을 수용하고, 격리된 교실이 아닌 열린 사회와의 연계를 꾀한다. 따라서 교실은 단지 다같이 모여서 논의를 하기 위한 장소적 의미로서만 존재할 뿐, 학생들이 논의하는 내용과 움직이는 영역은 교실을 벗어나 사회와 소통하고, 공유하며, 참여하는 교실이 된다. 둘째, 이전에 '교과서'에 국한되어 있던 배움의 자료는 이제 교과서를 넘어 우리 실생활 속에 존재하는 모든 내용, 모든 사람, 모든 자료를 활용하는 모습으로 확장된다. 우리 할머니가 내 수업의 중요한 학습 자원 역할을 하기도 하며, 우리 동네 소방서 아저씨가 내 수업의 학습 자원이 되어 주기도 한다. EBS에서 보았던 프로그램이 내 수업 자료가 되기도 하고, 인터넷으로 들어가 본 과학관의 자료가 과제를 해결하는 중요한 열쇠가 되기도 한다. 셋째, 교사와 학생의 위치와 역할이다. 지금껏 가르침의 주체로서 존재해왔던 '교사' 대신 학생이 배움의 주체로서 위치한다. 교사의 목소리 대신 학생들의 목소리가, 교사의 이야기 대신 학생들의 이야기가 수업의 대부분을 차지하게 된다. 대신 교사는 '좋은 귀'를 가진 학습의 조력자이자 지원자로서, 배움의 주체로서의 학생이 제 역할과 기능을 잘할 수 있도록 주변에서 도와주는 역할을 하게 된다.

이렇듯 기존 교육의 3대 요소인 교실, 교과서, 교사에게 부여되었던 권위와 역할을 뒤집어 적용해 보는 것이 이 책에서 소개하는 프로젝트 학습의 핵심이라고 할 수 있다. 그리고 이렇게 적용된 수업은 이 책의 많은 수업 사례에서 확인할 수 있듯이, '신나고', '재미있는' 학교 수업이 되어, 힘들지만 어려운 과제를 해결해내는 나 스스로에 대한 '뿌듯함과 자신감'을 깨닫는 장소가 되고, 나만이 아니라 '내 친구'의 색다른 모습도 발견해 가면서, 나와 내 친구가 '우리'라는 하나의 협력적 공동체가 된다.

　학교가 신나고 재미있다면, 그리고 어려운 문제도 거뜬히 해결해낸다면, 그리고 나와 같이 공부하는 친구들의 서로 다른 뛰어난 점을 발견하면서 서로 격려하고, 칭찬하게 된다면, 그리고 우리가 배우는 것은 교과서에 있는 것만이 아니라 내가 사는 우리 사회의 모든 것과 연관되어 있다는 것을 알게 된다면, 그래서 어른이나 보는 신문이나 텔레비전 뉴스까지 귀 기울이게 된다면, 무조건 정답만을 생각하던 사고 방식에서 탈피하여 나와 내 친구가 어떤 생각을 하고, 어떤 것을 공부하고 싶은지를 당당하게 말할 수 있다면, 그리고 그것을 우리 선생님이 매우 재미있는 생각이고, 창의적인 생각이라고 칭찬해 주고, 격려해 주고, 도와 주기까지 한다면, 이런 학교는 정말 얼마나 신명나는 학교가 될 것이고, 우리 아이들은 얼마나 신나게 학교에서 많은 것을 배워오게 될 것인가?

　핀란드, 독일, 영국, 뉴질랜드, 미국 등과 같은 선진 국가에서 이루어지고 있는 교육 사례들의 공통점은 바로 앞서 말한 '뒤집어 접근하기' 방식이다. 그런데 이미 우리나라의 학습 현장에서 이러한 뒤집어 접근하는 수업 방식이 행해지고 있다는 사실은 매우 고무적인 일이 아닐 수 없다. 외국의 사례와 달리 우리 사회의 이슈들, 특징들, 우리 아이들의 특징들을 고스란히 존중하면서 외국의 사례와 다름없이 신나고, 재미있고, 많이 배우는 그런 방식이 이미 실천되고 있다니 말이다.

물론 '프로젝트학습'은 이미 오래 전부터 여러 학자나 교사들에 의해 거론되고 실천되어 왔다. 그러나 그들의 프로젝트학습과 이 책에서 말하는 프로젝트학습의 근본적인 차이점은 이전의 프로젝트학습은 앞서 언급되었던 전통적 교육의 3대 요소의 테두리 안에서 이루어지는 주변적이고, 소극적인 변화와 시도들이 대부분이었지만 이 책에서 말하는 '뒤집어 보기'에 의거한 프로젝트학습은 이전의 틀을 과감히 벗어던지고, 소위 '패러다임의 변화'를 말 그대로 실천한 수업 환경으로서의 프로젝트 학습이다. 디지털 시대, 스마트 시대라는 이름으로 이전 시대와는 다른 엄청난 변화를 사회, 경제, 정치, 그리고 문화적으로 경험하고 있는 이때, 교육 분야에서도 지금껏 그 많은 시도에도 불구하고 성공적이지 못했던 전통적 교육의 3요소에 대한 획기적인 탈피와 해체, 곧 '뒤집어 보기'를 실천해 보는 것은 매우 시의적절한 일이라고 할 수 있다. 그리고 무엇보다도 중요한 것은 이 책에서 말하고 있는 프로젝트 수업 사례들은 결코 우리나라에서는 가능하지 못할 것 같았던 '재미있는 수업' 또는 '진지한 놀이'와 같은 수업을 아이들과 교사가 직접 경험해 보았고, 현재도 경험하고 있다는 사실이다. 더 나아가 더욱 의미 있는 일은 이들의 이야기가 이론적으로, 생각만으로 만들어진 것이 아니라 현재 우리나라 교육 현장에서 이루어졌던 실화들이라는 사실이다. 따라서 이 책을 읽는 교사나 학부모들에게 이 사례들이 전달하고자 하는 이야기의 진정성이 그대로 전달되어, '학생들에 의한', '학생들의', 그리고 '학생들을 위한' 참된 교육을 향해 함께 움직이고자 하는 지원군으로서 참여할 수 있기를 간절히 소망한다.

올해로 이 책이 출판된 지 10년이 됐다. 그동안 프로젝트학습에 입문하는 교육실천가들에게 길라잡이가 되어주며, 스테디셀러로서 꾸준한 사랑을 받아왔다. 필자들 역시 이런 뜨거운 호응에 힘입어 프로젝트학습에 대한 연구를 게을리 하지 않았고, 현장실천도 꾸준히 하며 나름의 깊이를 더해왔다. 그리고 이들 결과들은 이 책에서 시작된 「잼공 Project learning 시리즈」에 꾸준히 담겨 열 두번째 책 출판(2021년 상반기 기준)에 이르고 있다.

무엇보다 프로젝트학습의 길에 들어선 이후, 늘 곁에서 소중한 동료들이 함께 해 주었다. 특히 필자들(정준환, 정득년)과 동료들이 뜻을 모아 결성된 PBL실천연구단체는 혼자만으로 불가능한 새로운 도전들을 가능하게 만들고 있다. 재미교육연구소(약칭 잼랩)는 「재미와 게임으로 빚어낸 신나는 프로젝트학습(2015)」을 추구하며, 「설레는 수업, 프로젝트학습(2016)」을 만들기 위한 연구와 실천 활동을 적극적으로 펼쳐나가고 있다. 최근에는 공동집필 프로젝트를 수행하며 「독서에 프로젝트 수업을 더하다(2020)」와 「언택트 시대의 슬기로운 PBL수업(2021)」 등 교실뿐만 아니라 박물관 및 미술관(잼공뮤지엄), 지역사회(잼공타운) 등을 무대로 한 다양한 빛깔의 프로젝트학습(PBL) 결과물들을 출판을 통해 공개하고 있다.

이렇듯 '프덕(프로젝트학습 덕후 준말)'으로 살아온 지난 세월동안 필자들은 다양한 실천과 연구를 통해 관련 전문성을 함양할 수 있었다. 아마도 이 책에 담긴 이야기, 그 출발점이 없었다면 불가능한 일이었을 것이다. 머리보다 마음을 움직였던 그때의 이야기들은 그동안 잊고 지냈던 필자들의 초심을 일깨워줬다. 신기하게도 과거의 유물인 줄만 알았던 그 날의 기억들이 어제처럼 생생하게 느껴졌다는 점이다. 마치 타임머신을 탄 것처럼, 열정 넘치던 그 때 그 시절이 소환됐다.

이런 이유로 이 책의 개정판을 준비하는 과정은 특별하게 다가왔다. 10년 전의 원고를 오늘의 시각으로 바라보고 해석하는 작업이 부담되긴 했지만, 그 이상으로 설레고 즐거웠다. 책의 목차를 재구성하는 작업부터 본문 내용을 수정하고 추가하는 일까지 밤을 지새울 정도로 몰입해서 진행했다. 이렇게 완성한 교실 속 즐거운 변화를 위한 프로젝트 수업 길라잡이는 크게 네 부분으로 나뉜다.

「PART1. 프로젝트학습에는 마음을 움직이는 스토리텔링이 있다」는 학습의 주인공으로 참여한 학생들의 열렬한 호응과 놀라운 변화들이 담겨 있다. 이런 마음이 뜨거워지는 살아있는 이야기들이 프로젝트 수업에 빠져드는 결정적인 이유다.

이어지는 「PART2. 프로젝트학습, 관점을 바꿔야 보인다」는 언택트 시대에 프로젝트학습이 가야 할 방향을 명확히 가리키고 있다. 특히 프로젝트학습이 학력보다는 역량을 기르는 수업으로서 왜 진정한 거 꾸로 수업인지 설명한다. 동시에 철학이 빠진 프로젝트학습이 되지 않 도록 하기 위해 교사가 가져야 할 관점이 무엇인지 담고 있다. 여기 에 수록된 본문의 내용들은 「교사, 프로젝트학습에서 답을 찾다 01 THEORY(2019)」편을 토대로 하고 있다.

또한 「PART3. 프로젝트학습의 성공은 철저한 준비에 달려 있다」는 성공적은 프로젝트 수업을 디자인하기 위한 과정이 제공되고 있다. 가 장 기본적인 PBL(Project Based Learning)설계이론에 기초해 문제개발과 수 업과정설계방법을 구체적인 사례를 들어 설명한다. 세분화된 절차에 따라 교사 스스로 프로젝트 수업을 전문적으로 설계하도록 돕는 데 초점을 두고 있다.

마지막으로 「PART4. 성공적인 프로젝트학습의 실천노하우를 배우 다」는 프로젝트학습의 철저한 준비부터 실천과정까지 해부하듯 하나 하나를 들여다볼 수 있도록 해준다. 특히 실제 사례를 들어 설명하고 있는 만큼, 프로젝트 수업을 어떻게 준비하고 실천할지 막연한 독자들에게 좋은 솔루션이 되어 줄 것이다.

프로젝트학습은 기존의 지식을 기억하고 답습하기 위한 목적으로 만들어진 전통적인 수업모형과는 태생부터 다르다. 프로젝트학습의 관점에선 에디슨이 알을 품었던 헛간이, 흥미와 호기심에 따라 독서삼매경에 빠졌던 디트로이트 도서관이, 무수히 많은 발명품이 만들어졌던 실험실이 교실의 참모습이다. 그가 문제아로 낙인찍혔던 교실은 절대 프로젝트 수업환경이 될 수 없다. 학습의 주인공으로서 창의적이며 생산적인 활동을 벌이는 시끌벅적한 교실에선 기존 지식들(교과지식 포함) 모두 학습자원으로서 활용되고 발명의 재료로 쓰인다.

아무쪼록 이 책이 프로젝트학습으로 교실수업의 대안을 만들어가고 있는 독자들에게 훌륭한 길라잡이가 되어주면 좋겠다. 프로젝트 수업의 진정한 묘미는 오로지 실천 속에서 학생들과 호흡하며 느낄 수 있다. 지금 이 순간, 마음이 움직이고 있다면, 망설이지 말고 바로 실천해보자! 프로젝트학습, 그냥 시작하면 된다.

차 례

PART 01
프로젝트학습에는 마음을 움직이는 스토리텔링이 있다

PART 02
프로젝트학습, 관점을 바꿔야 보인다

PART 03
프로젝트학습의 성공은 철저한 준비에 달려 있다

PART 04
성공적인 프로젝트학습의 실천노하우를 배우다

프로젝트학습에는
마음을 움직이는
스토리텔링이 있다

BACK

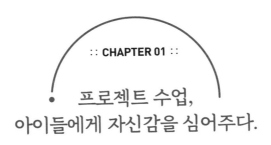

:: CHAPTER 01 ::

프로젝트 수업,
아이들에게 자신감을 심어주다.

사건이 터졌다. 한 아이가 학년연구실 문을 다급하게 두드리면서 교
실에 큰일이 생겼다고 알려왔다. 학생들 간의 심한 다툼이야 학기 초
어수선한 분위기를 틈타 자주 일어나는 일, 큰 걱정하지 않고 재촉하
는 아이 뒤를 쫓아 올라갔다. 상황은 심각했다. 이미 교실은 아수라장

이었고, 아이들은 가장자리 벽에 바짝 붙거나 책상 위에 올라가서 소리를 지르며 누군가를 피하고 있었다. 교실 중앙에는 하얗게 질린 표정의 한 아이가 서 있었다. 평소 조용하기만 했던 우진이었다. 우진이는 친구들이 접근하지 못하도록 문구용 칼을 휘두르며 울부짖고 있었다.

사건의 전말은 이러했다. 지난 2년 동안 친구들에게 따돌림과 무시를 당하면서 마음의 상처가 깊었던 우진이가 한 아이의 비아냥을 참지 못해 이성을 잃었던 사건이었다. 단순히 대인관계에 자신이 없고 조용하고 얌전한 아이정도로만 여겼는데 우진이의 마음은 이미 곪을 대로 곪아 있었다.

이 사건 이후 우진이는 며칠 동안 학교에 출석하지 않았다. 자기표현에 서툴고 내성적이었던 우진이에게 감당하기 힘든 사건이었다. 등교를 거부하는 우진이로 인해 집에서는 심각하게 전학을 고려하기까지 했다. 우여곡절 끝에 다시 등교를 결정하기는 했지만, 우진이는 예전보다 더 움츠려들고 좀처럼 웃지 않는 모습에서 벗어나지 못했다.

#1. 내성적이고 소심했던 우진이의 놀라운 변신

3월의 프로젝트 수업*, 낯선 문제에 당황하고 익숙하지 않은 협동학습에 여기저기서 삐거덕거리는 소리가 들리는 시기다. 아마도 교과서 중심의 수동적 학습에 젖어 있던 학습자 입장에서는 자율적이고 능동

※ 프로젝트 수업의 정식명칭은 '프로젝트기반학습(Project Based Learning)'입니다. 이 책에서는 영문약칭인 PBL을 비롯해 프로젝트학습, 프로젝트 등으로 표현하고 있습니다.

적인 학습을 강조하는 프로젝트 수업이 여간 버겁고 당황스런 상대가 아닐 수 없을 것이다. 게다가 혼자 공부하는데 익숙한 아이들의 경우 토론과 대화가 오가는 학습 환경에 부담감을 갖는 경우가 많다. 그렇기 때문에 대인관계에 서툴렀던 우진이의 경우, 프로젝트 학습에 대한 부담감은 더 했던 것 같다. 온라인 학습커뮤니티에 우진이가 올린 정보나 의견을 거의 찾아볼 수 없었기 때문에 팀원 모두 우진이가 학습활동 참여를 기피하고 있다고 여겼다. 그때까지 우진이는 프로젝트 학습과정에서도 존재감을 찾기 힘든 주변인에 머물러 있었다. 하지만 우진이의 프로젝트 학습참여는 뜻밖에도 학급홈페이지에 올린 성찰저널을 통해 드러났다.

우진이의 성찰 일기 🖍

나는 파워포인트를 작성했지만,
올리지 못해 매우 안타까웠다.

다음에는 올리는 것을 배워
꼭 올려야겠다고 생각했다.

우진이의 글은 비록 짧았지만 그 속에는 스스로의 존재감을 알리는 내용이 담겨 있었다. 프로젝트 수업에서 제시된 문제와 관련지어 파워포인트 자료를 만들고, 팀 구성원들과 공유하려고 노력했다는 것은 우진이도 충분히 과제를 수행하고 문제를 멋지게 해결할 수 있다는 것

을 의미한다. 물론 그 당시 우진이는 친구들이나 선생님에게 파일 올리는 방법조차 묻기 어려워했던 사회성이 매우 낮은 너무나도 내성적인 아이였지만, 교사로서 작지만 소중하고 의미 있는 변화를 엿볼 수 있었던 경험이었다. 우진이의 작은 체구 안에 생각보다 큰 열정과 가능성이 움트고 있을지도 모른다. 지금 이 순간, 우진이의 미래를 결정지을 수 있는 것은 아무것도 없다.

주변인에서 중심인물로…

놀라운 변화다. 한 주 단위로 진행되는 프로젝트 수업이 거듭될수록 우진이의 참여 정도가 달라지고 있다. 정보 하나 올리는 것도 귀찮아했던 3월의 모습과 달리 한 달이 지난 현재 우진이의 참여는 눈에 띄게 적극적으로 변해 있었다.

다음 표는 3월과 4월 우진이가 올린 게시글의 수와 역할분담 내용이다. 이를 보면 우진이가 올린 게시글의 수가 점점 많아지고 있다는 것을 확인할 수 있다. 게시글이 많아지면서 팀의 중책에 해당되는 발표문 작성이나 발표자료 제작을 담당하기 시작했다. 학기 초 학교생활에 적응하지 못해 힘들어했던 모습을 떠올리기 어려울 정도로 프로젝트 수업 초기 주변인에 머물러 있었던 우진이는 기대이상으로 빠르게 팀에 없어서는 안 될 중심인물로 성장해 가고 있었다.

<표 1> 3월과 4월 우진이의 게시글 수와 담당역할

적용 시기 참여	3월			4월			
	2주	3주	4주	1주	2주	3주	4주
게시글	0	1	2	3	4	5	6
담당 역할	정보 검색	정보 검색	정보 검색	발표 자료	발표문	동영상	발표문 동영상

　프로젝트 수업이 거듭될수록 파워포인트나 동영상 자료 제작은 우진이의 몫이 되어갔다. 아무래도 발표문 작성이나 발표자료 제작은 상당히 많은 시간을 요구하는 것이기 때문에 학원에 지친 아이들에겐 버겁고 부담스런 일이다. 프로젝트 수업 초기에는 서로에게 미루다가 실력과 상관없이 가장 힘이 없고 거절을 하지 못하는 친구에게 일임하는 경우가 종종 발생한다.

　사실, 우진이의 경우도 시작은 이와 다르지는 않았다. 그런데 아이러니하게도 우진이의 입장에서 자신의 유능감을 멋지게 알릴 수 있는 기회를 만난 것이다. 우진이는 이 기회를 놓치지 않았다.

5학년 학생이 만든 동영상 맞나요?

저도 자주 동영상을 만드는데, 이 정도는 아니에요. 정말 대단하네요.

PBL수업을 참관한 교사들이 우진이가 만든 동영상에 감탄을 연발한다. 특히 우진이가 만든 동영상은 어느 누가 보더라도 초등학생이 만들었다고 믿기 어려울 정도로 질적으로 우수했다. 처음만 해도 초보적인 수준의 동영상 편집 도구를 활용해서 만들었지만, 점차 시간과 노력이 더해지면서 수준 높은 동영상 편집도구를 활용해 동영상을 제작하기에 이르렀다. 우진이는 이미지와 동영상 소스를 주제와 내용에 맞게 자유자재로 편집·가공할 수 있을 뿐만 아니라 설득력 있게 내용을 구성하는 능력도 갖추게 되었다. 5월과 9월에 제작한 동영상을 서로 비교해 보면 우진이의 실력이 얼마나 향상되었는지를 알 수 있을 것이다.

[5월에 우진이가 만든 동영상]

[9월에 우진이가 만든 동영상]

　예전에 알고 있던 그런 우진이가 아니다. 배우고 닮고 싶은 친구, 팀에서 없어서는 안 될 보배 같은 존재로 거듭났다. 그는 발표문 작성이나 발표자료 제작과 같은 까다로운 역할을 척척 수행하면서 팀원들의 전폭적인 신뢰를 얻고 있다. 우진이는 PBL을 통해 자신감을 키우고 부족한 부분을 채워가면서 그렇게 주변에서 중심적인 존재로 성장해 갔다.

배움의 과정을 곱씹어보고 되짚어 보는데 익숙해지다

우진이의 프로젝트 수업은 언제나 성찰일기를 통해 완성된다. 성찰일기 작성은 우진이로 하여금 자신의 학습과정을 곱씹어 보거나 되짚어 보는 소중한 시간이 되었다. 배움의 과정에서 자신에게 부족한 부분과 개선할 부분이 무엇인지 충분히 생각하고 실천할 수 있는 기회였던 셈이다. 다만, 글쓰기에 서툴렀던 우진이에게 성찰일기 작성이 쉬운 과정만은 아니었을 것이다. 복잡하고 어려운 문제를 해결하기 위해 쏟아부었던 치열한 과정을 글로 옮긴다는 것이 결코 쉬운 일이 아니기 때문이다. 아마 하나의 문장을 완성하는 데도 많은 시간을 투자해서 쓰고 지우기를 반복했을 것이다. 이렇게 완성된 우진이의 성찰일기 속에는 학습과정에서 고민하고 되새김질했던 흔적이 고스란히 담겨 있었다.

> **우진이의 성찰 일기** 🖊
>
> PBL수업을 통해 나와 우리 모둠 친구들은 부쩍 자신감이 생긴 것 같다. 물론, 아직도 어설프고 많이 부족하지만, 조금씩 발전되어 가고 끊임없이 노력해 가는 모습이 보여 기분이 좋았다. 아직도, 갈 길은 멀다. 조금씩 자신감이 붙고 재미도 생긴다. 그래서 앞으로도 더 열심히 하고 싶다.

우진이는 성찰일기를 작성하면서 자기평가를 게을리 하지 않았다. 다른 친구 탓으로 돌리기 쉬운 부분까지도 자신에 대한 평가의 잣대로 활용할 줄 알았다. 우진이는 언제나 문제의 원인을 자신에게서 찾고 이를 해결하기 위해 부단히 노력하는 아이였다. 우진이에게 있어서 PBL 수업은 많은 의미들 중에 자신을 시험해보는 일종의 도전장의 성격이 강했다. 수업이 거듭될수록 우진이는 다부지고 야물어졌다. PBL수업 초기에는 소극적으로 참여했던 우진이는 성찰일기를 통해 적극적으로 참여할 것임을 다짐했다. 그리고 그 다짐이 빈말이 아니었음을 증명이라도 하듯, 이후에 단 한번도 프로젝트 수업에 소극적으로 참여하는 모습을 보이지 않았다.

> **우진이의 성찰 일기** ✏️
>
> 발표 때, 종이가 아깝다고 대본을 안주고 무슨 역인지도 모른 채 발표하느라 엄청 버벅 되었는데 이렇게 황당하게 PBL수업이라고 한 게 너무 기가 막혔다. 물론, 뛰어나게 잘 하는 친구도 있겠지만, 같이 열심히 해 나가는 과정이 중요하다고 생각하는데 무엇보다 가장 큰 문제점은 적극적이지 못한 '나' 였던 것 같다.

작은 목소리, 계획성 없는 소품 활용, 예민한 성격 등은 PBL과정에서 우진이가 해결해야 하는 개인적인 문제들이다. 자신에 대한 엄격함이 우진이를 더 분발하고 더 노력하도록 만드는 것은 아닐까?

우진이의 성찰 일기 ✏️

이번, 발표에서 지적할 점은 내 목소리가 너무 작았다. 앞으로는 내가 목소리를 크게 해서 모둠 발표에 '도움'이 되었으면 좋겠다.

여전히 목소리가 작다. 생각엔 크게 한다고 했는데;;; 발표라는 것이 맘처럼 잘 되질 않는다. 더 노력해서 다음번엔 더 잘해야겠다.

소품도 준비한다고 했는데, 처음 준비해 본거라 준비만 열심히 했지, 제대로 활용하지 못 해, 더 안타깝기만 했다. 더 분발하고, 더 노력해야 하는 내 모습을 발견한 하루였다.

시나리오는 그저 시나리오일 뿐이고, 그 역에 너무 예민할 필요는 없을 것 같은데 나부터도 그 동안 너무 지나치게 예민했던 건 아닌지 반성해 본다.

더 이상 대인기피증세가 있었던 우진이가 아니다. 집단따돌림의 피해자도 아니다. 어떤 문제든 함께 해결하고 고민할 수 있는 친구들이 있어 우진이는 누구보다 행복하다. 그래서 우진이는 프로젝트 수업이 자신과 친구들을 연결해주는 소중한 '다리'라고 여긴다. 적어도 우진이에게 만큼은 배움 이상의 무엇, 일상에서 놓치기 쉬운 소중한 것들을 깨닫고 경험할 수 있게 만드는 즐거운 삶의 공간, 그 자체였다.

> **우진이의 성찰 일기** 🖊
>
> 아침 일찍 일어나 저녁 늦게까지 '동영상'과 '파포'를 만들었다. 다행히 여행가기 전, 하다만 것이 있어 완성할 수 있어 얼마나 기분이 좋았는지 모른다. 늘, 느끼는 것이지만......pbl은 나와 친구들을 하나로 묶어주는 '다리' 같은 역할을 하는 것 같다.

우진이에게 친구들과 선생님의 존재는 특별하다. 자신을 향한 따뜻한 시선, 끊임없는 칭찬과 격려가 배움에 대한 성취감과 만족감을 제공한다. '칭찬은 고래뿐만 아니라 PBL도 춤추게 만든다.' 선생님과 친구들의 칭찬과 격려가 우진이로 하여금 프로젝트 수업의 매력에 푹 빠져들게 만들었다.

> **우진이의 성찰 일기** 🖊
>
> 새로 동영상을 만들어 '파포대신 넣으면 어떨까'하고 제안했다. 울 모둠 친구들도 그렇고 다른 친구들도 잘 만들었다고 해 주어 넘 기분이 좋았다. 드디어 발표 !!! '칭찬은 고래도 춤추게 한다'라는 말이 있듯이 늘 PBL수업을 통해 칭찬해 주시고, 격려해 주시는 선생님과 모둠 친구들이 있어 점점 PBL수업이 즐겁고, 재밌어지는 것 같다. 그래서, 소품도 즐거운 맘으로 챙기게 되고, 적극적인 자세로 PBL수업에 임하게 되는 것 같다.

그리고 마치 증명이라도 하듯, 마지막 수업 직후 학급홈페이지에 편지글을 남겼다.

5학년을 시작한 지 얼마 안 된 것 같은데, 벌써 1년이란 시간이 지난 것이 잘 실감이 나질 않는다. 5학년은 그 어느 학년보다 참 많은 일들이 있었고, 내 몸과 마음이 그 어느 때보다 한층 성장하고, 발전한 한 해이기도 하다.

처음 5학년 교실에 들어 왔을 때는 너무 낯설고, 어색했다. 그래서 그런지 5학년 초에는 학교 오는 게 별로 재미도 없었고, 학교생활이 그저 그랬다.

그런 나에게 큰 변화와 활력을 준 계기는 아무래도 PBL이었던 것 같다. PBL을 통해서 친구들과 서로 친해지고, 어울릴 수 있는 계기가 되었고, 그 동안 내가 살면서 미처 보지 못하고, 생각하지 못 했던, 많은 문제에 대해 사고하고, 관찰하며 도전하는 한 해가 될 수 있었다.

얼마 안 되는 내 삶이지만, 되돌아보았을 때 5학년은 가장 많이 도약하고, 성장했음을 스스로 느낄 수밖에 없는 한 해이다. 하지만, 난 아직도 우물 안 개구리임을 인정하지 않을 수 없다. 더 많이 크고, 더 많이 자라고, 더 많이 발전되어져야만 되는 것을 나는 안다.

그러기 위해서는 5학년 때처럼 행운과도 같은 기회가 주어져야 되겠고, 정준환 샘처럼 좋은 만남이 있어야 되겠고, 무엇보다도 열심히 노력했던 열정이 내게 있어야 됨을 알기에 난 5학년 한 해가 얼마나 감사한 줄 안다.

또, 다시 내게 이런 기회가 주어질지는 모르겠지만, 이런 기회가 주어지든 안 주어지든 난 모든 일에 열심히 할 것이다.

왜냐하면, 그게 5학년 한 해 동안 내가 배운 체험 학습이기 때문이다. 친구들과 더불어 함께하면서 의견을 나누고 공감하며, 때로는 반대하고 지적하며 그 과정에서 난 친구들과 더불어 함께하는 법을 배웠고, 혼자 잘 했을 때보다 함께 잘 했을 때의 기쁨이 훨씬 더 큰 걸 알게 되었고, 세상이 크고 넓다는 것도 알게 되었다. 그걸 알게 해 준 것은 무엇보다도 PBL이고, PBL 학습을 통해서 1년 동안 수고해 주신 정준환 샘 때문이었기에 다시 한 번 정준환 샘께 감사드린다.

그리고, 도와주고 함께 해 주었던 친구들아... 다 들 고마워!!!!

– 우진(가명)이가

#2. 스스로 껍질을 깨고 나온 자람이

'자람이가 선생님 반이라면서요. 선생님은 복 받으신 거예요.'

전 학년 담임선생님이 자람이에 대한 칭찬을 쏟아냈다. 그도 그럴 것이 자람이는 조용하면서 쾌활하고 알아서 척척 공부도 잘하는, 선생님과 친구들의 관심과 사랑을 받기에 충분한 학생이었다. 더욱이 자람이는 평소 책을 즐겨 읽고 글을 쓰는 능력도 탁월해서 과제 제출시마다 선생님으로부터 칭찬을 듬뿍 받았다. 대부분의 교육활동에서 교사가 챙겨줄 일이 별로 없는, 그야말로 완벽한 모범생이었다. 그러한 까닭에 자람이가 프로젝트 학습활동에 별 어려움 없이 적응하고, 팀의 리더로서 주어진 역할을 잘 수행하리라 믿었다.

하지만, 기대가 너무 컸던 모양이다. 예상과 달리 자람이는 프로젝트 수업에 별다른 모습을 보여주지 못하고 있었다. 친구들과 조율하면서 공통의 과제를 완성하는 일에 주도적으로 참여하지도 못했다. 뭔가 겉도는 느낌이 들었다. PBL과제가 제시되면 자신의 맡은 분량 이상으로 정보도 찾고 의견도 올리지만 더 이상의 활동은 하지 않았다. 책 읽기를 좋아하고, 혼자 그림을 그리거나 혼자 공부하는 것을 선호하는 내성적인 성향이 프로젝트 수업적응에 장애물이 되고 있었던 것이다. 그래서인지 자기가 갖고 있는 생각을 글로는 잘 표현하지만 말로는 잘 이야기 하지 않으려 하고 발표를 적극적으로 하는 모습도 좀처럼 찾아보기 힘들었다. 늘 뒤에서 열심히, 묵묵히 하는 것이 자람이의 스타일인 것처럼 보였다.

그런 자람이가 2학기 들어 PBL에 욕심을 내기 시작했다. 문제 상황에 대한 탁월한 이해력을 바탕으로 계획수립에서부터 과제수행까지 적극적으로 참여했다. 특히 '김 과장, 제2의 인생을 사는 거야'라는 문제를 해결하면서부터 발표하는 태도 등이 돋보이기 시작했다.

['김 과장, 제2의 인생을 사는 거야' 문제시나리오]

제시된 문제에는 구조조정으로 15년 동안 다니던 회사를 그만두게 된 김 과장이 자본금 약 1억 5000만 원으로 고향인 남양주시에 사업을 한다는 상황이 주어졌다. 여기서 해결해야 할 과제는 크게 네 가지였다. 사전조사를 통해 김 과장이 할 만한 유망 업종 선정하기, 사업이 가능한 장소와 상가 임대료 시세 파악하기, 주변에 김 과장이 선택한 업종과 동일한 가게를 조사하고 이들 가게와 경쟁에서 이기는 필승전략 세우기, 사업에 필요한 예산 세우기 등이었다. 자람이는 어떤 동기에서였는지 어느 때보다 적극적인 모습을 보였다. 이후에 알게 된 사실이지만, 문제를 해결할 당시 자람이의 아버지가 창업을 준비하고 있었다고 한다. 속 깊은 자람이에게는 제시된 문제가 자신의 일처럼 느껴졌던 모양이다.

한편, 학습에 대한 아쉬움과 후회를 성찰일기에 담아내면서 자람이의 글쓰기 능력이 더 빛을 발하였다. 친구들은 그런 자람이를 인정하기 시작했다. 그렇지만 모든 것이 만사형통은 아니었다. 2학기 들어서 만난 모둠 친구들이 좀처럼 적극성을 보이지 않았기 때문이다. 자람이 특유의 성실한 모습으로 주어진 문제를 열심히 해결하려 했지만 친구들과의 관계를 조율하고 주도해가는 리더십이 부족했다. 팀 안에서 빈번하게 갈등이 생기고 각자 맡은 역할에 책임을 지려하지 않았다. 그렇다보니 학습결과도 만족스럽지 못한 경우가 많았다.

자람이가 주변적 역할에 만족해하며 고수해오던 학습스타일을 주도적이고 적극적인 형태로 바꿔나갈수록 부담스러운 일들에 자꾸 노출됐다. 이런 상황에 버티지 못하고 그만 포기해 주저앉아 버릴 것만 같았다. 팀원을 바꿔서 새롭게 다시 시작하도록 할까도 심각하게 고려했다. 어떤 것이 좋은 방법일지 고민하고 또 고민했다. 그런 가운데 다음 프로젝트 수업이 진행됐다.

자람이의 성찰일기 중(1) 🖉

우리 모둠은 당연히 내가 앞에 나가서 설명하였다. 시나리오는 없었다.
처음에 폐와 뼈에 대해서 전시자료에 대해서 설명하고 카페에 대해 설명하였다.
아직까지는 카페에 많은 정보가 올라오지 않았다.
앞으로도 발전할 수 있을까?
이번 PBL도 역시 내 의견으로 했다 ㅠㅠ
원래 철사를 사서 갈비뼈를 만들고 그 안에 풍선을 넣어서 실험을 하려고 하였는데
애들은 어떻게 하는지 모른다고 하고 놀기만 하고...ㅠㅠ
결국 그건 못만들었다. 해골도 혼자 만들었다. 좀 도와달라고 발좀 만들라고 하니까 이상하게 만들고 이번 PBL은 그래도 그럭저럭 넘겼지만 마음에 들지 않는 점도 있다.

괜한 걱정이었다. 자람이는 생각 이상으로 강한 아이였다. 필자의 시각에서 나약하게 보였을 뿐, 어려움과 실패를 거울삼아 좀 더 전진할 줄 아는 속이 꽉 찬 제자였다. 자람이는 모둠활동을 주도하며 토론을 이끌고 조율하는 역할에 최선을 다했다. 문제해결과정에서 팀원 간에 불협화음이 일어나고 불만이 터져 나오기도 했지만, 슬기롭게 대처하고, 훌륭하게 해소했다. 결국 팀원들의 마음을 움직여 멋진 결과를 도출해냈다. 그리고 설레는 발표경험을 통해 친구들과의 갈등을 한순간

에 날려버리며 뿌듯함을 만끽하였다.

자람이의 성찰일기 중(2) ✏️

내가 새로 만든 다는 것은 얼마나 힘들까?
PBL이 새로 만드는 것을 연속이니... 나도 실력이 늘었을까??
우리 조 아이들이 처음으로 나가서 하는 발표라 많이 떨렸나보다. 하지만
OO은 굉장히 잘하였다. OO자신도 나도 우리 조 아이들도 OO를 뿌듯해 하
는 것 같았다. OO도 처음이지만 잘하였다. 하지만 역시 OO이도 나와 같이
떨려서 박자를 못맞친 것같다.

자랑은 못 되지만 자주 나가서 발표하는 나도 매법 떨리는 자리를 OO, OO,
OO, OO이가 멋지게 소화해 낸것이다. PBL를 할 때, 맞지 않는 화음이 있어
서로를 시기하고 미워한 적이 있다.

우리반 아이들에게도 한 번 정도의 그런 기억은 있을 것이다. 하지만 마지
막 발표 날에는 모두 잊는다.
그러한 일이 안일어난것처럼... 멋지게...

미워하고 시기한 적을 줄여서 좀 더 멋지게...

  프로젝트 수업이 거듭될수록 문제 상황을 이해하고, 스스로 방향을
잡아 모둠 토론을 이끌어가는 자람이의 모습이 한층 돋보였다. 온라
인 팀 토론방에 올리는 과제들도 사용 목적과 활용방안이 분명히 드
러났으며 자료를 재구성하는 능력도 좋아짐을 느낄 수 있었다. 또한
예전에 조용히 알아서 공부해주던 시절이 있었나 싶게 귀찮을 정도로
필자에게 확인하고, 질문하며, 꼼꼼하게 점검했다.

누가 시켜서, 누군가에게 잘 보이기 위해서, 칭찬받기 위해서 하는 프로젝트 수업이 아니라 자신이 좋아서 선택하고 몰입하는 단계, 아니 더 나아가 자기에게 주어진 과제가 스스로에게 도움이 되도록 만들어 나갈 줄 아는 경지에까지 이른 것 같았다. 아래 그림은 PBL수업에 대한 자람이의 생각을 엿볼 수 있는 온라인 표식이다.

[자람이의 온라인 표식]

헤르만 헤세의 「데미안」에는 '병아리는 알을 깨고 나온다.'라는 말이 나온다. 알 속에서 자란 병아리는 부리로 껍질 안쪽을 쪼아 알을 깨고 세상으로 나오려고 한다. 만약, 급한 마음에 미리 깨서 병아리가 빨리 나오게 한다면 당장은 숨통이 트일지 몰라도 한 생명을 위태롭게 만드는 결과를 초래할 수 있다. 우리 아이들은 부화를 앞두고 있는 알 속의 병아리와 같은 존재들이다. 교사가 알을 깨고 나오는 데 작은 도움은 줄 수 있어도 결국 알을 깨고 나오는 것은 병아리인 학생 자신의 몫이다. 이들을 품어주고 기다리고 지켜본다면 스스로 껍질을 깨고 나와 스스로 인생을 살아갈 수 있는 생명력 넘치는 존재가 될 수 있을 것이다.

드디어 자람이는 자신을 둘러싸고 있던 단단한 껍질을 스스로 깨고 얼굴을 내밀었다. 그리고 PBL수업을 통해 무언가 경험하고 직접 부딪혀 보는 일에 용기를 갖게 되었다. 타인과 소통하거나 자신의 감정을 조절하는 요령이나 배려와 협력의 중요성, 학습하는 방법에 대한 다양한 노하우, 무엇보다 도전 정신과 자신감은 자신의 삶과 배움의 길에서 훌륭한 자양분이 될 것이다.

자람이를 비롯해서 프로젝트학습 속 많은 아이들이 보여준 모습은 경이로움 그 자체였다. PBL수업과 같이 학습의 모든 주도권을 학생들에게 부여했을 때 아이들의 잠재력은 폭발적으로 발휘될 수 있다. 어미닭처럼 알을 따뜻하게 품어주고 기다려준다면 아이들은 놀라운 변화로 화답할 것이다.

옳지 않았던 자신의 배움의 길을 자기 자녀에게 혹은 제자에게 그대로 대물림하지는 말자. 아이들에게 세상의 모든 것을 가르칠 수 있다고 생각하는 것은 일종의 환상일 뿐이다. 스승은 깨우침의 계기만 제시할 뿐이고, 나머지는 제자가 스스로 노력하여 깨달음에 이르러야 한다는 줄탁동기(啐啄同機)의 의미를 되새겨 보는 것은 어떨까? 자람이가 중학교 입학 이틀 전 학급홈페이지에 글을 하나 남기고 갔다. 자람이는 자신의 다짐대로 살았고, 마침내 꿈을 이뤄냈다.

자람이의 마지막 글 🖉
나는 처음 애들이랑 어울리고 얘기하고 그런 것 들이 익숙하지 않아서 잘 어울리지 못하고 너무 소극적이고 발표를 잘 하지 못하였다. 차차 학교에 적응하게 되었지만 어렸을 적 너무 소극적이었던 나의 이미지를 바꾸기 쉽지만은 않았다. 하지만 이제 친구들이랑 잘 어울리고 얘기도 하고 발표도하고 그런 것들에 대한 적응도 했다. 그리고 인간관계를 유지하는 방법이나, 나만의 공부방법이랄까 그런 것 들을 알아갔다. 이러한 과정을 거쳤기에 중학교에 들어가면 처음과 같은 실수 같은 것들을 하지 않고 중학교에 적응할 자신이 있다. 중학교에 가면 지금과는 많이 다를 것이라는 생각이 든다.

물론 지금과 같지는 않겠지만 더 중요하고, 훨씬 열심히 해야 하고, 부담감도 없지 않을 것 이다. 다른 여러 수많은 유혹들이 나에게 손을 뻗으려 할지 모른다. 왜냐면 중학생이 되면 하고 싶은 것들이 많을 것 이란 생각이 들기 때문이다. 그래서 한 생각인데 중학생이 되면 하고 싶은 일과, 해야 할일을 잘 구분해야 할 것 같은 느낌이 든다. 지금까지 나는 모든 것이 귀찮다고해서 대충 대충하고 그런 성향이 있었던 것 같다. 그래서 나는 중학생이 되면 꼭 이런 점을 고치고 싶다. 더 열심히 하고 좀 성실하게 하고 싶다. 꼭 최고가 되지 않더라도 최선을 다했으면 좋겠다는 말이다. 또 이제 중학생이나 됐으니 부모님에게 더 잘해드려야겠다. 그동안 너무 철없이 굴었던 게 아닌가 생각이 들기도 한다. 내가 가장 자신 없어 하는 과목이 있다. 꾸준히 공부를 해야 하는 국어와 수학이다. 너무 어려운 과목이 있으면 그게 하기 싫어하고 자신이 없어지는 것 같다. 나는 그 점을 극복하기 위해 자신 없는 과목을 오히려 더 많이 더 먼저 풀기도 한다. 계속 풀다보면 그만큼 알게 되고 알게 된 만큼 조금 자신이 생기지 않을까 하는 마음 때문인가? 싶다. 물론 나의 생각이지만….

나의 꿈은 선생님이다. 초등학생 때 애들이 선생님이 되는 장래희망이 가장 많다고 한다. 왜냐면 직업을 다 알지 못하고 이제까지 경험한 폭이 좁아서 그런가? 나는 잘 알지 못하지만 다른 사람들이 말하는 그런 것으로 선생님이 되고 싶어 하는 게 아니고 정말 선생님이 되어 아이들을 가르쳐 보고 싶어서이다. 그러기 위해 교육 대학교에 들어가야 한다는 사실을 알고 있다. 교육대학교가 워낙 경쟁률이 세지만 지금부터 열심히 꿈을 이루려고 노력하면 못 이룰게 없다고 생각 한다.

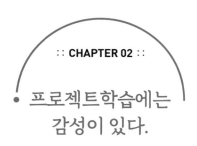

:: CHAPTER 02 ::

프로젝트학습에는
감성이 있다.

    학교 교육에서 추구하는 인재상과 목표는 사회의 변화와 함께 수정되고 학교 수업과 학교 운영에 반영된다. 교육도 사회의 변화에 따라 유행이 있다. 2000년대 초반에는 감성교육의 중요성이 강조되면서 EQ(감성 지능)을 높이기 위한 교육이 진행되었다. 그다음으로 창의적인 인재 한 명의 경제적인 가치를 부각하면서 창의교육의 열풍이 불었다. 그러면서 자기주도적인 학습 능력이 강조되면서 자기 주도 학원까지 생겨났다.

    이렇게 교육 정책의 변화에 민감한 학부모나 교육 현장에 있는 교사 입장에서는 교육의 흐름을 무시할 수가 없다. 왜냐하면 학생들이 살아갈 미래를 대비하기 위한 교육을 준비해야 하기 때문이다.

    최근 4차 산업혁명 시대의 인재상을 강조하면서 창의 지성과 함께 감성 교육이 전면에 등장하였다. 코로나로 인해 4차 산업혁명 시대가 어느새 우리삶에 깊숙이 다가왔다. 미래학자 나이스비트가 말한 High Tech-High Touch(HTHT) 교육이 새롭게 주목받고 있다. 기술은 본래 인간의 상상과 꿈을 성취하기 위해 창조한 작업인데 빠른 기술로 인해 사람이 기술에 종속되는 현상을 막기 위해서도 감성교육이 점점 강조되고 있다.

교육부는 앞으로 도입되는 인공지능(AI) 교육 시대에 맞춘 3대 교육 정책 방향의 첫 번째로 '감성적 창조 인재'로 설정하였다. 이는 기술이 발달할수록 인간의 감성을 이해하고 소통하고 협업하는 감성지능의 중요성이 더욱 강조되기 때문이다. 학교교육에서 감성교육을 어떻게 해나가야 할까? 여러 가지 방법 중에 프로젝트 학습에서의 감성교육의 사례를 전하고자 한다.

서울시 교육청에서 PBL 연수가 처음 개설되었을 때 프로젝트 수업이 학생들의 인성개발에 효과적이라는 연구를 바탕으로 만들어졌다. 프로젝트 학습의 운영은 팀 단위로 진행되고 학생들과의 접촉이 활발하게 되는 학습공동체를 경험하게 되면서 서로를 이해하고 공감하는 감성교육이 자연스럽게 이루어진다. PBL이 교육의 만병통치약은 아니지만 미래교육의 인재상인 창의성, 감성교육에 효과적이고 대안적인 학습 환경이라고 자신 있게 말하고 싶다.

학생들이 프로젝트 수업과정에서 창의지성과 함께 감성교육이 어떻게 이루어지는지 수업의 에피소드를 전하면서 설명하고자 한다.

왕따였던 아이의 감성 지수를 높여 주다

:

4학년 담임이 되어 영수를 처음 만난 날의 충격은 아직까지 잊을 수 없다. 고개를 떨구고 친구들의 시선을 의식하면서 교실로 들어오는 모습은 오랫 동안 친구와의 관계맺음에 문제가 있음을 한눈에 알 수 있었다.

출석을 부르면서 영수의 이름이 나오자 아이들은 모두 영수를 힐끔거리며 쳐다보았다.

영수는 1학년부터 3학년 때까지 아이들로부터 소위 '왕따'를 당하고 있는 학생이었다. 영수는 필자와 이야기를 할 때 눈을 마주 보지 못하고 작은 목소리로 더듬거릴 정도로 상당히 위축되어 있었다.

영수는 가난한 환경 때문에 공부도 못하고 냄새 나는 옷을 입고 다녀서 놀림을 받았고 스트레스 때문에 폭식을 해서 체형까지 뚱뚱해진 상태였다. 3학년 때까지 힘 있는 학생들이 영수를 때리고 소지품을 부수는 등 여러 가지 수모까지 당한 경험이 있었다.

3월 한 달 동안 반 학생들에게 영수와 잘 지내라며 자주 지도를 하여 영수를 괴롭히지는 않아도 영수에게 접근하여 함께 놀지는 않았다.

4월에는 PBL을 위해 학생들이 자주 모이고 상호 작용도 많이 하였다. 학습 능력이 많이 떨어지는 영수는 처음에는 모둠에서 사소한 일을 하거나 아이들의 부탁으로 심부름 정도만 하였다.

PBL의 학습환경은 팀 활동으로 진행되기 때문에 함께 하는 시간이 많아지면서 영수는 조금씩 친구들과 이야기도 하고 함께 놀기도 하고 팀에서 역할을 맡기 시작했다. 영수는 집에 컴퓨터가 없기 때문에 온라인으로 진행하는 PBL에 참여할 수가 없었다.

그러자 모둠의 친구들은 방과 후에 학교 컴퓨터실에 영수를 앉혀놓고 친절하게 학급 홈페이지에 접속하는 방법과 자료를 검색하는 방법을 알려주었다. 아이들이 영수를 대하는 태도가 조금씩 변하기 시작했다.

영수가 친구들에게 인정받은 결정적인 계기가 있었다. 첫 번째 계기는 모둠별로 '화석 박물관 프로젝트'의 중간발표를 하는 시간이었다.

그날은 영수의 모둠에서 발표할 차례였다. 다른 학생들은 발표 시나리오를 보면서 했는데, 영수는 발표문을 보지도 않고 외워서 또박또박 큰소리로 자신 있게 발표하였다. 심지어 어려운 낱말도 쉽게 풀어서 설명을 했다.

필자도 깜짝 놀랐다. 갑자기 영수가 이렇게 잘할 수가 있을까 의아했다. 학생들은 누가 먼저랄 것도 없이 영수에게 박수를 보냈다.

"선생님, 영수가 갑자기 다른 사람이 된 것 같아요."

"그래, 오늘 발표한 사람 중에 영수가 최고로 잘했어. 대단해."

"선생님, 어제 밤새도록 잠도 안자고, 보고 또 보고 연습했어요. 모르는 것은 엄마한테 자꾸 물어보고 만들었어요."

자리로 들어가는 영수를 붙잡고 칭찬하는데, 영수 손에 너덜너덜해진 발표 시나리오 종이가 들려 있었다. 파워포인트 슬라이드 한 쪽을 발표하기 위해 발표문이 너덜거릴 정도로 준비했던 것이다. 영수를 계속 칭찬하자 영수가 갑자기 눈물을 흘렸다.

"선생님, 기뻐서 우는 거예요, 애들이 너무 고마워요."

"그리고 원래 제가 발표하는 것이 아니었는데 제가 해 보고 싶다고 해서 정훈이가 양보해 준 거예요."

"그랬구나! 나는 그것도 모르고 팀장이 발표도 안 한다고 야단쳤네!"

팀장이었던 학생이 영수를 위해 발표를 양보해 주었던 것이다. 변화된 아이들의 모습에 나도 마음이 뭉클해졌다.

감성지능 중 공감능력은 감정이입과 합리적인 생각이 바탕이며 다른 사람의 처지와 감정을 이해하는 능력이다. 발표를 양보해 준 학생은 협력하는 PBL 학습환경에서 영수를 이해하고 공감하게 된 것이다. 공감을 받은 사람의 90%는 변한다고 한다. 영수는 공감을 받으면서 자신감과 동기가 생겼다. 팀장은 자신이 배려한 행동이 좋은 결과가 나오자 그날 이후 영수를 더 인정하고 베스트 프렌드로 받아들이며 매일 같이 붙어 다녔다.

기적같은 일이 PBL과정에서 일어난 것이다. 2년 간 마음의 문을 닫고 위축되어있었던 영수는 공감을 받고 인정을 받자 고개를 들고 다니고 표정부터 환해졌다. 영수는 발표에 자신감이 생겨서 발표를 하겠다고 먼저 나섰고 발표를 잘하는 횟수가 늘어나면서 학급 친구들도 영수는 발표를 잘하는 사람으로 인정하였다. 영수의 학년 초 모습을 생각하면 정말 놀랄만한 변화이다.

영수와 관련된 감동적인 일화들이 PBL을 하면서 많이 일어났다. 아래 글을 통해 조금씩 자신에 대한 자신감을 갖고 세상과 소통하려는 모습을 엿볼 수 있다.

> ### 영수의 성찰 일기 🖊
>
> 신기한 동물을 많이 알게 되어서 기쁘다. 나도 앞으로는 동물을 사랑할거야. 우리나라에도 여러 신기한 동물들이 많아. 면접 시험을 볼 때 떨렸다. 그래도 나는 참고 견디었다. 용기를 내어서 문제를 얘기했다. 말은 잘못했지만 꼭 뭔가 해낸 것 같다. 동물도 많이 알게 되었다. 난 무지 기쁘다. 앞으로 또 하면 좋겠다. 특히 정훈이와 태민가 많이 도와주었다. 창수도 많이 도와주었다. 서로 협동하면서 동물원이 만들어졌다.
> 마틸다 아자 아자 파이팅!

12월 학급 마무리 잔치에서 영수가 팀장 학생과 함께 노래를 부르고 춤을 추며 장기 자랑을 하였다. 3월 첫 날의 영수의 모습과 비교하면 상상할 수 없는 일이 생긴 것이다.

수업을 마치고 학생들에게 PBL을 정의해 보라고 하면 그 중에 60% 가 정의적인 영역으로 정의를 내린다. 학생들이 정의한 글을 보면 PBL 을 하면서 지식 습득과 함께 마음 공부를 하게 됨을 알 수 있다.

PBL을 '거울'이라고 정의한 학생은 거울을 보면 나의 눈, 코, 입 등 나의 외모를 알게 해 주지만, PBL 수업은 나의 마음과 친구를 대하는 태도를 알게 된다고 하였는데, 이것은 바로 자신의 감정을 인식하고 관리하는 것을 말한다. 그리고 PBL을 '마음 공부'라고 한 학생은 친구 들의 의견을 들어 주거나 참아 주어야 하기 때문에 먼저 마음 공부가 되어야만 할 수 있을 것 같다고 했는데, 이는 다른 사람의 말을 들어 주고 타인의 관점을 이해하는 것을 말한다.

팀 활동을 기반으로 하는 PBL에서 친구들과 함께 한 학습 시간은 학생들이 정의한 것처럼 마음 공부를 배울 수 있는 시간이다.

◆ PBL은 함께이다 – 서로를 이해하고 함께 헤쳐 나가는 것이기 때문이다.
◆ PBL은 협동이다 – PBL 수업을 하려면 협동이 중요하기 때문이다. 수업은 모둠끼리 아이디어를 내어 헤쳐 나가는 수업이기 때문이다.
◆ 거울 – 거울을 보면 나의 눈, 코, 입 등 나의 외모를 알게 해 주지만 PBL 수업은 나의 마음과 친구를 대하는 태도를 알게 해 준다.
◆ 마음 공부 – 수업을 하다 보면 친구들의 의견들을 들어 주거나, 참아 주어야 하기 때문에 먼저 마음 공부가 되어야만 할 수 있을 것 같아서이다.
◆ 우정의 끈 – 수업을 하면서 조원들과 친해지고 사이가 좋아지기 때문이다.
◆ 행복 – 친구들이랑 같이 해서 즐겁기 때문이다.
◆ 하늘 – 하늘처럼 넓은 마음으로 공부하기 때문이다.
◆ 정 – 수업을 하면서 친구들과 정이 쌓이기 때문이다.
◆ 마음의 창문 – 자기가 아는 것을 활짝 열어 나누는 것 같아서이다.

공감하고 배려하는 따뜻한 마음은 인간관계 속에서 접촉하고 어울리면서 길러지는 것이다. 학습의 공동체를 형성하는 PBL은 왕따 탈출 넘버원 학습 환경이다.

해태상의 얼룩을 제거하면서 공공 의식을 심어 주다

필자가 근무하던 배봉초등학교 정문에는 해태상이 있었는데, 어느 날 해태상의 얼굴에 보기 싫은 얼룩이 생겼다. 해태상의 얼룩은 1년이 다 되도록 아무도 닦지 않아서 볼 때마다 '지워야 할텐데'라고 생각하며 지나쳤다가 어느 날, 실제 상황을 PBL문제로 수업에 다루면 좋겠다는 아이디어가 떠올라서 시작한 수업이다.

도덕 교과의 '공공 시설물을 내 것처럼'을 배우는 단원을 '해태상의 얼룩을 제거하라'는 PBL로 진행하였다.

학생들에게 해태상의 얼룩이 있다는 우리 학교의 문제를 제시했을 때 절반 이상은 얼룩이 있는지도 모르는 상태였지만 실제 문제상황이라서 문제를 제시하자 마자 학생들은 높은 호기심을 보였다.

수업은 얼룩 제거 방법을 조사한 후, 직접 해태상을 얼룩을 제거하는 것으로 계획하였다. 학생들은 모둠별로 갖가지 얼룩 제거법을 조사하고 다양한 도구들을 가져왔다. 가져온 세제와 도구들 중에 가장 효과적인 것이 무엇인지 실험도 해 보면서 얼룩 제거를 위해 만반의 준비를 갖추었다.

학생들은 치약, 물파스, 빨래비누, 칫솔, 수세미, 솔 등을 가져와서 언제 지우러 갈 것이냐고 자꾸 재촉을 하였다. 아마도 학생들은 얼룩을 지우는 것이 놀이라고 생각하는 것 같았다.

드디어 학생들과 해태상의 얼룩을 지우기로 한 날이 되었다. 그날은

태양이 쨍쨍 내려쬐는 무더운 토요일이었기 때문에 운동장에는 아무도 없었다.

"얘들아! 오늘은 너무 더워서 안 되겠다. 다음 주에 지우자."
"안 돼요! 오늘 지우려가요!"
"이렇게 더운데 괜찮겠어? 그럼 너희들이 괜찮다고 했으니 해 보자."
"와! 나가자."

아이들은 세숫대야, 물뿌리개, 솔, 각종 세제들을 손에 들고 정문으로 달려갔다. 그리고 아래 사진처럼 모둠별로 순서를 정해서 지우기 시작했다. 모둠별로 돌아가면서 해태상 등에 올라타 세제를 묻히고 솔로 문지르고 물뿌리개로 물을 뿌리며 씻겼다. 기다리는 학생들은 빨리하게 해 달라고 재촉했다. 학생들은 땡볕 더위에도 불구하고 모두 웃으면서 정성을 다해 얼룩을 닦았다. 그런데, 얼룩이 어느 정도 없어지고 나서는 더 이상 지워지지 않았다.

학생들은 얼룩이 완전히 제거되지 않자 수업 시작 종소리가 났는데도 교실에 들어갈 생각을 하지 않았다. 아이들의 얼굴과 옷은 땀범벅이 되었다.

"얼룩이 다 안 지워져서 좀 아쉬워요."

"아무래도 얼룩은 먹물인 것이 확실해. 먹물은 오래 지나면 잘 안 지워지거든."

"범인이 누구인지 꼭 알아내야겠어."

"선생님, 내일 또 해요."

"우리가 힘들게 닦았는데 누가 또 장난할까봐 걱정돼요."

"해태상에 푯말을 붙여서 먹물을 뿌리지 못하게 해요."

"처음엔 정말 재미있었는데, 지우다 보니까 화가 났어요."

"맞아요! 한 사람의 잘못으로 우리 반 모두가 고생을 했잖아요."

학생들은 얼룩을 지우고 난 후 모두 흥분해서 '범인을 잡아야 한다', '또 지우러 가자', '푯말을 붙여놓자'는 등 많은 의견을 제시하였다.

교사가 의도한 원래 수업 계획은 해태상의 얼룩을 지우고 난 후 성찰일기를 쓰면서 마무리하는 것이었다. PBL은 학습자가 중심이 되는 수업이므로 교사가 계획하지 않았더라고 필요하다면 학생들의 요구를 수용하는 것이 좋을 때가 많다. 해태상의 얼룩을 어떻게 할 것인지 토론 시간을 갖도록 하였다.

여러 가지 의논 끝에 두 가지로 의견이 모아졌다. 하나는 해태 도우미를 정해서 매일 아침마다 해태상의 남은 얼룩을 제거하자는 것이고, 또 하나는 해태상이 다시 더러워지지 않도록 홍보 전단지를 만들어 학생들에게 나누어 주자는 것이다.

여름 방학식을 할 때까지 학생들은 매일 해태 도우미 활동을 하였고, 진심이 담긴 홍보 전단지를 제작하였다. 전단지는 전교생에게 나눠주지 못하고 같은 학년 학생들에게 나눠주었다 해태상 얼룩 제거 작업을 통해 우리 반 학생들의 도덕적 양심이 한층 성숙되었음을 알 수 있었다.

[학생들이 쓴 전단지]

해태상의 얼룩을 닦는 시간 동안 학생들의 생각과 마음에 어떤 일이 생긴 것일까? 처음에는 해태상을 씻겨 준다는 생각에 재미있었고, 닦다 보니 힘들어서 화가 났고, 한 번의 낙서로 학교가 더러워짐을 알았고, 다른 사람에게도 알리고 싶어졌다.

해태 얼룩의 대하여

안녕하세요. 저는 4학년 9반의 ○○○입니다. 해태상의 얼룩은 우리 4학년 9반이 열심히 닦았습니다. 그래도 흔적이 남았습니다. 우리는 낙서를 닦아야 합니다. 이유는 저 해태상이 더러우면 우리 학교도 더럽혀지기 때문입니다. 우리 배봉초등학교 학생들도 같이 닦아야 합니다. 부탁합니다.

안녕하십니까? 4학년 9반의 ○○○입니다. 정문 앞 '해태상'을 아시나요? 멋진 해태상에 약간의 문제가 생겼습니다. 1년 전 어떤 학생이 해태상에 검은 먹물을 부어 코 밑이 얼룩져 있습니다. 그래서 저희 4학년 9반은 힘을 합해 열심히 닦았습니다. 그러나 너무 오래 지난 먹물이라 아직까지 검은 흔적이 남아 있습니다. 그래서 지금도 조사하는 중이지요. 또 우리에게는 걱정이 있습니다. 그 걱정은 또 해태상이 더러워지면 어떻게 할지 말입니다. 그러니 이 전단지를 읽는 분들이 협조해 주셨으면 합니다. 해태상을 깨끗이 써 주세요. 감사합니다.

안녕하십니까? 저는 4학년 9반 ○○○입니다. 작년에 누가 해태상에 먹물을 뿌려 놓았습니다. 그래서 우리 반이 토요일에 다같이 닦았지만 역부족이었습니다. 하지만 얼룩이 조금 없어졌습니다. 앞으로는 배봉초등학교 모든 어린이가 열심히 해태를 닦았으면 좋겠습니다. 그리고 '해태도우미'를 정해 번갈아 가면서 열심히 닦았으면 좋겠습니다. 또 캠페인이나 포스터로 홍보하였으면 좋겠고, 더 이상 해태에 낙서하지 않도록 정문 앞에 경고문을 붙여 놓았으면 좋겠습니다.

※ 이 글을 다 읽으신 분들은 버리지 말고 다른 학생들한테 전달해 주세요.

[학생들이 쓴 전단지의 내용]

결국 '해태상의 얼룩을 닦아라' PBL은 도덕적 행동을 직접 경험을 통해 성찰하고 내면화할 수 있는 계기가 되었다.

체험적 학습은 PBL의 학습 원칙 중 하나이다. PBL 학습은 실제 상황 또는 이와 유사한 맥락 속에서 이루어지는 것이기 때문에 학습자들의 인지뿐만 아니라 감성을 파고든다.

감성지능은 '자신의 감정을 다스리며 다른 사람의 감정을 이해하고 공감하여 조화를 이룰 수 이는 사회적 능력'을 말한다. 21세기 핵심 역량 4C 중에 의사소통 역량과 협업 능력이 있는데 두 가지 모두 감성지능과 관련 있는 사회적 능력이다.

미래사회로 갈수록 혼자서 해결할 수 있는 일보다는 여러 명이 협업해서 해결하는 복잡하고 비구조화된 일들이 많아진다. 그래서 사안별로 프로젝트팀이나 TF 팀을 꾸려서 새로운 조직체계로 수시로 전환하여 업무를 수행한다.

앞으로 학생들이 살아갈 사회는 뛰어난 개인보다 함께 소통하고 공감하며 협업하는 능력이 바탕이 되는 감성지능이 중요하게 될 것이다. 최근 인공지능(AI)교육 전면 도입을 내세운 교육부에서 첫 번째 인재 덕목으로 감성적 창조 인재 육성을 강조하였다. 과학기술이 발전하면 할수록 인간의 감성을 이해하고 타인과 소통과 협업하는 능력이 중요함을 알 수 있다.

교사주도의 지식 습득 중심의 학습은 마치 그물에서 씨줄만 있는 것과 같다. PBL은 학생들의 학습을 촉진하고 사회성을 높이고 지식을 가치 있는 방향으로 촉진하는 감성이라는 날줄이 지식의 씨줄과 잘 엮어져서 튼튼한 그물을 만드는 조화로운 학습 환경이다.

깊은 지식, 깊은 울림

현서의 성찰 일기 (1) 🖉

동물원 철조망 안에 있는 동물들이 너무 불쌍했다. 이상한 점을 잘 고쳐서 희망 동물원 만들기에 도움이 될까 해서 부모님을 졸라 동물원을 다녀왔다. 그런데 이상하게도 어제 가족들과 동물원에 다녀오고 나서 내 마음이 무거웠다. PBL 4단계를 하기 전에는 동물들이 동물원에 있는 것이 그렇게 힘든 줄은 몰랐다. 동물을 보는 사람들은 너무 좋아하겠지만 동물들이 너무 불쌍한 것 같다. 난 동물들을 많이 사랑해야겠다.

현서의 성찰 일기 (2) 🖉

동물들은 우리보다 훨씬 선배인데도, 우리는 자꾸 동물들을 괴롭히는 것이 미안하다. 지금까지 동물원은 인간의 볼거리로만 사용되어 왔는데, 우리는 한 번이라도 그들이 불쌍하다고 생각한 적 있는가? 동물원의 진정한 임무는 사람들을 즐겁게 해 주는 것만이 아니라, 멸종 위기와 다른 고통에 처한 동물들을 위험에서 보호해 주는 일인 것 같다. 세상의 모든 동물원이 신시내티와 브룩필드, 그리고 헨리둘리 동물원처럼 되었으면 좋겠다. 그것이 우리가 태어나면서부터 가진 임무 중 하나이다.

선생님께서 올리신 자료를 읽고 나니, 지구의 지금까지가 1년이라고 생각하면, 인간의 문명은 12월 31일 오후 11시 59분에 탄생했다니 우리가 선배들을 괴롭히는 것이 좀 찔리게 되었다. 그리고 그때부터 동물원을 더욱 멋지고 동물들이 편하게 쉴 수 있는 공간으로 만들고 싶다는 생각을 하게 되었다.

최근 '생태전환교육', '지속 가능한 발전'이라는 접근이 정치, 경제, 문
화, 사회, 교육, 철학 등의 분야에서 많이 사용되고 있다. 그러나 이런
수식어가 무색할 정도로 현실 세계에서는 생태와 거리가 먼 정책과 경
제활동들이 많다. 2019년 그레타 툰베리의 기후파업을 시작으로 전 세
계의 학생과 시민들이 환경문제에 관심을 갖게 되었다. 툰베리가 '지구
의 미래가 불투명한데 학교에서 공부하는 게 무슨 의미가 있는가? 정
치인들은 기후 위기를 막는 법안을 마련하라'고 일침을 가했다. 환경
교육을 학년마다 계기별로 가르치지만 대부분 이론적으로 접근하거나
짧게 배우고 만다. 환경문제는 삶을 변화시킬 정도로 충분히 깊게 다
루어야 할 분야이다. 몇 십 년부터 환경문제의 심각성을 말해왔지만 현
재의 지구환경은 더 심각해져 있다.

프로젝트 학습으로 생태감수성을 기르는 깊은 울림을 주는 교육을
했다면 지금과는 달라졌을지도 모른다는 상상을 해본다.

한 달간의 동물원 PBL 수업에서 무엇이 이 학생들을 변화시켰을까?
PBL의 어떤 학습 과정이 학생들을 변화시켰을까?

4학년에는 동물과 관련된 단원이 2개가 있다(2015개정교육과정에서는 다르다). 두 단원을 통합한 후 국어과의 글쓰기와 관련지어 총 14차시로 한 달간의 긴 호흡을 갖고 PBL 수업을 하였다.

대부분의 학생들은 한 번쯤 동물을 기른 경험이 있거나 동물을 기르고 싶어서 부모님께 졸랐다가 거절당한 경험들을 가지고 있을 정도로 동물에 관심이 많다.

학생들이 흥미를 갖고 있는 동물이라는 주제로 PBL을 설계하였기 때문에 수업의 참여와 몰입도가 높을 것이라 기대하였다. 동물원 PBL 수업의 시작은 아래의 짤막한 문제로 시작되었다. 예상대로 학생들은 동물원 프로젝트에 열정을 갖고 참여하였다. 동물에 대해 정보를 수집하면서 동물박사가 될 정도로 깊이있게 공부하였고 교실에서 동물에 대한 이야기꽃이 계속 이어졌다.

수업이 진행되면서 동물에 대해 알아갈수록 학생들의 꿈이 사육사, 조련사, 수의사로 바뀌기 시작하는 현상까지 생길 정도로 동물에 대한 관심과 애정이 높아졌다.

희망 동물원 사육사 모집 안내

희망초등학교 어린이 여러분, 안녕하세요?

평소에 동물을, 좋아하는 어린이들을 위하여 에버란도 동물원에서는 '찾아가는 동물원'을 기획하였습니다. 그래서 희망초등학교 안에 어린이 동물원을 만들 계획입니다. 이에 동물원에서 동물들을 기르고 돌봐 줄 어린이 사육사를 모집합니다. 평소에 동물에 대해 애정과 관심이 갖고 있는 학생들의 많은 참여바랍니다.

◆ 제출 서류 : 사육사 지원서(자기 소개서, 애완동물을 기른 경력, 추천서)
◆ 심사 과정 : 1차 서류 심사, 2차 필기 시험, 3차 면접 심사(면접관 심사)

이번 PBL은 한 달 동안 총 4개의 문제를 해결하도록 계획하였고, 전체적인 PBL 수업의 흐름은 동물원 사육사 모집→ 사육사 교육 프로그램→ 동물원 식구 정하기→ 대안 동물원 만들기로 전개되었다. 첫 번째, 두 번째 PBL 문제를 해결할 때까지 학생들은 평소와 다름없이 PBL에 푹 빠져서 모이기만 하면 사육사 시험 합격을 위해 모둠별로 머리를 맞대고 열심히 공부하였다. 세 번째 문제를 시작으로 학생들은 동물원을 보는 시각이 달라지기 시작했다. 학생들 사이에서는 동물들의 반복적인 행동이 정상적인 것이 아니라 낯설고 좁은 환경 때문에 생긴 일종의 정신병인 '정형 행동'이라는 정보가 공유되면서 모두들 충격을 받았다. 이를 처음 알게 된 학생이 학교에 와서 친구들에게 전달하였고, 이 사실은 그날 이후로 교실에서 큰 이슈가 되어 학생들 사이에서 동물들을 걱정하는 이야기들이 오고 갔다.

"동물들이 우리에서 왔다갔다 계속 하잖아! 그게 사람들이 있어서 쇼하는 것이 아니래."

"그럼, 왜 그러는 건데?"

"자기들이 살던 넓은 곳이 아니니까, 답답하잖아. 그래서 생긴 정신병같은 거래."

"정말? 그런 거래? 그 자료 어디서 봤어?"

"EBS에서 방영된 동영상을 보면 다른 나라 동물원과 같이 나와."

모둠 게시판에 올린수영이의 글 ✏️

정형 행동은 수년 또는 수십 년 동안 우리에 갇힌 동물들이 극심한 스트레스로 이상 행동을 일으키는 것을 말한다. 주로 어떤 동작을 반복하는 행위를 한다고 한다. 이것은 정형 행동의 예 중 하나이다. 실제 우리나라 동물원의 어떤 기린은 창문에 코를 반복적으로 비비고, 어떤 코끼리는 몸을 앞뒤로 흔드는 모습을 볼 수 있다고 한다. 이상하게 몸을 흔드는 코끼리를 보고 관람객이 사육사에게 이유를 묻자 코끼리가 춤을 추고 있다고 말하더라고 한다. 그러나 동물학자는 말한다. '코끼리는 춤을 추지 않는다' 라고……. 그것은 정형 행동이라고…….

학생들은 동물들이 우리에서 왔다갔다하거나 물속에서 반복적으로 헤엄치는 행동들이 동물원의 환경 때문이라는 사실에 충격을 받았다. 동물원을 잘 만들기 위해 가족과 동물원에 다녀온 현서는 '동물원에 다녀오고 나서 마음이 무겁다'라며 동물원에 갇힌 동물들에 대한 안타까운 마음을 성찰 일기에 적었고, 민혁이는 철창에 갇혀 있는 동물을 생각하면 '머리가 빙글빙글 돌아간다'라면서 동물들의 고통에 대한 죄책감과 미안한 마음에 어쩔 줄 몰라 했다. 학생들은 자료를 통해 미국의 브룩필드 동물원과 신시내티 동물원에서는 동물들이 원래 살던 곳과 비슷하게 동물원을 짓고, 먹이를 줄 때도 행동 풍부화 프로그램으로 먹이를 잡아먹게 한다는 내용을 알게 되었다.

"선생님, 동물을 잡아서 동물원 우리에 가두는 것은 처벌이 안 되나요?"
"음, 멸종 동물을 잡으면 처벌이 되는데, 일반 동물들은 글쎄……."
"그럼, 동물원에서 정형 행동을 하는 동물들을 치료하고, 원래 살던 곳처럼 꾸며 달라고 해 볼까요?"

"애들아! 너희들이 직접 제대로 된 동물원을 만들어 보는 것은 어떨까?"

PBL 문제를 해결하다 보면 학생들은 가상의 상황이라도 실제 상황처럼 받아들인다. 수업 중에 학생들은 '진짜 동물원 생기는 거예요?' 하고 묻는다. 수업 상황에 몰입하기도 했지만 자신이 만드는 동물원이 진짜로 생겼으면 하는 마음인 듯하다.

본격적으로 '대안 동물원'을 만드는 활동이 시작되면서 아이들이 삼삼오오 모여서 외국의 동물원의 사례를 나누기도 하고 동물들을 위한 환경을 어떻게 조성할지 의견을 나누느라 분주해졌다. 지금까지는 동물의 생태와 동물원의 문제에 대해 이론적인 접근이었지만 이제는 동물에 대한 공감을 바탕으로 창의력이 발휘되는 이번 프로젝트에서 가장 빛나는 시간이다.

"선생님! 민혁이가 이상한 이야기를 해요. 동물원 전체를 숲속처럼 만들고 사람들은 숲속 위의 높은 육교에서 구경하자고 하는데요 말이 안 되죠?"

"오! 그래? 난 정말 멋진 아이디어라 생각하는데, 동물에게도 좋은 환경을 꾸미고 사람들이 앞에서 보면 스트레스 받으니까 육교에서 보도록 하자는 것이구나. 좋은 생각인데?"

"그것봐, 괜찮다고 하시잖아! 우리 모둠에서 제 의견을 이상하다고 해서 속상했어요!"

대안 동물원을 만들면서 학생들은 교사도 몰랐던 행동 풍부화 프로그램을 찾거나 동물원 제작과 함께 행동 풍부화 프로그램까지 만들었다. 동물원에서 동물들이 한 가지 동물만 있는 것보다 유사한 동물이나 잘 어울리는 동물과 함께 있는 것이 더 좋다는 자료를 보고 동물원마다 둘 또는 세 종류의 동물들을 함께 배치하기도 하였다.

거북이 : 먹이를 멀리 놓아 두어 헤엄을 치도록 한다.
다람쥐 : 도토리를 나무 위에 올려놓아 나무에 올라가도록 한다.
호랑이 : 상자에 향수를 뿌려놓아 냄새를 맡도록 한다.
사　자 : 고기를 숨겨놓아 여러 신체 부위를 이용해 찾도록 한다.
독수리 : 먹이로 유인해 많이 날게 한다.
펭　귄 : 살아 있는 물고기를 물에 넣어서 직접 먹이를 잡게 한다.
물　개 : 공을 넣어 주어 놀도록 한다.
코알라 : 나뭇잎을 나무 위에 놓아 나무를 타도록 한다.
원숭이 : 정글을 놓아 주어 팔을 이용하도록 한다.
치　타 : 살아 있는 먹이를 주어 잡도록 한다.

－2모둠의 행동 풍부화 프로그램

대안 동물원 만들기의 결과물은 특별히 2학년 후배들을 초청하여 설명하기로 하였다. 학생들은 다른 때보다 발표 준비를 열심히 하여 후배들을 맞이하였다.

"안녕? 애들아 마틸다 동물원을 소개할 박준성이라고 해."

"너희들 동물원에 가 본 적 있니?"

"거기서 동물들이 계속 왔다갔다하고 똑같은 행동을 반복하는 것을 본 적 있니?"

"그런 행동은 사람들을 위해 쇼를 하는 것이 아니라, 사실은 좁은 데 있어서 아픈 거래."

"그래서 우리가 동물들이 원래 살던 곳처럼 동물원을 만들었어. 이렇게 만들면 동물들이 아프지 않아."

—동물원 발표 시나리오

승하의 성찰 일기 🖊

1단계 문제는 사육사 면접 시험이었다. 그냥 과학 교과서와 완전 차이가 났다. 일반 과학 교과서와는 비교도 안 될 정도로 놀랐다. 과학을 깊게 생각하지 않고 훌쩍 넘어가고 자기가 잘 이해하지도 않고 넘어가면 무슨 소용이 있을까? 그냥 헛수고만 한 것뿐이었다. 그러나 PBL 수업은 깊게 생각하며 동영상으로 플러스를 시켜서 재미도 있고, 부모님 앞에서도 당당하게 말할 수 있는 지식도 생기고, 각자의 단계마다 많은 상식을 얻고, 얼마나 많은 도움을 주는지 깨닫게 된다. 2단계, 3단계, 4단계까지 정말 호기심 있게 단계 문제를 풀었고, 후배들에게도 정형 행동이 무엇인지 알게 해 주고 정형 행동을 방지할 수 있는 행동 풍부화 프로그램까지 많은 지식을 알려 주었다. 이제는 모든 학년이 이 수업을 통해 과학과 친해졌으면 좋겠다.

초등학교의 사회 교과서와 도덕 교과서의 교육과정을 살펴보면, 개인, 사회, 국가, 세계의 범위에서 환경과 생태와 관련된 내용을 전 학년에 걸쳐 다루고 있다. 이는 대부분 환경 문제의 심각성으로 시작하여 '해결 방안'과 '자신이 실천할 수 있는 일 찾아보기'로 끝을 맺는다. 교육과정 대로라면 6학년이 되면 더욱 환경에 민감해하고, 교육적인 효과도 나타나야 되는데, 오히려 고학년이 올라갈수록 더욱 대담하게 쓰레기를 버리고, 일회용품을 즐겨 사용하고 환경과 생태와 점점 멀어지는 생활을 하고 있다. 그 이유는 무엇일까?

학교에서의 환경 교육에서 빠진 것이 있다면 바로 타인의 고통에 공감하는 '감성'이다. '감성'이 빠져 있기 때문에 환경 교육이 점점 진부해지고 실천성이 떨어질 수밖에 없는 것이다.

PBL의 학습 원칙 중의 하나는 '체험적인 학습'이다. 이는 실제 체험과 유사한 과정을 경험하게 함으로써 지식을 일정한 맥락 속에서 구성하게 하는 것을 말한다. 이렇게 구성된 지식은 교과서 속의 일반화되고 화석화된 지식에서 멈추는 것이 아니라 현실 세계의 문제를 진정 자기 것으로 받아들이는 살아 있는 학습으로 발전하게 된다.

이번 PBL 수업을 마무리하면서 천성산 도룡뇽 재판 사건이 있었다는 사실을 학생들에게 이야기해 주었더니, 한 사람도 웃지 않고 모두들 진지하게 들어서 대견스럽고 놀랐다.

승하의 성찰 일기 내용처럼 '과학을 깊게 생각하지도 않고 훌쩍 넘어가거나, 자기가 잘 이해하지도 않고 넘어가면 무슨 소용이 있을까? 그냥 헛수고만 하는 것이다. 그러나 PBL 수업을 통해 깊이 있게 배운 지식은 머리와 가슴까지 깊은 울림의 파장을 갖는다.

:: **CHAPTER 03** ::

serious play!
몰입으로 이끄는 길!

이상한 나라의 PBL – 점심 식사도 잊은 학생들

교사를 대상으로 하는 PBL 연수를 진행할 때 가장 많이 받게 되는 질문은 "PBL 수업은 지적 수준이 높은 학생들에게 맞지 않나요? 초등학생들이 하기에는 너무 힘들어하거나 어려워하지 않나요?"라는 것이다. 이 질문을 받게 되면 필자도 모르게 우리 반의 점심 시간 풍경을 떠올리게 된다.

우리 학교 점심시간은 다른 학교와 마찬가지로 12시다. 그러나 우리 반 학생들은 12시 30분이 다 되어가는 데도 점심 먹을 생각을 하지 않고 삼삼오오 머리를 맞대고 진지하게 토론을 한다. 그냥 놔두면 점심시간을 넘길 기세다. 보다 못한 필자가 "얘들아! 점심시간이 30분이나 지났어!"라고 알려 주자 그제서야 급식 당번들이 놀란 토끼눈을 하고 급식차를 가져와 식사 준비를 한다. 이제 이런 풍경은 너무나 익숙해

065

PART 01 프로젝트학습에는 마음을 움직이는 스토리텔링이 있다

졌고, PBL 수업 기간에는 흔히 벌어지는 일이다.

학년 초가 되면 긴장하고 있는 학생들의 마음을 풀어주는 데 사용하는 재미있는 질문들이 몇 가지 있다.

"학교에 솔직히 밥 먹으러 오는 사람 손들어 보세요!"하고 물으면 두리번거리면서 학생들 3~4명이 장난스럽게 손을 든다.

"얘들아! 선생님도 솔직히 학교에 밥 먹으러 오는데......"하고 장난스럽게 속을 털어 놓으면, 킥킥거리면서 학생들 15명 정도가 자신 있게 선생님과 한통속임을 자랑이라도 하는 듯이 손을 번쩍 든다.

"다음은 점심시간에 축구를 하러 오거나 놀러오는 사람 손들어 보세요!"하고 두 번째로 물어보면 솔직해진 분위기를 틈타 축구를 너무나 사랑하는 남학생들과 노는 것에 목숨을 거는 대다수 여학생들을 포함하여 대부분의 아이들이 손을 든다.

등교하면서 '공부 열심히 해서 훌륭한 사람이 되어야지', '오늘은 어떤 공부를 할까?'라는 생각을 하는 학생은 없을 것이다. 학생들은 호주머니 속에 들어 있는 공기알을 만지작거리면서 '누구랑 공기놀이를 할까?', 축구공을 발로 툭툭 차면서 '점심시간에 누구랑 팀을 먹고 축구를 할까?', '오늘은 수요일인데 어떤 맛있는 반찬이 나올까?', '오늘 체육 시간에는 무엇을 할까?' 등 공부와는 관련 없는 계획과 기대를 하면서 등교할 것이다.

그러나 PBL에 빠진 아이들은 마치 동화 속의 '이상한 나라의 앨리스'처럼 평소와 다르게 온통 수업 준비 생각으로 가득차 있다.

PBL에 처음 도전하는 교사는 수업을 설계할 때 가장 먼저 고려해야 할 것은 학생들의 관심주제와 선호하는 학습방법이다. 그리고 최근 2015 개정 교육과정이 프로젝트 수업을 강조하고 있기에 프로젝트 수업사례를 실은 책이 많이 발간되었다. 성공적인 수업사례로 소개된 것을 수정하여 따라 해보는 것을 권한다.

이번 PBL 수업은 학생들이 관심도가 매우 높은 '음식과 영양'과 관련된 주제로 설계하였다.

5학년 실과(5. 우리의 식사 - 균형 잡힌 식사. 간단한 조리하기) 수업이다. 최근에는 코로나로 인해 초등학생들도 간단한 집콕요리를 할 정도로 요리에 관심이 많아졌다. 영양소를 배울 때 이론으로 배우기보다는 매일 학교에서 먹는 급식 식단을 구성하면서 재미있고 자연스럽게 배우도록 설계하였다.

이번 PBL에서 평소 수업에 참여도가 낮았던 여학생 중 장래희망이 요리사인 남숙이가 이전과 다르게 매우 적극적으로 참여해서 아이들과 필자를 놀라게 하였다. 남숙이는 학교에 급식을 먹으러 오는 대표적인 학생이었다. 학교에 오자마자 책상에 붙여 둔 급식 식단을 살펴보면서 "얘들아! 오늘은 스파게티, 마늘빵, 오이피클 나온다!"라며 큰소리로 알려 주고, 언제 물어보아도 그날의 식단을 줄줄 외워서 '식신 남숙'이라는 별명을 갖고 있었다.

문제명 : 영양 교사의 꿈

한음식 씨는 대학 졸업 후 취업을 준비하고 있는 사람입니다. 한 씨는 한국대학교 식품영양학과 졸업하였고, 현재 영양 교사 2급 자격증을 가지고 있습니다. 한 씨의 꿈은 초등학교 영양 교사가 되어 영국의 급식 혁명을 일으켰던 제이미 올리버처럼 학생들 건강한 식습관을 기를 수 있도록 돕는 것입니다.

한 씨는 아침에 일어나자마자 신문을 읽기 시작했습니다. 평소 관심이 많은 식품 관련 기사들이 제일 먼저 눈에 들어옵니다. 수입 장어 속의 농약 때문에 충남 연기초등학교에서 집단 식중독이 발생했다는 기사, 중국의 멜라민 사건 이후에 초콜릿 과자가 팔리지 않는다는 기사, 인스턴트 식품으로 인해 초등학생들의 비만이 늘고 있고, 성인병에 걸린 학생들이 많다는 기사들이 실려 있었습니다.

한 씨는 이런 기사들을 보면서 '영양 교사가 되면 정말 멋진 급식 식단으로 학생들의 건강을 책임질거야'하고 마음속으로 생각하였습니다.

신문을 보던 중 신문 광고란에 서울시교육청에서 영양 교사를 모집한다는 공고를 보게 되었습니다. 한 씨는 자신의 꿈을 이룰 수 있다는 생각에 가슴이 뛰기 시작했습니다. 한 씨는 벌써부터 초등학교의 영양 교사가 되어 있는 자신의 모습을 상상하며, 이번 시험에 꼭 합격하리라 다짐하였습니다.

[모집 공고]

2009학년도 서울특별시 (초등) 영양 교사 선정 경쟁 시험 계획을 다음과 같이 공고합니다.

응시 자격   영양 교사 2급 자격증 소지자
1차 서류 전형   20XX년 1월 13일
2차 필기 시험   20XX년 1월 15일
             서술식 : 일주일 급식 식단 작성하기
             객관식 : 식생활과 관련된 이론
3차 실기 시험   요리 실기

※ 별첨
1차 서류 전형 : 이력서 및 자기 소개서
2차 필기 시험
● 객관식 문제 과목 : 영양소의 기능, 식품별 영양소 함유, 식사 예절, 조리 기구 사용법, 하루 권장 칼로리, 식품별 칼로리, 식품 재료 선택 방법
● 주관식 : 일주일 급식 식단표(각 식품별 영양소와 칼로리 분석 및 설명) PPT 발표
3차 실기 시험
● 감자와 달걀을 이용한 밥상 차리기

묵묵히 뒷짐만 지고 친구들이 하는 것을 듣고만 있던 남숙이에게 무슨 일이 생긴 것일까? 급식을 먹으러 학교에 온다고 자랑스럽게 말하던 남숙이가 점심 식사도 거르고 수업 준비에 몰두하는 기이한 현상은 어떻게 일어난 것일까?

다중 지능 이론은 '학생들이 학습에 몰입하도록 하기 위해서는 학생이 무엇에 관심이 있는지 어떤 분야에 강점이 있는지 알아야 한다'고 하였다. 다중 지능 이론에서는 강점인 지능을 활용하여 약점인 지능을 개발하여 성장시켜야 한다고 강조하고 있다. 이번 수업에서 강점 지능 영역으로 인해 학습에 몰입하게 되면 새로운 영역에 대한 도전을 용기 있게 받아들인다는 이론을 실제로 확인하였다.

학년 초에 학생들의 다중 지능 검사를 해보면 매년 유사한 결과가 나온다. 학생들의 다중 지능중에 가장 높게 나오는 영역은 공간지능, 신체지능, 자연 탐구지능, 대인관계지능, 음악지능이다. 생각보다 언어지능이 높은 학생은 많지가 않다. 학교의 교육은 많은 양의 지식을 가르치기 위해 대부분 듣기, 읽기, 말하기, 쓰기 중심의 언어지능의 영역을 가장 많이 사용하고 있다. 선행이 되어 있거나 언어지능이 강점인 학생이 결과가 좋고 인정받고 성취감도 높아지게 된다. 언어지능이 낮고 다른 지능 분야에 강점인 학생들은 학습이 흥미가 떨어지게 되고 학업성취도가 낮아질 수 밖에 없는 것이 학교교육의 한계이다.

하지만 PBL 환경에서는 학생들이 다양한 지능을 사용할 수 있는 문제 상황을 제공한다. 그래서 '학습된 무기력감'에 빠져 있거나 의무감 때문에 학습하는 학생들에게는 새로운 도전을 제공하는 학습환경이다.

가드너는 "아이들이 학습에 몰입하게 되면 새로운 영역의 도전도 용기 있게 받아들이게 될 것이다"라고 말하였다. 이러한 가드너의 말은 적중했다. 남숙이를 평소 관찰해 보면 머리가 둔하지 않는데도 '학습된 무기력'이라는 병을 앓고 있었다. 남숙이는 자존감이 낮고, 스스로에 대한 기대치도 낮으며, 공부에 대해 거부감을 갖고 있는 중하위권 학생이었다.

그러나 남숙이에게는 '영양 교사의 꿈'이라는 PBL 수업 후 엄청난 반전이 있었다. 수업 태도도 적극적으로 변했고, 심지어 질문도 하고 숙제도 잘해오는 모범생으로 변하기 시작했다. 남숙이는 성취도 평가에서 평균이 70점을 겨우 넘는 학생이었는데, 마지막 기말고사에서 92점을 기록했고, 심지어 수학 경시 대회에서 동상까지 받았다. 스스로도 대견스러웠던지 상장을 받으며 활짝 웃던 남숙이의 얼굴이 아직도 눈에 선하다.

구성주의 이론에서는 학습을 '학습자가 기존의 경험과 선지식을 바탕으로 사회적 상호 작용 속에서 개인의 인지 작용을 통해 나름대로의 지식을 구성하는 것'이라고 정의하고 있다.

학생들은 경험과 배경 지식이 서로 다르기 때문에 관심 분야와 선호하는 학습 방식도 다르다. 하지만 학교 교육에서는 배워야 할 교과서가 있고, 시험이 있기 때문에 모든 학생들이 똑같은 내용을 학습한다.

'영양사의 꿈' PBL 수업에서 학생들이 계획한 급식 식단은 모둠마다 제시한 칼로리가 저마다 달랐다. 원래 5학년이 섭취해야 할 평균 칼로리는 2,000~2,200kcal이므로 한 끼당 약 700kcal 정도 섭취해야 한다.

모둠마다 이유도 제각각이다. 한 모둠은 요즘 학생들이 비만이 많기 때문에 칼로리를 줄여서 섭취해야 한다고 하고, 또 다른 모둠은 아침을 굶고 오는 학생들이 많기 때문에 점심 식사 때 칼로리를 조금 더 섭취해야 한다고 한다.

이렇듯 PBL 수업은 같은 문제가 제시되더라도 학생들마다 서로 다른 방법으로 풀어가고, 발표도 다른 방식으로 하게 하는 학습 환경을 조성해 준다. 한마디로 학생들 스스로가 자신에게 맞는 교육적 주파수를 직접 찾을 수 있도록 자리를 마련해 주는 것이다.

학생들이 수업에 몰입하고, 즐기고, 공부에 대해 심각하게 고민할 수 있는 학습 환경을 제공해 주는 것이 학교와 교사의 몫이 아닐까? 마음속 시계의 흐름은 '지겨운 것은 느리게', '재미있는 것은 빠르게' 느낀다. 몰입은 하나에 너무 몰두한 나머지 다른 것을 느끼지 못하는 상태이고, 다른 보상이 없어도 내적인 만족을 하며, 자신의 활동 그 자체로 재미있고 즐거워서 계속하게 되는 것을 말한다. PBL을 할 때는 학교생활에서 가장 좋아하는 점심시간도 잊은 채 문제 해결에 몰입하는 모습을 자주 볼 수 있다.

> ### 김○○ 교사의 PBL 수업 적용 후기 ✏️
>
> 다른 수업에서 다소 의기소침했던 아이가 파워포인트 실력 하나로 아이들에게 우쭐대는 모습을 보니, 웃음이 그치질 않았다.
> 점심시간 이후에 발표 시간을 갖기로 했는데, 결과를 정리할 시간이 부족하다면서 점심을 거르는 아이들이 발생! 점심을 꼭 먹어야 한다고 호통을 치기는 했지만 내심 대견했다. 도대체 어느 수업 때문에 아이가 밥을 안 먹고 공부하겠다고 하느냐 말이다. 오~ 놀라운 PBL ~

이처럼 PBL의 세계에 빠진 학생들에게는 이상한 나라의 엘리스처럼 공부시간이 짧게 느껴지고 공부에 열중하느라 시간가는 줄 모르는 신기한 일들이 발생한다.

PBL 시간마다 빙의하는 학생들

"에어커튼으로 쓰레기의 냄새가 과연 완전히 없어질까요?"

"끔찍한 사진이 있어요. 다이옥신 때문에 이런 기형아가 탄생한다고 해요."

"우리 팀에서 이런 자료를 쓰려고 하는데 괜찮을까요?"

"와~ 대단해! 이런 것도 찾아내고, 그럼 이것은 어떤 주장을 뒷받침할 때 쓰고 싶은데?"

위의 장면은 수업 시간이 아닌 아침자습 시간에 벌어진 것이다.

아침에 출근해서 교실 문을 열고 들어가면 학생들은 대개 인사를 하거나, 오늘 체육 시간에 무엇을 하느냐고 묻거나 친구들과 하고 있던 놀이나 대화에 열중하기 마련이다.

그러나 PBL 수업을 하는 기간에는 필자가 교실에 들어서서 자리에 앉기도 전에 하나둘씩 다가와 자연스럽게 토론을 펼친다. 자신이 찾은 자료와 아이디어에 대해 자랑하기도 하고 괜찮은 정보인지 검증을 받기도 한다.

이렇게 PBL 수업에 몰입된 학생들은 학문적인 대화를 나누면서 학습에 대한 열정으로 시간 가는 줄 모른다. 교실 분위기는 문제 해결을 위한 상호 소통하고 고민하는 학습의 열기로 뜨거워진다.

앞서 이야기한 대로 PBL 수업 준비를 위해 점심 식사까지도 잊게 하는 학생의 이야기와 같은 맥락이다. 거듭 말하건대 이 이야기들은 모두 100% 진실이다. PBL이 시작되면 또 다른 기이한 현상이 벌어진다. 바로 PBL 속 주인공들에게 몰입되어 학생들은 하나둘씩 빙의(?)하기 시작한다.

독자들이 수업 시간에 빙의를 한다는 것이 무슨 뜻인지 고개를 갸우뚱할 듯하여, 수업 사례로 설명하고자 한다.

5학년 학생들과 사회과의 지역 문제 해결에 대한 내용과 국어과의 토론 수업을 통합하여 '쓰레기 소각장 주민 공청회' PBL 수업을 하였다. 소각장 건설 위치는 바로 필자가 근무하는 학교가 위치한 배봉산 옆 지역을 임의로 설정하였다. 학생들의 역할은 찬성, 반대, 중립으로 나누어서 중립 의견을 가진 주민들을 설득하는 공청회를 준비하는 것이다.

수도권(서울과 그 주변 도시)에서 나오는 쓰레기 중에 하루에 1만 8,154톤이 인천 수도권 매립지에서 처리된다. 이 중 서울시의 쓰레기가 절반이나 된다.

20년 후면 매립장이 꽉 차게 되고 더 이상 쓰레기를 처리할 수 없게 되어 대책 마련에 비상이 걸렸다. 따라서 각 지방자치단체에서는 0000년도부터 소각장을 건설하기 시작했다.

서울에서는 목동과 강남구의 쓰레기 소각장이 2000년에 건설되어 현재 사용하고 있는데 최근 정부에서 다른 지역의 쓰레기도 함께 처리하라는 '소각장 광역화' 발표를 하자 주민들이 반대 시위를 하고 있다. 다른 구의 쓰레기가 자기 지역의 소각장에 들어오는 것을 반대하는 주민들은 '1개 구에 1개의 소각장 건설'을 주장하고 있다.

동대문구에도 쓰레기 소각장을 건설하려고 하였다. 쓰레기 소각장을 혐오 시설이라 생각하는 주민들의 반대가 심하였다. 그래서 동대문구에서는 쓰레기 소각장을 허용하는 지역에 1년에 70억 원을 지원하고, 주민 편의 시설(수영장, 헬스장, 복지 시설)을 만들어 주기로 하였다. 전농 3동에서는 쓰레기 소각장을 자기 지역에 건설하겠다고 동대문구에 신청하였다. 환경 시설은 주민들의 동의가 있어야 추진할 수 있다. 동대문구청에서는 찬성하는 주민, 반대하는 주민, 아직 마음의 결정을 하지 않은 주민들이 모여서 공청회(자기 주장을 펼치는 토론장)를 열기로 하였다. 쓰레기 소각장 건설은 전농 3동 주민들의 투표에 의해 결정된다.

문제를 본 학생들은 심각한 고민에 빠졌다. 그리고 수업하는 일주일 동안 소각장을 유치해야 하는 지역 주민들이 되어 같은 의견을 가진 주민들끼리 몰려다니면서 정보가 새어 나갈까봐 소곤거리고, 아무리 절친한 친구라도 냉정하게 비밀을 유지했다.

수업 시간에 토론식 수업을 해 보면 대부분 말을 잘하는 똑똑한 몇몇 학생들만의 참여로 진행되다가 더 이상 토론 내용이 없게 되면 교사가 마무리하면서 끝내는 경우가 많다. 그래서 교사들은 학생들이 참여해서 만들어가는 토론 수업에 재미를 느끼지 못하고 절망하다가 시도조차 하지 못한다. 프로젝트 수업은 시간을 두고 사색하고 종합할 충분한 시간과 깊이 있는 탐색을 할 수 있는 환경을 제공해 준다.

그래서 PBL 수업을 하면 토론을 해야 하는 상황에서 거의 모든 학생들이 문제 해결의 주인공이 되어 앞다투어 질문과 발언을 하고, 학습 분위기가 후끈 달아오르는 상황이 연출된다.

쓰레기 소각장 주민 공청회 토론 중에서 찬성하는 쪽 학생이 책상으로 주먹을 꽝 내리치면서 이렇게 말했다. "당신들이 버린 쓰레기를 당신들이 책임을 져야지, 이렇게 반대하면 누가 책임을 집니까?", "그러면 당신들이 버린 쓰레기를 각자 해결할 것입니까?" 그 순간, 공청회장이 조용해졌다. 마치 그 학생에게 소각장 주민이 빙의한 것 같았다.

이렇게 빙의한 학생 주민들 때문에 토론 수업 사상 유례없는 일이 벌어졌다. 원래 토론은 1시간 수업으로 계획했지만, 학생들의 계속되는 요청으로 인해 교사가 오히려 발언자들의 수를 최종적으로 제한하는 조치를 취해 간신히 2시간 만에 끝이 났다.

'쓰레기 소각장' PBL을 마치고 학생들이 쓴 성찰 일기에는 토론 형식의 수업이라 그런지 다른 수업에 비해 자신이 발언한 말들을 정확히 기억했고, 평소 못했던 말을 속시원하게 털어놓는 아이들의 글이 눈에 띄었다. 토론이 2시간 동안 진행되었는데도 못다 한 말이 많다는 것은 학생들이 수업에 얼마나 빠져있었는지를 짐작하게 한다.

쓰레기 소각장 반대 측 학생의 성찰 일기 ✏️

쓰레기 소각장을 마친 후 정말 힘들었다. 발언을 꽤 많이 했지만 내 생각에도 억지인 말도 있는 것 같다. 근데 찬성 측의 지역이기주의 이야기에 대해 난 이렇게 말했다.

'그건 당연한 것이다. 사람들은 전부 자기 지역의 이기주의가 생기기 마련이다. 당연한 것이다. 자기 지역에 혐오 시설이 들어오는 데 좋아라 할 사람이 어디 있겠는가?'

찬성 측도 나랑 같은 생각인줄 알았다. 하지만 아니다. 아마도 찬성 측에서는 내 답변에 대한 발언을 준비한 거 같았다.

"다른 보상이 있지 않습니까?"

그래서 나는

"쓰레기 소각장이 건설된다면 저는 이사를 갈 것입니다. 쓰레기 소각장이 주변에 있는 동네의 집을 누가 사겠습니까?"

이렇게 받아쳤다.

쓰레기 소각장 찬성 측 학생의 성찰 일기 🖊

나는 반대 측 반론에 아주 센 질문을 했다.

"그럼 거기서 자기 쓰레기를 다 치우시겠습니까?"

진짜……그것을 물어보면 좀…….'반성이라도 하겠지'하는 마음이었다. 소각장이 시작이 되는 중에 발언을 했다.

그러니까, 대답이 뭐였더라? 하여튼 받아쳤다. 센 질문인지 알았는데, 너무 약한 것이고 다 미리 반대에서 해결해 놓은 질문 같았다. 그래도 내가 하고 싶은 말을 해서 속이 시원했다.

쓰레기 소각장 반대 측 학생의 성찰 일기 🖊

토론을 하면서 점점 속이 답답할 때도 있었다.

왜냐하면 반대의 이야기에서 잘 나오고 있는데, 찬성 측에서 계속 질문하고 공격적인 말을 하면 답답하다. 내가 찬성 측 주민들에게 진짜 말하고 싶은 말은 "여러분은 지금 돈 때문에 쓰레기 소각장에 휩쓸리고 있는 것 같은데 여러분은 돈이 중요합니까? 아님 몸(건강)이 중요합니까?"라는 것이었다.

사회적 구성주의에서는 학습 과정의 상호 작용을 강조한다. 학습은 사회·문화적 동화를 이루는 과정에서 구성되는 것으로 설명한다. 여기서 사회·문화적 동화라는 것은 '개인이 속한 특정 집단에서 대화, 의사 소통 등에 사용되는 언어, 용어, 생각, 가치, 상징 등을 습득하게 되는 것'을 말하며, 더 나아가 학습자의 정체성(초보자에서 중간자를 거쳐 전문 가에 이르는)의 변화를 갖고 오는 것을 의미한다.

PBL에서는 다양한 문제 상황과 그것을 해결하는 주인공이 등장한 다. 여기서 주인공은 큐레이터, 사육사, 의사, 서울시장, 과학자, 경찰 관, 문화 해설사 등 각양각색이다. PBL에서 학생들은 문제 해결의 주 인공이 가져야 할 사고 방식, 가치관, 논리, 이해 관계, 사회적 기대치들 을 내면화한다.

문화적 동화는 예를 들면, 가져야 할 사고력, 의사가 가져야 할 생명 윤리적인 가치관, 큐레이터가 가져야 할 창조성, 사회 복지사가 가져야 할 윤리 의식을 의미한다.

학생들은 PBL 문제를 해결하면서 초등학생들이 사용하기에는 어려운 전문 용어들을 자연스럽게 사용한다. 문제 해결 초기에는 초보자였지만 서서히 전문가처럼 정체성을 갖게 되고 문화적 동화과정을 통해 학습자의 마음이 움직이고 인지 구조를 흔들어 놓으며 질적인 도약을 통해 스스로 지식을 구성하는 진정한 학습이 이루어지게 되는 것이다.

학생들의 성찰 일기 🖉

···(전략)··· 그리고 이것을 하고 나서 느낀 점은 정말 재미있었다는 것이다. 그리고 우리가 실제로 이런 상황이 닥친다면 실제로 토론을 잘할 수 있을 것이라고 생각했다. ···(중략)··· 만약 우리 전농 3동에 정말로 이런 상황이 발생하면 잘 해결될 것 같고, 결과가 찬성인지 아니면 반대인지 궁금하다. ···(중략)··· 우리 지역에 특수 목적 과학고가 생겨도 쓰레기 소각장에서 발암 물질과 다이옥신 유독 가스가 나와서 우리 전농 3동에 우수한 영재들에 몸을 망치게 될 것 같다. ···(중략)··· 결국 전농 3동에는 소각장이 건설되지 않았다. 하지만 서로 경쟁하고 발언을 하는 것이, 난 너무 재미있었다. 그리고 쓰레기 소각장의 도사까지 되었다.

학생들은 왜 PBL 문제 속 주인공의 입장에 빠져들어 학습에 열중하는가? 학교에서는 짧은 시간에 많은 양의 내용을 배우는 과잉학습이 이루어진다. 많은 양의 지식을 전달하려다 보니 학생들의 삶이나 구체적인 상황과 연결되어 있지 않고 잘 정리되어 있고 구조화되어있다.

교과서에는 지역 문제가 발생했을 때 '대화와 타협을 통해 해결하라'고 배운다. 대화와 타협이라는 매우 실천적이고 상황적인 학습 내용을 활자화된 글과 설명으로만 배우는 것은 결국 학습하지 않은 것과 마찬가지다. 학생들이 살아가면서 겪어야 할 실질적인 문제들은 거의 1차원적으로 단순하지 않다. 프로젝트 학습에서 당사자의 입장에서 전적으로 몰입하여 참여할 수 있는 것은 구체적인 맥락과 상황을 가진 환경이 주어졌기에 가능한 것이다.

소각장 PBL을 하면서 학생들은 진짜로 우리 동네에 소각장이 생기냐고 자꾸 묻는다. 이처럼 학생들이 PBL 문제 해결에 열광하고 상황에 빠져드는 이유는 PBL 문제가 학생들의 삶과 연결되어 있을 법한 구체성과 비구조성을 갖춘 특성 때문이다. 정답과 결론이 이미 정해진 구조화된 수업에서 학생들은 더 이상 생각할 필요를 느끼지 못한다. 2015 개정 교육과정이 시작되면서 프로젝트 수업을 하기에 좋은 교육환경이 마련되었다. 기존에 분절적으로 제시되었던 차시 목표 대신 성취기준이 생겼기 때문에 변화된 교육과정을 충분히 활용하기를 권한다.

PBL이 진행되는 기간에는 아침 출근 시간이 설렌다. 학생들이 어떤 정보와 토론거리를 가져와서 자랑을 하고 한바탕 토론을 벌일지 기대하는 마음으로 교실에 들어선다.

머리가 깨질 것처럼 어려운 PBL 문제를 만들어 주세요

"선생님, 다음 PBL은 머리가 깨질 것처럼 어려운 문제를 만들어 주세요."

처음에는 PBL에 시큰둥했던 학생이 PBL을 몇 차례 경험한 후 나에게 요구한 말이다. PBL을 할 때마다 학생들은 힘들어하면서도 다음 수업을 궁금해하기도 하고 종종 교사에게 자신이 하고 싶은 주제를 제안하거나 새로운 PBL 문제 개발을 요구하기도 한다.

"정말? 그런 문제를 풀고 싶니? 왜 그런지 궁금하네?"
"그냥요, 더 어려운 문제에 도전해서 제 능력이 어느 정도인지 알고 싶어요."
"하하하, 네가 머리 쓰는 재미를 알았구나."
"그럼 직접 개발해 봐라."

이런 사연으로 탄생한 PBL 문제 1호는 '건국신화 사투리 그림자극 대회'다. 학생들이 자신들이 문제를 개발하고 싶다고 하여 모둠별로 PBL 문제를 공모하였다.

학생들은 교과서를 넘기면서 머리가 깨지도록 어려운 문제를 개발하기 위해 노력하였다. 최종적으로 뽑힌 PBL 문제는 사회과의 건국신화를 배우는 단원과 국어과의 지역별 방언의 특징을 배우는 단원을 합체하여 건국신화가 있던 지역(경상도, 전라도, 충청도, 북한, 제주도)의 사투리로 이루어진 연극을 해 보자고 하였다. 이 문제 아이디어를 읽고 전율이 느껴졌다. 황산벌이라는 영화에서 삼국의 군사들이 각각 사투리로 대화했듯이 학생들이 생각하기에 건국신화 또한 그 지역의 사투리로 상황이 전개되었을 것이라는 기발한 상상력을 발휘한 것이다.

제목 : 박혁거세가 태어났당게

등장 인물 : 박혁거세, 여섯 명의 촌장, 흰 말, 해설자

해　　　설 : 기원전 69년 사이가 허벌나게 좋은 여섯 마을의 촌장이 모여 있었당게. 이 여섯 촌장들은 대빡이 필요해 부렸어.

촌　장 1 : 이제 우덜 여섯 마을에 대빡이 필요하당께.

촌　장 2 : 긍께, 우덜도 마을을 거시기하기엔 나이가 쪼가 거시기 하구먼.

촌　장 3 : 그란디, 우덜 마을에 머스마들도 쪼까 없어부러.

촌　장 4 : 아따 어짜쓰까잉~

촌　장 2 : 저서 시방 뭔 소리 아난쓰요?

해　　　설 : 놀랍게도 말 울음소리가 나서 가보니께, 눈처럼 허얀 이쁜 말이 알을 품고 있었당께.

학생들이 만든 PBL 1호 문제는 머리가 깨질 듯이 어려운 문제는 아니지만 건국신화도 조사해야 하고 지역에 맞는 방언도 찾아야 하고 연극 시나리오를 작성해서 연습까지 해야 하는 만만치 않는 활동이었다.

이 수업 후 필자는 건국신화의 이야기를 들려줄 때는 학생들이 북한 사투리를 쓰면서 환웅과 웅녀의 역할을 하던 모습이 떠오른다. 그래서 곰과 호랑이의 대화를 자연스럽게 북한 사투리를 쓰면서 들려주게 되었다. 학생들은 자신들이 개발한 PBL 문제라서 그런지 더 애착을 갖고 '사투리 그림자극 대회'를 준비하였다.

아이들은 왜 이렇게 PBL 문제를 더 어렵게 만들어 달라고 요구하는 것일까? 문제를 풀 때 머리가 아프다는 것은 무엇을 의미하는 것일까?

뇌를 연구하는 학자들은 모르는 문제를 골똘히 생각할 때 뇌는 전력을 다하고 있는 상태라고 한다. 학생들이 PBL을 할 때는 어떤 일이 일어날까? 학생들의 PBL에 대한 생각을 엿보면 수업할 때 어떤 것을 경험하는지 짐작할 수 있을 듯하여 4학년 학생들이 쓴 글을 소개해 본다.

> 'PBL은 미로이다'
> 길을 찾기 위해 헤매고, PBL 수업도 헤매고, 잘하기 위해 고민을 하다가 마지막에는 잘 끝이 나기 때문이다.
>
> PBL은 '비밀'이다.
> 우리가 모르는 비밀을 파헤쳐서 알게 되기 때문이다.
>
> PBL은 '열정'이다.
> 열정이 없으면 못하는 것이기 때문이다.

학생들은 PBL을 다양한 방법과 시행착오를 거쳐 마침내 출구에 도착하는 '미로 찾기'와 같다고 하였다. 미로 찾기를 할 때는 머리가 아프도록 고민하면서도 도전 정신과 과제 집착력이 생기게 된다. 그리고 마지막 출구를 찾았을 때의 기쁨은 다음 단계의 난이도 높은 미로 찾기에 도전하는 열정을 갖게 하는 원동력이 된다.

PBL은 미로 찾기와 비슷한 사고 과정을 거치고, 마침내 문제를 해결하고 난 뒤의 성취감 때문에 어려운 수업 과정을 즐기게 되며, 다음 PBL에 도전하고 싶어지는 욕구가 생긴다.

막힌 출구를 찾아 나오는 듯한 문제 해결의 순간에 필요한 창조성은 뇌에 활력을 불어넣어 준다. 그 이유는 PBL 문제 자체가 불확실성을 갖고 있기 때문이다. 이러한 창조성은 미래 사회가 요구하는 학습자의 중요한 능력 중의 하나이다.

코로나로 인해 먼 미래 같았던 4차 산업 혁명 시대가 우리 삶에 깊숙하게 들어와 있다. 학생들이 앞으로 살아가야 할 사회는 지금보다 더 복잡하고 변화의 속도가 더 빠르게 진행될 것이다. 이렇게 급변하는 시대가 요구하는 교육의 방향을 학생들에게 들려준 이야기를 통해 설명해 보면 다음과 같다.

옛날에 아주 커다랗고 으리으리한 성이 있었다. 성 안에는 넓은 연못이 있고, 그 속에는 물고기들이 살고 있었다. 그러던 어느 날, 성에 큰 불이 나서 연못에 살던 물고기들이 죽느냐 사느냐의 갈림길에 서게 되었다. 물고기들은 어떻게 해야 할지 토론한 끝에 두 가지 방향으로 의견이 나누어졌다. 한 가지는 연못에서 빨리 이사를 가자는 것이고, 또 한 가지는 연못에 그냥 남자는 것이다.

자! 만일 여러분이 연못 속의 물고기의 입장이라면 어떤 방법을 선택할 것인지, 왜 그런 선택을 했는지 잠시 정리해 보기를 바란다.

이것은 내가 학생들에게 PBL 오리엔테이션을 할 때 자주 사용하는 이야기다. 학생들은 대부분 연못에 남기로 하고, 소수만이 연못에서 이사를 간다고 결정한다. 왜 연못에 남을 것인지 물어보면, 물과 불이 만나서 싸우면 물이 이기니까 도망가지 않아도 된다고 자신 있게 대답한다. 연못에서 이사를 간다는 학생에게 물어보면, 대부분 '그냥 빨리 피해야 할 것 같아서'라고 대답한다.

과연 어떤 물고기들이 살아남았을까? 답은 연못에서 이사를 간 물고기들만이 살아남았다. 왜 그럴까? 커다란 성에 불이 났다면, 소방 시설이 없는 옛날에는 물로 불을 꺼야 했을 것이다. 사람들은 연못 속의 물을 바닥까지 긁어서 사용할 것이기 때문에 연못에 물이 남아 있을 확률은 거의 없다. 물이 불을 이길 것이라고 믿었던 물고기들은 물이 없어진 연못에서 살 수 없었을 것이다. 이 이야기에서 성에 불이 났다는 것은 '정보'이며, 그 정보를 판단하고 분석하여 문제해결방법을 찾기 위해서는 정보활용하는 역량이 필요하다.

정답이 이미 정해져 있는 공부 방식에 익숙한 학습자는 물이 불을 이긴다는 직선적인 사고를 하기 쉽다. 하지만 PBL은 정해진 답이 없고 다양한 해결안을 요구하기 때문에 머리가 아프도록 고민할 수밖에 없다.

'초연결, 초지능, 초융합' 사회로 불리는 4차 산업혁명 시대를 살아가는 학생들에게 요구되는 인재상은 무엇일까? 새로운 문제상황에서 정보를 선택하고 분석하고 재가공하여 새로운 지식을 창출해내는 창의적인 문제해결능력을 가진 사람이다. 즉 문제 해결을 위해 지식, 기능. 태도의 종합적인 능력인 역량을 가진 사람이다. 2015 교육과정에서 새롭게 제안된 '역량기반 교육과정'도 이러한 맥락에서 나온 것이다.

'연못 속의 물고기'의 이야기처럼 어디서나 통하는 지식을 많이 아는 '직선 논리'가 아닌 상황에 따라 생각을 뒤집는 '곡선 논리'를 가진 인재가 필요한 것이다.

머리가 깨지도록 아픈 문제들을 경험하게 하는 PBL은 학습에 흥미를 갖게 하고 학생들이 배움 속에서 교실을 만들게 하고 미래사회에서 요구하는 역량을 기를 수 있는 두 마리 토끼를 모두 잡을 수 있는 학습 환경이다.

프로젝트학습이란 무엇일까.

21세기 지식정보화시대를 본격적으로 맞이하면서 새로운 환경에 부합하는 교육패러다임과 이를 구체적으로 실현시켜줄 프로젝트 학습 모형에 대한 관심이 점차 커지고 있다. 프로젝트학습의 정식명칭은 '프로젝트기반학습(Project Based Learning)'이며, 프로젝트학습, 프로젝트수업, 영문약자인 'PBL' 등으로 줄여서 말하곤 한다. 일부 미시적 기준에 의해 프로젝트학습의 형태를 규정하고, 그 틀에 가두어 해석하기도 하는데, 필자들의 경우 프로젝트학습을 '통섭(Consilience)'적 시각, 즉 통합적이고 융합적인 관점으로 해석하고, 교육현장에 실천하는 것을 중요하게 본다.

한편 문제해결학습을 '듀이(Dewey,1910)'의 사고과정에서 비롯된 문제법(Problem Method)으로, 프로젝트수업을 '킬패트릭(Kilpatrick,1918)'의 구안법(Project Method)에 두고 분류해왔듯 동일한 분류기준으로 프로젝트기반학습과 문제기반학습을 나누어 설명하기도 한다. 이런 분류방식은 현장에서 문제해결학습과 문제기반학습을 명칭만 조금 다른 동일한 모형으로 착각하게 만들고, 프로젝트학습과는 근본부터 다른 모형으로 여기게 만든다.

그런데 킬패트릭은 '프래그머티즘(Pragmatism)'을 기반으로 한 듀이의 교육사상에 큰 영향을 받았으며, 그가 제시한 구안법도 그것을 기초로 고안되었다(Kilpatrick,1924). 그도 그럴 것이 킬패트릭은 듀이의 수제자였고, 그의 생애 마지막까지 연구를 함께 했다. 둘의 관계만큼이나 본질상 다르지 않은 교수방법이어서 그런지 실제 교육현장에 구현된 모습은 비슷했고, 서로의 경계는 모호했다. 이런 이유에서였는지 이들 방법은 점차 통합적 시각에서 운영되었으며, 급기야 '문제-구안법(Problem-Project Method)'이라는 공식적인 용어로 활용되기에 이른다. 이후 '문제-구안법'은 교과서 등 수업교재의 일반적인 형식인 교과 단원 구성 및 전개방식에까지 큰 영향을 미치게 된다.

사실 '프로젝트기반학습(Project-Based Learning)'도 '문제기반학습(Problem-Based Learning)'과 'PBL'이라는 영문약자를 공유하는 만큼이나 공통분모가 많다. 알고 보면, 문제기반학습이 교수학습모형으로서 체계적이고 정교한 형식적인 틀을 제공해준다는 점에서 프로젝트학습의 전형적인 모델로 활용하기에 손색이 없다.

두 모형을 구분할 수 있는 지점은 '문제(Problem)'와 '프로젝트(Project)'가 각각 어떤 뜻을 내포하고 있는지 아는 것과 연결된다. '프로젝트'가 어떤 일의 처음과 끝, 학습의 시작에서 마무리까지의 총체적 활동을 뜻하는 용어인데 반해, '문제'는 과제(지식, 정보)의 성격을 규정하는 용어임을 알 수 있다. 이 때문에 '학습의 총체적 과정'과 '학습의 출발점' 중 어디에 무게 중심을 두고 있는지 파악이 된다면 두 모형의 구분이 이론적으로 명확해진다.

그러나 실천현장에서 볼 때, 그 경계는 상당히 모호하다. 체계적인 학습과정만큼이나 학습의 출발점인 과제가 중요하고, 탐구의 논리가 저절로 작동되는 잘 만들어진 문제(과제)라도 체계적인 과제수행이 없다면 학습의 효과와 효율성을 담보해낼 수 없기 때문에 그렇다. 어찌 보면 동전의 양면처럼 본질은 하나지만 어디에 초점을 두고 바라보는지에 따라 모형이름이 결정되는 것일 수도 있다. 다만 프로젝트학습과 문제기반학습은 직사각형과 정사각형의 관계와 비슷하다. 실제적이며 비구조적인 문제의 성격을 충족시키지 못했다면 문제기반학습모형의 범주에 둘 수는 없다. 문제기반학습 전체를 프로젝트학습이라 칭해도 무방하지만, 그렇다고 프로젝트학습이 곧 문제기반학습을 의미하는 것은 아니다.

프로젝트학습,
관점을 바꿔야 보인다

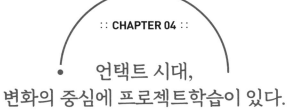

:: CHAPTER 04 ::

언택트 시대,
변화의 중심에 프로젝트학습이 있다.

언택트(Untact) 시대에 적합한 수업은 어떤 모습일까. 실시간 원격수업
으로 교과지식을 전달해주는 것이 과연 우리가 원하던 미래의 수업모
습일까. 테크놀로지의 발전에 따라 교육현장의 하드웨어는 신속하게
업데이트 중이지만, 소프트웨어(내용과 방법)의 변화는 더디기만 하다.

4차 산업혁명시대에 대표적인 수업모형으로 꼽히는 프로젝트학습 (Project Based Learning: PBL)이 혁신학교, 거꾸로 수업, 융합교육(STEAM), 자유학년제 등에 단골로 등장하고 있는 것도 단순한 우연이 아니다. 유수의 교육기관들과 교육선진국들이 앞다투어 교육현장에 도입하는 데도 그만한 이유가 있을 것이다.

분명한 것은 프로젝트 수업이 온라인이든, 오프라인이든 반복적이고 획일적인 기계적 학습에서 벗어나는데 훌륭한 대안이 되어줄 수 있다는 점이다. 프로젝트학습은 학습자의 자율성과 자기주도성 등을 토대로 상상의 나래를 펼치도록 창의적인 학습환경을 제공해준다. 그러면서 사람과 사람 간의 활발한 소통이 이루어지는 지극히 인간적인 감성이 프로젝트학습에 고스란히 담겨있다.

새로운 시대에 적합한 형태로 끊임없이 진화하고 있는 프로젝트학습, 코로나-19 대유행이 몰고 온 교육의 변화를 읽고, 그것에 맞게 적극적으로 행동으로 옮기는 교사의 실천력이 필요한 때이다. 우리는 '변화냐', '아니냐'의 갈림길에서 무엇을 선택하는 것이 좋을까. 먼저 미국교육의 사례를 살펴보며, 그 해법을 모색해 보자.

#. 학력(3Rs)이 아닌 역량(4Cs)이다

미국의 교육개혁은 현재 진행형이다. 최근에는 대학입시를 결정하던 전통적인 성적표의 폐지를 추진하고 있다. 미국이 4차 산업혁명을 주도할 수 있는 것도 시대에 부합하는 교육개혁이 뒷받침되고 있기 때문이다.

스콧 루니 교장은 영어, 수학, 화학, 물리, 생물, 미술, 음악 등으로 나뉘는 교과목 분류도 문제라고 지적했다. 누가 언제 이런 분류를 시작했는지도 모른 채 그저 지금까지 그렇게 해왔으니 여전히 사용되고 있다는 것이다. 하지만 화학과 물리를 통합해 설명할 때 더 잘 이해되는 경우도 있을 수 있으며, 학생의 관심에 따라 생물과 미술을 통합해 수업하는 것이 더 도움이 될 때도 있을 수 있다. 무엇보다도 모든 학생이 나이대로 모여 개인별 관심이나 이해 또는 숙달 정도와 상관없이 모든 수업을 똑같이 듣는 것은 학생 중심의 수업과는 거리가 멀다. 결국 이런 문제를 해결하기 위해 스콧 루니 교장은 역량 중심 성적표 발행이라는 교육혁신을 단행하기로 결정하고 역량 중심 성적표 컨소시엄(Mastery Transcript Consortium: MTC)을 구성, 본격적인 준비 작업에 착수했다. 2018년 2월 현재 역량 중심 성적표 컨소시엄에는 170여 개의 미국 사립고등학교와 여러 나라의 국제학교가 동참하고 있다.
– 「성적 없는 성적표」 내용 중 일부(pp18-19)

2000년대 초까지만 해도 우리나라처럼 읽고, 쓰고, 셈하기, 즉 3Rs가 교육정책의 근간을 이루었지만, 시대의 갈림길에서 미국은 과감한 변화를 선택했다. 지식정보화시대에 들어서면서 학력중심교육의 부정적인 연구결과들이 도출되고, 21세기를 주도할 인재를 양성하는 데 여러모로 적합하지 않다는 결론에 이르게 되자 주저하지 않았다.

2002년 교육정책수립과 추진에 있어서 실질적인 권한을 갖고 있던 '전미교육협회(National Education Association)'는 교육개혁의 방향을 정하고, 기존의 3Rs 중심의 교육정책에서 과감히 탈피하는 개혁을 단행했다. 21세기형 인재양성을 위한 새로운 기준을 제시하며 학력에서 역량으로 전환을 선포했다. 4Cs, 즉 '창의력(Creativity)', '협동능력(Collaboration)', '비판적 사고능력(Critical thinking)', '의사소통능력(Communication)'을 21세기 핵심역량으로 정하고 이를 교육정책의 중심에 두게 된 것이다. 더불어 이러한 교육목표를 구체적으로 달성하기 위해 프로젝트학습(PBL)을 포함한 학습자의 역량을 강화시켜줄 수업모형을 교육현장에 적극 도입하였다. 비영리단체인 "21세기 역량 파트너십(The Partnership for 21st Century Skills)"을 설립하여 21세기형 인재를 양성하기 위한 구체적인 사례와 교육방법이 담긴 안내서를 보급하고 대대적인 교사연수를 실시하기도 했다. 당시 최고의 IT기업이었던 마이크로소프트(Microsoft)와 인텔(Intel), IBM 등이 막대한 예산을 집행하며 교육개혁을 지원했다.

결과적으로 지식의 단순한 이해와 기억에 초점을 둔 3Rs정책의 폐기는 미래를 정확히 내다 본 '신의 한수'였다. 4Cs 중심의 교육환경에서 길러진 당시 학생들은 어느덧 30대가 되어, 4차 산업혁명을 선도하는 인재로서 활약하고 있으니 말이다. 당시 존재감조차 없었던 구글, 애플, 페이스북, 유튜브, 아마존 등의 거대기업들이 매력적인 소프트웨어를 앞세워 새로운 세상을 선도하는 것과도 무관치 않다.

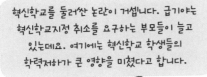

혁신학교를 둘러싼 논란이 거셉니다. 급기야는 혁신학교지정 취소를 요구하는 부모들이 늘고 있는데요. 여기에는 혁신학교 학생들의 학력저하가 큰 영향을 미쳤다고 합니다.

일단, 교과수업부터 충실히 합시다! 학생들 성적을 올려 놓아야 부모들이 신뢰를 하지요. 프로젝트학습은 남는 수업시간에 하는 것이 현실적입니다.

21세기 인재를 길러내기 위해서는 역량강화에 초점을 맞춰야 하는데, 언제쯤 가능할까?

혁신교육이든 프로젝트학습이든 해야겠지만, 학생들의 학력저하에 대한 부모들의 우려도 무시할 수는 없네.

 그러나 안타깝게도 우리나라는 여전히 3Rs 중심의 교육정책을 고수하고 있다. 겉으로는 교육혁신을 부르짖고 있지만, 기존의 것에 하나씩 더하는 개념일 뿐, 근본적인 변화와는 거리가 멀다. 덕분에 미국 등의 다른 선진국들에 비해 우리나라의 기초학력 수준은 매우 높은 편이다. 수학성적이 하위권인 학생이 미국학교로 갔더니 1등을 하더라는 말까지 더하며 상대적인 우월성을 표현할 정도니 말이다. 국제학업성취도 비교평가인 PISA성적이 늘 상위권에 있는 것도 3R을 중심에 둔 교육정책의 성과로도 볼 수 있다. PISA성적을 기준으로만 보자면, 미국은 한국에 명함도 내밀지 못하는 수준이다. 하지만 대학이라는 고등교육으로 넘어가게 되면, 완전히 다른 성적을 받아들게 된다. 줄곧 1등을 하던 학생이 어느 날 갑자기 꼴찌로 전락하듯 한국과 미국의 전세는 완전히 역전되고야 만다. 이후로 그 간극은 전혀 좁혀지지 않고 끝끝내 더 벌어지게 된다.

1989년에 개봉한 '행복은 성적순이 아니잖아요'라는 영화가 흥행에 성공하며, 사회적인 메시지를 던져주기도 했지만, 아직까지 시험성적은 학생의 가치를 매기는 주요잣대로 활용되고 있다. 문제는 3Rs를 기준으로 학력을 평가하면서 21세기 핵심역량을 기르겠다고 말하는 모순된 행보에 있다. 정말 이런 넌센스가 따로 없다. 지필시험으로 3Rs가 기준인 학력수준을 평가할 수 있다 하더라도(필자의 의견은 다소 부정적이다), 창의력, 협동능력, 비판적 사고능력, 의사소통능력 등의 핵심역량을 제대로 평가하는 건 불가능에 가깝다. 국내외 글로벌 기업들이 입사지원자의 역량을 검증하기 위해 손쉬운 지필시험이 아닌, 심층면접과 팀 프로젝트 수행 등의 여러모로 번거롭고 비용도 많이 드는 평가방법을 택할 수밖에 없는 이유도 여기에 있다. '진단평가를 실시해서라도 학력을 끌어올리겠다'식의 접근이 반복되는 현 상황에서 21세기 핵심역량 강화에 중심을 둔 교육의 전환은 요원해 보인다.

이럴 때일수록 앞을 즉시하며 교육자로서 용기 있게 나아가야 한다. 학생들의 미래를 위한 일이니 현실적인 불편들은 기꺼이 감수하면서 말이다. 학생들이 어떤 역량을 갖춰야 할지 면밀히 살펴보고, 이를 기준으로 교실 속 수업을 하나씩 하나씩 실천해 가야 한다. 역량을 기르는데 방해가 되는 지필시험은 폐지하거나 축소하고, 학생들의 역량 향상에 초점을 둔 수행평가와 자기평가 등을 강화하여 실천하는 것도 중요하다. 조그만 관심을 기울이면, 자신의 주변에 새로운 길을 걷고 있는 교사들을 발견할 수도 있다. 가능하다면 이들과 함께 그 길을 걷는 것은 어떨까. 교실에서의 작은 실천들이 모이면, 분명 사회와 교육전반의 변화를 몰고 올 거대한 물결이 형성되리라 믿는다. 이왕이면, 프로젝트학습을 통해 6Cs특성(강인애, 2006)을 가진 학습환경을 교실 속에 구현하여 학생들이 맘껏 21세기에 필요한 핵심역량을 기를 수 있도록 해보자.

Community	Connectivity	Constructivism
개인이 아닌 커뮤니티 중심	사람들 간에 지속적으로 연결된 사회	지식의 전달과 습득이 아닌 지식구성

Communication	Collaboration	Contents
일방향적인 강의가 아닌 대화와 토론 중심	개별적 학습이 아닌 협력적 학습 중심	일정한 형태가 아닌 지속적으로 변화하고 구성되며 공유되는 형태의 콘텐츠

#. 누구로부터 무엇을 배웠는지가 중요해진다

지금의 교육체계는 어떤 학교를 나왔는지가 중요할 뿐, 누구로부터 무엇을 배웠는지 여부는 그리 중요치 않다. 하지만 산업사회 이전에는 그렇지 않았다. 누군가의 제자라는 사실이 그 사람의 많은 것을 대변해 주었다. 어떤 사상과 철학에 영향을 받았는지, 무엇을 배워 왔는지가 어떤 사람의 제자라는 사실만으로 증명됐다. 그러나 19세기부터 만들어진 학교는 그 누군가를 철저히 배제시켰다. 교과별로 가르치는 교사들은 과거보다 더 많아졌지만, 주요 가르침은 교사 자신이 아닌 교과서로부터 나왔다. 어찌 보면 학생들로서는 교과서가 곧 스승이고, 이 스승의 말씀을 잘 전달해준 사람이 교사였던 셈이다. 그렇다보니 교과서 중심의 학교교육에서 벗어나지 못하는 상황에서 누구에게 배운다는 자체가 본질적으로 중요한 것이 될 수 없었다. 물론 학생들 하나하나를 인격적으로 대해주고, 정성을 다해 삶의 지혜를 깨닫게 해준 선생님께 누구나 큰 고마움을 가지고 있다. 허나 그것은 교과서와 무관한 것이며, 정서적 관계에서 비롯된 개인적인 감정과 관련이 깊다.

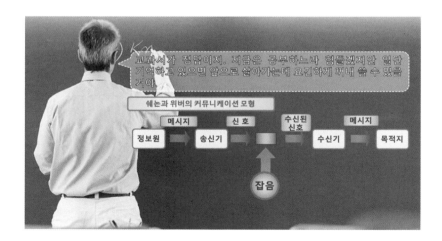

지식전달 중심의 전통적인 교육 하에 교사가 진정한 스승이 되기란 구조적으로 어렵다. 이는 쉐논과 위버의 커뮤니케이션 모형(Shannon, Weaver, 1949)을 통해 확인할 수 있다. 흔히 일방향적이며 획일적인 수업을 설명할 때, 이들의 커뮤니케이션 모형이 활용되곤 한다. 눈치가 빠르다면 모형만 봐도 단박에 이해가 될 것이다. 여기서 정보원은 교과서이며, 메시지는 교과내용이다. 당연히 송신기는 교사, 수신기는 학생이 된다. 성공적인 커뮤니케이션은 송신기가 보낸 신호를 메시지 그대로 수신해서 최종 목적지인 학습자의 뇌에 안전하게 도달하도록 하는데 있다. 불편하게 들릴지 모르겠지만, 교사는 이러한 커뮤니케이션 환경에서 메시지의 훼손 없이 깨끗하게 전송해 줄 송신기 역할을 맡는다. 이런 송신기 역할에 충실할수록 다른 생각과 다른 의견이 침투해 신호를 왜곡시키지 않도록 철저히 잡음을 제거하며 침묵이 가득한 수업을 추구할 수밖에 없다. 슬프게도 학생들이 수신기로서 기계적인 학습을 할 때, 교사 또한 송신기로서 기계적인 역할을 수행한다. 이런 커뮤니케이션 환경에서 사람이 보일 리 없다. 그곳에선 오로지 교과서에 담긴 내용(메시지)을 원형 그대로 잘 전달해줄 성능 좋은 송신기와 메시지 그대로 목적지에 도달하도록 집중하는 수신기만 필요할 뿐이니까 말이다.

그러나 교육의 변화는 이러한 '기계적인 학습'을 배격하고 지식의 전달이 아닌 공유에 목적을 둔 학습자 중심의 수업을 추구한다. 한마디로 '사람'을 중심에 둔 교육에 가치와 의미를 둔다. 교과서는 하나의 참고자료에 불과하며, 그보다는 교사와 학생이 공유한 지식을 출발점으로 새로운 지식을 창출하는 과정이 중심이 된다. 교사의 역량에 따라 수업의 질이 달라지는 것은 물론, 교사 각자가 지닌 흥미와 개성에 따라 다채롭게 설계되고 적용된다. 평생학습사회, 교사라는 직업도 예외일수 없다. 시대의 변화를 읽으며, 누구보다 적극적으로 새로운 지식과 정보를 섭렵하는데 앞장서야 한다. 학습자의 흥미와 관심을 이끌어낼 만한 참신한 주제와 과제를 개발하고, 수업이라는 예술작품을 만들기 위해 기꺼이 창작의 고통에 빠져 지낼 줄도 알아야 한다. 그야말로 미래의 교사는 수업이라는 창조적인 사고와 활동의 산물을 공들여 만들고 현장에 적용하는 직업적 특징을 가지게 될 것이다.

이쯤하면, 어디서 배웠는지가 중요한 것이 아니라 무엇을 배웠는지, 더 나아가 누구로부터 배웠는지가 더 중요해지기 마련이다. 블록체인 네트워크 속에서 배움을 위해 맺은 사람 간의 관계망을 쉽게 파악할 수 있고, 이를 종합적으로 분석하게 되면 누구로부터 어떤 영향을 받았는지, 어떤 역량을 길러왔는지 자세히 확인할 수 있다. 이런 환경에서 학교의 명성보다 창의적인 수업을 펼치는 교사 개개인의 특색 있는 콘텐츠가 점점 더 중요해지기 마련이다. 누구로부터 무엇을 배웠는지 여부가 중요해질수록 학교는 장소적 의미만 남게 된다.

과연 학교 이름 뒤에서 기존의 교사역할을 고집하며 버티는 것이 언제까지 가능할까. 이제 교사 스스로 시대의 변화를 읽어내며 본격적인 준비를 시작할 때이다. 이를 위해 그동안 송신기로서 해오던 기계적인 역할부터 청산할 필요가 있다. 그리고 그 자리는 자신만의 특색 있는 콘텐츠로 새롭게 덧입혀진 매력 만점의 수업들로 채워져야 한다. 교사 자신의 이름이 내걸린 세상에 둘도 없는 나만의 수업, 상상만 해도 즐겁지 아니한가.

#. 그래서 하이테크 하이터치!

지금 이 순간, 자신의 분야에서 나름 탁월한 능력을 인정받던 사람들이 인공지능과 로봇 등에 밀려 직장을 잃는 사태가 벌어지고 있다. 기계가 어떤 오차도 없이 주어진 일을 빠르게 처리하고, 더구나 24시간 내내 쉬지 않고 일을 하는데 어떤 사람이 당해낼 수 있을까. 하이테크(high-tech)는 인간의 삶을 보다 편리하게 만들어 주고 있지만, 다른 한쪽에선 인간의 생계를 위협하고 급기야 빼앗기까지 하는 것만은 분명하다. 이들 영역에서 사람은 기계에 상대가 되질 않는다. 현재로선 기계가 잘할 수 있거나 잘할 가능성이 높은 분야에 뛰어들지 않도록 교육시키는 외에 달리 방도가 없어 보인다. 이와 관련하여 인공지능 분야의 최고 권위자이면서 무인자동차의 아버지라 불리는 세바스찬 스런(Sebastian Thrun)은 국어, 외국어(영어), 수학 등에서 다루는 교과지식들 모두 인공지능이 더 잘 할 수 있는 영역이라 밝힌 바 있다. 인공지능이 장차 다양한 직종에서 인류를 위협하게 될 텐데, 지금의 교육과정 하에선 속수무책으로 당할 수밖에 없다는 것이다. 그는 국·영·수 과목중심의 현행 교육과정에서 하루속히 탈피하여 지금과는 전혀 다른 새로운 교육과정의 도입이 시급하다고 주장한다.

그런데 문제는 우리 교육이 여전히 학생들에게 이런 승산 없는 싸움을 준비시키며 시간을 허비시키고 있다는 점이다. 여전히 '망각'이라는 인간의 고유속성을 거부하며 오로지 '기억'을 위한 교육에 매진하고 있다. 세계에서 가장 기억력이 뛰어난 사람일지라도 구형 컴퓨터만 못하

고, 사칙연산을 아무리 신속하게 풀 수 있다하더라도 계산기를 따라
가긴 힘든 데도 컴퓨터와 계산기가 없던 시절부터 이어져왔던 교육방
식을 고집하고 있다. 설사 피땀을 흘리며 기계와의 경쟁에서 우위를 확
보한다고 하더라도 그것은 잠시뿐이다. 하이테크의 속성상 오류를 보
완하고 갭을 메우며 완벽하게 일을 처리할 수 있게 될 테니 말이다. 인
간의 본성을 억누르며, 흥미와 관심과 동떨어진, 주어진 그대로 수동적
으로 공부해야만 하는 현행 교육에 미래를 맡길 수 있을까.

모두가 알다시피 인간의 존재는 기계와 태생부터 다르다. 기계의 입
장에서 본다면, 인간은 절대적인 존재이며 창조주다. 기계란 수동적인
존재로서 인간이 정해놓은 길에 따라 묵묵히 일을 하고 학습할 뿐이
다. 태생적으로 직감이나 통찰력, 창의력, 비판적 사고력 등을 발휘해
지금껏 해오던 방식을 스스로 깨고, 다른 길을 개척하지 못한다. 부당
함을 거부하고, 자신의 권리를 내세울지도 모른다. 또한 쉼 없이 어떤
제품을 만들고 대량생산할 순 있어도 그 제품을 발명하거나 개발하진
못한다. 어떤 종류의 기계(기술)든 그 탄생은 오로지 인간만의 독창적
인 사고능력에 의한 것이다.

사실 기계와 달리 인간은 스스로 학습할 수 있는 힘을 지니고 태어
났다. 누가 가르쳐주지 않아도 넘어지고 부딪히며 걸음마를 배웠고,
말하는 방법도 스스로 터득했다. 다섯 가지 감각을 총동원하며 각종
사물에 대한 정보를 파악하고, 자신을 둘러싼 모든 것에 호기심을 느
끼며 관련 지식들을 적극적으로 섭렵했다. 언제, 어디서나 마주한 상황
에 따라 인지와 정서가 춤을 추듯 작용하며 학습이라는 결과로 이어진

다. 자율성과 학습의 주도권만 부여되어 있다면, 이런 타고난 본성은 언제든 깨어날 수 있다(정준환, 2015).

사람중심의 교육은 기계적인 학습을 거부하는 것에서부터 출발한다. 반복적이고 획일적인 비인간적인 교육으로부터 벗어나야 기계가 범접할 수 없는 우위를 점할 수 있게 된다. 만일 하이테크가 전통적인 교육방식을 더 공고하게 하고, 학습자를 더욱 수동적인 존재로 만들고 있다면, 기계와의 승부는 시작도 하기 전에 갈리게 될 것이다. 인간이 기계의 교육대상으로서, 기계를 통해 지식을 전수받는 존재로 길러지는 것이 미래라면 상상만으로도 암울해진다. 미래교육은 학습의 주체로서 기계(기술)를 도구적으로 활용하고 이전의 지식을 토대로 새로운 지식을 끊임없이 창조해낼 역량을 기르는데 초점을 두어야 한다.

그래서 교육은 '하이터치(high-touch)'이어야 한다. 이와 관련하여 미래학자인 존 네이스비츠(John Naisbitt)는 인류사회에 고도의 첨단기술이 도입될수록 그 반작용으로 보다 인간적이고 감성적인 것이 유행하게 될 것이라 예측하면서 이른바 '하이테크, 하이터치(high-tech, high-touch)' 현상이 점차 두드러질 것이라 내다보았다. 그의 예상대로 오늘날 이런 기술과 감성의 융합 현상은 거의 모든 분야에서 나타나고 있다(Naisbitt, 1982). 또한 그가 저술한 '메가트랜드(Megatrends)'는 탈공업화, 글로벌 경제, 분권화, 네트워크형 조직 등을 특징으로 하는 현대사회의 거대한 조류를 그려내고 있다. 그는 전 세계가 하나의 경제권으로 전환되는 만큼, 국가단위의 경제는 더 이상 무의미한 존재가 될 것이라 예측하기도 했다. 1982년, 이 책이 처음 출간되었을 당시 많은 이들이 반신반의 했지만 그의 예측은 정확히 들어맞고 있다.

지금까지 테크놀로지는 사람이 가진 다양한 욕구를 실현시키기 위한 방향으로 발전되어왔다. 예를 들어 '사회화(socialization)'에 대한 욕구를 지닌 인간의 본성, 만남과 소통, 그리고 연결을 원하는 사람들의 바람과 요구에 의해 사람들 간의 연결을 촉진하는 수단으로서 각종 SNS가 만들어진 것처럼 말이다. 결과적으로 이러한 기술을 통해 사람 간의 토론이나 대화가 시공간의 제약 없이 촉진되었고, 다양한 형태의 지식과 정보를 공유하고 생산하는데 용이한 환경이 마련되었다. 사람 간의 협력적 역량과 사회적 관계가 더욱 확장되고, 정보공유와 지식생산이 폭발적으로 증가되는데 있어서 이와 같은 기술의 발전이 없었다면 불가능했다. 그야말로 하이테크가 하이터치를 촉진시키며 장소와 시간, 심지어 국경을 뛰어넘는 지식정보화 사회가 구현된 것이다.

그러한 이유로 네이스비츠가 말한 '하이테크'는 19세기부터 기계적인 삶의 굴레에 놓여 있던 인간으로 하여금 그것으로부터 완전히 벗어날 수단(도구) 이상의 의미를 지닌다. 테크놀로지는 기본적으로 사람을 향하고 있어야 하며, 마땅히 사람이 사람다운 삶을 살아가도록 돕는데 가치와 목적을 두어야 한다. 여기서 교육 분야라고 예외일까. 인간의 본성에 반하는 기계적인 학습에서 벗어나 사람의, 사람에 의한, 사람을 위한 개별화 교육이 하이테크를 통해 구체화될 수 있다. 전체주의적 사고방식을 탈피하여 개인의 흥미와 관심, 그리고 호기심을 쫓아 자유롭게 학습할 수 있는 환경을 제공해준다. 특정 집단의 논리를 무비판적으로 수용하거나 반복적인 암기, 문제풀이 위주로 공부하던 과거의 교육방식과 결별하도록 돕는다. 한 걸음 더 나아가 하이테크는 인간으로 하여금 더 이상 기계적인 일을 수행할 필요가 없도록 만든다. 반복적이고, 수동적인 주어진 환경에 순응하며 살아야만 했던 시대의 종언을 재촉하고 있다.

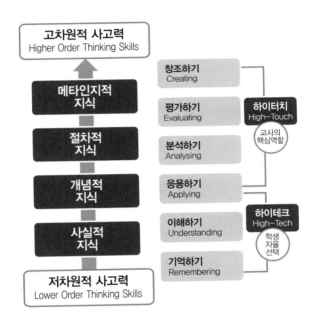

이러한 하이테크와 하이터치를 블룸의 신분류체계(Anderson et al, 2001)에 입각하여 임의로 구분해본다면, 그림과 같이 표현할 수도 있을 것이다. 홀로그램, 가상현실 등 특정 지식과 정보를 실감나게 전달해주고 이해를 돕도록 고안된 하이테크(매체)가 교사의 기존 입지

를 위태롭게 만든다고 볼 수 있지만, 그보다는 교사가 그런 역할로부터 완전히 자유로워질 수 있음에 주목할 필요가 있다. 점점 더 기억과 이해를 목적으로 한 학습에서 그것에 맞게 최적화된 하이테크를 활용하는 것이 더 효과적일 수밖에 없다. 그러나 고차원적인 사고력이 요구되는 학습일수록 얘기가 달라진다. 하이테크를 도구적으로 활용하긴 하겠지만, 본질적으로 사람 간의 상호작용을 통해 이들의 사고력이 촉진되기 때문이다. 더욱이 21세기 핵심역량으로 꼽힌 '창의력(Creativity)', '협동능력(Collaboration)', '비판적 사고능력(Critical thinking)', '의사소통능력(Communication)'은 오로지 인간적이고 감성적인 접근에 의해서만 함양할 수 있다(류태호,2017). 그런 의미에서 앞으로 교사의 핵심역할은 여기에 있다. 수업의 목적이 저차원적인 사고력이 요구되는 3Rs에 중심을 두는 것이 아닌, 4Cs 등의 역량중심으로 전환해야 하는 이유이기도 하다.

그래서 우리 교사들에겐 기계적인 학습에 사활을 거는 '주객전도(主客顚倒)'된 교육을 당장 멈춰야 할 책임이 있다. 로봇이 인간을 지배하는 상황은 공상과학영화 속 이야기 정도로 족하지 않을까. 어디까지나 기술(기계)은 주인인 사람을 위해 존재하는 것이니 그럴 수 있는 역량을 교육을 통해 길러야 한다. 학생들로 하여금 새로운 시대의 주인으로서 지위와 품위를 잃지 않도록 '하이터치'를 지향하는 더욱 인간적인 교육의 실천으로 나아가야 한다. 교사 개개인의 실천이 모이고 모인다면 얼마든지 의미 있는 변화들을 만들어낼 수 있다.

CHAPTER 05

프로젝트학습이
거꾸로 수업이다.

'거꾸로 수업', '거꾸로 교실'로 잘 알려진 조나단 버그만(Jonathan Bergman)의 수업방식은 참신한 발상 덕분에 한국을 포함해 전 세계적으로 상당한 호응을 얻은바 있다(Bergmann & Sams, 2012; 2014). 최근 코로나-19의 확산과 함께 원격수업의 필요성이 대두되면서 다시금 주목받고 있기도 하다.

교실이라는 공간정의를 다시 내린 생각의 전환은 겉으로만 보아도 수업의 모습을 완전히 바꿔 놓은 듯 했다. 실제로 학교에서 이루어지던 전형적인 강의와 가정에서 진행되던 과제활동의 공간이 뒤바뀌면서 교실의 풍경은 사뭇 달라지기도 했다. 교실에선 학생들의 적극적인 참여로 진행되는 과제수행활동이 강조됐고, 교실 밖에선 교사가 정성스럽게 준비한 강의영상을 반복적으로 시청하며 관련 개념을 익히도록 했다. 지식전달을 목적으로 한 열정적인 교사의 강의가 더 이상 교실을 가득 채우지 않게 되면서 전통적인 수업방식과 분명한 선을 긋는 것처럼 보였다.

그런데 과연 정말 달라졌을까. 냉정하게 보자면 달라진 것은 거의 없다. 학교와 가정이라는 공간의 기능만 바뀌었을 뿐, 본질적으로 이전의 수업방식과 다를 바가 없다. 더욱이 아주 오래전부터 교육방송이나 유명 학원 강사의 동영상에 의존하며 교과공부를 해왔던 우리나라 학생들에겐 그다지 새로운 공부방식이 아니다. 교과개념강의를 교실에서 직접 듣던, 화상도구를 통해 원격으로 하든, 동일한 목적(지식전수)으로 수업이 이루어진다면 공간과 매체의 변화 말고 본질상 달라진 것은 없다. 오히려 강연의 성격상 청중과 시선을 맞추고 호흡할 수 있다는 점에서 온라인보다 오프라인이 훨씬 효과가 높을 수 있다. 영상매체의 특성상 학습자가 배울 개념을 기억하고 이해할 때까지 반복해서 볼 수 있다는 부분을 장점으로 내세우고 있지만, 그건 어디까지나 학습자 본인의 자발적인 참여의지가 있어야 가능한 일이다.

　사실 학교현장에서 학생들과 부딪히며 지내는 교사라면 긴 설명 없이도 알 수 있는 문제지만, 기대만큼 학생들이 잘 따라와 주진 않는다. 수동적인 학습에 익숙한 학생들 입장에서는 지금껏 해오던 방식대로 교실에서 수업 듣고, 관련 영상을 시청하며 학원으로 이동하는 것이 더 낫다고 여기기도 한다. 미국처럼 사교육 의존도가 낮은 사회에서 교사가 만든 강의영상으로 시작되는 사전활동과 관련 교과개념을 활용한 과제수행활동이 신선하게 다가갈 수 있겠지만, 내로라하는 강사의 교과 강의 영상이 차고 넘치는 우리나라 현실에선 분명 한계가 있다. 자칫하면 학교공부(공교육)보다 학원공부(사교육)가 더 중요한, 그래서 주객이 전도된 현상을 학교 스스로가 조장할 수도 있다. 그런 의미에서 패러다임의 전환 없이 철학이 부재된 상태에서 섣불리 형식만 가져오는 접근 방식은 철저히 경계해야 한다.

거꾸로 수업을 어떻게 해석하고 수용해야 할까

:

플립드러닝(Flipped learning)의 국내외 학술논문을 살펴보면, 이론적 근거로 종종 '블룸의 분류체계(Bloom's taxonomy)'를 제시한다. 블룸(Bloom)과 그의 동료들(1956)은 6가지 인지적 영역으로 '지식, 이해, 적용, 분석, 종합, 평가'로 제시했는데, 이를 '사고력(Thinking skill)'을 기준으로 위계적으로 표현한 것이 특징이다. 이들 인지적 영역은 이른바 '완전학습(Mastery learning)'을 달성하기 위한 교육목표의 분류기준으로 적용되기도 했다. 여기서 '지식'이 인지적 영역 중 가장 하단에 위치할 수 있는 것은 그것 자체를 있는 그대로 기억하고 이해하면 되는 대상으로 보았기 때문이다. 지식을 보편적·절대적 시각으로 보는 상황에선 학습자 본인의 생각은 그다지 중요치 않다. 그냥 진리처럼, 정답처럼 비판 없이 그대로 암기하고 이해하면 그만일 뿐이다. 이런 이유로 객관주의적 인식론(지식에 대한 관점)의 토대 위에 세워진 블룸의 분류체계는 학습자 중심 교육이 강조되는 오늘날의 기준에 여러모로 적합하지 않다.

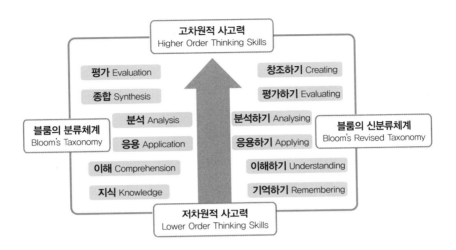

　그런 의미에서 앤더슨과 그의 동료들(Anderson et al, 2001)에 의해 수정
된 신분류체계에 주목할 필요가 있다. 그들은 지식을 4개의 차원, 즉
사실적 지식, 개념적 지식, 절차적 지식, 메타인지적 지식으로 나누고, 이
에 필요한 인지과정을 6가지로 분류하였다. 블룸의 신분류체계는 학
습자가 구성할 지식의 종류에 따라 어느 수준의 사고력이 요구되는지
알려주면서, 각 인지과정에 따라 어떤 교수학습활동이 적합한지 구체
적으로 제시해주고 있다.

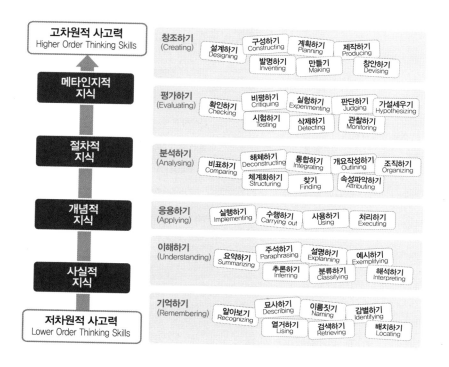

| 고차원적 사고력
Higher Order Thinking Skills | 창조하기
(Creating) | 설계하기
Designing | 구성하기
Constructing | 계획하기
Planning | 제작하기
Producing |
| | | | 발명하기
Inventing | 만들기
Making | 창안하기
Devising |

그러나 문제는 블룸의 신분류체계를 과거의 생각대로 수업절차, 교수사태로 확대하여 해석하는 관점에 있다. 분류한 각각의 인지영역이 독립적이면서 유기적인 관계임에도 불구하고 누적적, 절차적, 위계적 시각에서 그들의 이론을 수용하다보니 교실과 교실 밖의 공간을 구분짓거나 전통적인 수업과 플립드러닝을 가르는 획일적인 잣대로 사용하기에 이른다. 그러다보니 학교수업이 시작되기 전에 해당교과강의영상을 시청하고, 교실에 와서는 '서로 가르치기'나 과제활동 등을 통해 자신이 기억하고 이해한 내용을 심화시킨 다음 지필평가로 마무리하는 흐름을 플립드러닝의 전형적인 형태인 것 마냥 인식하게 만들었다.

교실 속 즐거운 변화를 꿈꾸는 **프로젝트학습**

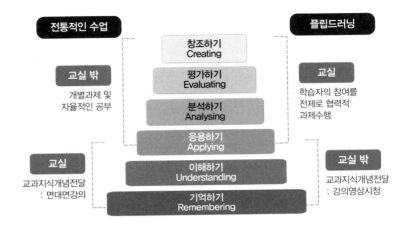

이는 각각의 인지과정을 선형적인 관계로 보고, 저차원적 사고력에서 고차원적 사고력, 사실적 지식에서 메타인지적 지식으로 위계적 순서를 하나하나 밟아 수업이 진행되어야 한다는 전제에서 비롯된다. 하지만 우리의 인지과정은 복합적이고 다원적이며 유기적인 상호관계를 통해 새로운 지식을 구성해 간다(Gazzaniga, Heatherton, 2003).

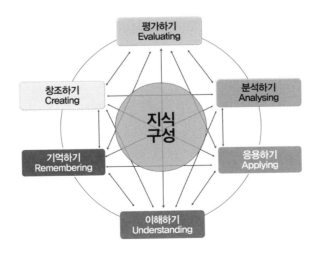

따라서 누구든 실험에서 변인통제 하듯 각 단계마다 특정 인지과정을 배제할 수 있다는 믿음으로 수업을 진행하고자 한다면, 아무리 플립드러닝이라는 이름을 내세운다 하더라도 이전의 전통적인 수업과 본질적인 차이를 확보할 수 없다.

거꾸로 수업의 원조, 프로젝트학습!

버그만과 샘이 제안한 플립드러닝은 혹독하게 말하자면 무늬만 '거꾸로'일뿐, 학습자를 지식구성의 주체로 보는 관점의 변화를 비롯해 교육패러다임의 전환으로 읽을 만한 요소가 부족하다. 그럼에도 불구하고 '플립드러닝(Flipped learning)'을 프로젝트학습의 범주 안으로 가져오려는 데는 분명한 이유가 있다. 그것은 바로 교실 안에서 교사의 역할변화다. 전통적인 권위의 원천이었던 교과지식 전달의 독점권을 과감히 내려놓으면서 역설적이게도 교사는 수업에 대한 자유권을 얻었다. 학습의 촉진자, 안내자, 때론 동료학습자로서 참여하며 교사와 학생이 함께 만들어가는 수업을 디자인할 수 있게 된 것이다. 실제로 플립드러닝을 현장에 지속적으로 실천하고 있는 교사들 가운데 뒤바뀐 교실환경에 채울 새로운 대안을 모색하는 경우가 많다. 이러한 움직임은 국내외 할 것 없이 상당히 활발히 이루어지고 있으며 구체적 사례로 나타나고 있기도 하다. 버그만의 거꾸로 실험이 공교롭게도 교실에 대안적으로 채울 새로운 수업모델에 대한 관심으로 옮겨간 것이다. 특히 거꾸로 교실(Flipped classroom)을 구체적으로 구현하기 위한 교수학습모형으로 '프로젝트기반학습', '문제기반학습'의 PBL이 주목받고 있으며 적극적으로 교육현장에 적용되고 있다. 이와 관련된 연구와 사례들은 인터넷 검색을 통해서도 쉽게 확인해 볼 수 있다.

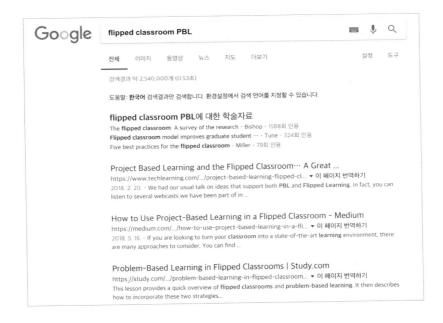

이와 같이 플립드러닝과 PBL의 조합이 가능한 것은 프로젝트학습 자체가 뼈 속 깊숙한 곳부터 거꾸로 요소로 완전히 채워져 있기 때문이다. 필자가 이전의 저서를 통해 강조했던 핵심적인 부분이기도 하다. 완전히 뒤집어 접근하는 수업인 프로젝트학습의 특성은 이 책의 강인애 교수가 쓴 프롤로그에도 잘 드러나 있다. 참고로 이 글은 거꾸로

수업이 확산되기 훨씬 이전(2011년)에 쓰여 졌다.

"흔히 학생들의 공부와 관련지어 생각할 때 의례히 등장하는 세 가지 요소는 '학교'라는 장소, '교과서'에 국한된 학습자원, 그리고 가르침의 주체로서의 '교사'를 생각해볼 수 있다. 그리고 지금껏 이 세 가지 요소는 오랜 기간 동안 다양한 이름으로 불리며 적용되어왔던 일련의 '혁신적 교육운동'의 물결 속에서도 그 절대적 위치는 고수하면서 그 안에서의 이런 저런 소극적 변화와 방법의 변주곡의 형태로 굳건히 생존해왔다. 그리고 그 숱한 혁신적 교육방안과 방법은 매번 잠시의 등장과 함께 환호되다가 급격한 퇴진을 맞이해야했다. 프로젝트학습은 이러한 세 가지 요소의 위치와 역할을 '완전히 뒤바꾸어 접근'하는 수업방식을 의미한다. 우선 '교실'에 국한되어있는 학습장소는 오프라인 교실을 넘어선 온라인 공간을 수용하고, 격리된 교실이 아닌 열린사회와의 연계를 꾀한다. 따라서 교실이란 의미는 단지 다같이 모여서 논의를 위한 장소적 의미로서만 존재할 뿐, 학생들이 논의하는 내용과 움직이는 영역은 교실 벽을 벗어나 사회와 소통하고 공유하고 참여하는 교실이 된다. 둘째, 이전에 '교과서'에 국한되어있던 배움의 자료는 이제 교과서를 넘어서 우리 실생활 속에 존재하는 모든 내용, 모든 사람, 모든 자료를 활용하는 모습으로 확장된다. 우리 할머니가 내 수업의 중요한 학습자원 역할을 하기도 하며, 옆집 소방서 아저씨가 내 수업의 학습자원이 되어주기도 한다. EBS에서 보았던 프로그램이 내 수업자료가 되기도 하고, 인터넷으로 들어가 본 과학관의 자료가 내 과제의 중요한 자료로서 존재하기도 한다. 마지막 세번째로 뒤바꾸는 것은 교사와 학생의 위치와 역할이다. 지금껏 가르침의 주체로서 존재해왔던 '교사' 대신 배움의 주체로서의 학생을 위치하게 된다. 교사의 목소리 대신 학생들의 목소리가, 교사의 이야기대신 그들의 이야기가 수업의 대부분을 차지하게 된다. 대신 교사는 '좋은 귀'를 갖은 학습의 조력자이자 지원자로서, 배움의 주체로서의 학생이 제 역할과 기능을 잘 할 수 있도록 주변에 위치하여 도와주는 역할을 하게 된다. 이렇듯 교육의 삼대 요소라고 했던 교실, 교과서, 교사에 부여되었던 권위와 역할, 그 모든 것을 뒤집어서 적용해보기! 바로 그것이 프로젝트 학습의 핵심이다."

우리학교는 선생님 강의를 스마트폰으로 볼 수 있어. 대단하지 않아? 내일부터는 디지털 교과서로 수업도 한다고 하니까 정말 기대된다.

그렇구나! 우리도 얼마 전부터 디지털 교과서 사용하고 있는데…, 근데 난 책으로 된 교과서가 훨씬 좋은 것 같아. 화면터치보다 책장 넘기는 맛이 있잖아.

음, 우리학교는 작년부터 그렇게 하고 있어. 처음엔 신기해서 스마트폰으로 선생님 강의를 보곤 했는데, 점점 귀찮아지더라고, 그냥 교실에서 직접 듣는 게 좋더라.

완전히 뒤집어 접근하는 방식! 진정한 거꾸로 수업은 지식에 대한 관점의 변화, 교육패러다임의 전환, 포스트모더니즘적인 접근이 전제되지 않으면 결코 성립될 수 없다. 아무리 혁신적인 매체를 활용해 교육을 한다고 해도 관점의 변화가 없다면 본질상 달라질 것은 아무것도 없다. 교육방송을 테크놀로지 발달로 인해 TV에서 컴퓨터로, 그리고 스마트폰으로 시청한다고 해서, 교과서를 종이책이 아닌 테블릿PC에 담았다고 해서, 매체 외에 내용상 달라진 것이 있을까. 판서를 하고 종이차트를 정성스럽게 만들어 사용하든, OHP를 활용하다가 PPT를 사용하든, 컴퓨터로 플래시 자료와 동영상을 보여주든, 그것이 특정 지식의 전달을 목적으로 활용됐다면 내용상 바뀐 것은 아무것도 없다. 결국 중요한 것은 하드웨어가 아니라 소프트웨어이다. 현실적으로 교과서를 소홀히 할 수는 없겠지만 그 틀에 메이지 않을 창의적인 해법들이 필요한 이유다.

필자는 교육현장에서 교과서의 창의적인 활용방법을 다양하게 모색하고 있으며, 프로젝트학습 프로그램으로 만들어 수업에 적용하고 있다. 이를테면 교과서 지식을 인류의 위대한 유산으로 지정하고, 이들 가운데 미래세대에 전하고 싶은 지식을 선정하여 상생을 목적으로 한 고릴라퀴즈대회를 여는 활동처럼 말이다. 참고로 이 문제는 필자의 저서인 「설레는 수업, 프로젝트학습 PBL달인되기1: 입문」 '10장. 고릴라에게 배우는 고릴라 퀴즈' 편을 통해 자세히 확인할 수 있다.

플립드러닝의 일반적인 교육활동에 착안하여 만든 프로젝트학습 프로그램도 있다. 차이나는 클래스를 열기 위해 주제와 관련된 강연(교과 강의) 영상을 찾아보고, 이를 참고하여 자기만의 특별한 미니강연을 준비하여 발표하는 내용으로 구성된 수업이다. 「설레는 수업, 프로젝트학습 PBL달인되기2: 진수」 '8장. 차이나는 클래스, 세상의 모든 질문을 허하라!' 편에 해당 프로그램이 수록되어 있다.

　　이제 우리는 프로젝트학습이라는 견고한 틀을 만들어 그 속에 안주하기 보다는 형식의 껍질을 깨고, 다양한 영역을 마음껏 넘나들면서 프로젝트학습의 영토를 확장해 가야 한다. 프로젝트학습이라는 용광로 속에 철학을 공유하는 다양한 모형들을 녹여내고, 효율적이고 효과적이면서 매력까지 더한 진정한 거꾸로 수업을 구현해보도록 하자.

:: **CHAPTER 06** ::

창의적인
아이디어와 실천, 학습의 주인공을 만들다.

테크놀로지의 진화는 사회·문화 전반에 걸쳐서 과거의 세대가 경험하지 못한 많은 변화를 몰고 오고 있다. 각종 '소셜 네트워크 서비스(Social Network Service: SNS)'들은 사람과 사람간의 소통 문화를 바꾸었고, 지식을 소비하고 생산하는 형태와 방식마저 완전히 바꾸어 놓았

PART 02 프로젝트학습, 관점을 바꿔야 보인다

다. 이러한 환경 속에서 태어나고 자라난 아이들은 인터넷을 통해 접하는 다양한 정보에 자신의 흔적과 생각, 감정 등을 담아내길 좋아하며, 서로 나누고 공유할 수 있는 공간이라면 자신의 생각을 적극적으로 표현할 줄도 안다.

하지만 그들이 일상에서 경험하는 '소통'과 '참여'의 문화가 학교에만 오면 이질적인 것이 되어 버리기 십상이다. 다양한 관점이 허용되기 어려운 교과서 내용이 하나의 정답으로서 위력을 발휘하고, 지식의 전달자와 수용자로서의 교사와 학생의 역할이 교실 안에서 끊임없이 강조된다. 여전히 교사의 열정은 학생들이 교과서 내용을 하나라도 놓치지 않도록 하기 위한 온갖 방법을 강구하는데 쓰여 진다. 혁신을 내세우며 자기주도학습을 강조하고는 있지만 진정으로 학생들의 자기주도성을 인정하는 학습환경을 구현해내지 못하고 있다.

이제 다르게 보고 다르게 접근할 때이다. 더 이상 교과서에 담겨진 지식이나 정보를 수동적으로 받아들이고 익히는 것이 공부의 전부가 되지 않도록 해야 한다. 교실은 학생들이 적극적으로 자신이 필요한 것을 탐색, 선별, 활용할 수 있는 자율적이며 자기주도적인 학습공간으로 다시 디자인되어야 한다. 모든 사람이 자신의 삶에 주인공인 것처럼 학생들이 자신의 학습 과정에서 진정한 주인공이 될 수 있는 환경을 제공해 주어야 한다. 학생들의 자기주도성이 바탕이 되는 학습환경에서는 자신의 삶에 부합하는 배움의 과정이 무엇인지 고민하고 선택할 수 있는 기회를 얻을 수 있으며, 자신의 삶에 필요한 배움으로 알차게 채워나갈 수 있는 평생학습에 필요한 기술과 역량도 쌓게 된다. 이는 산업사회 이후 학교라는 틀 안에서 합법적으로 침해했던 학습권을 학생들에게 다시 되돌려주는 것을 의미하는 것일 수 있다. 학생들의 삶이 그들의 것인 것처럼 삶과 연계된 학습의 주인 역시 학습자 개개인의 것임을 그동안 너무 잊고 있었던 것은 아닐까.

그런 측면에서 프로젝트학습은 교실 속에서 작지만 의미 있는 변화(학생들이 배움의 주인공이 되고 자기주도성을 최대한 발휘할 수 있는 학습 환경)를 가능하게 만들어 줄 대안적인 모형으로서 손색이 없다. 프로젝트학습은 학습의 모든 과정과 결과, 그리고 평가에 이르기까지 학생들에게 전적인 책임과 자율권이 부여된다. 학습 과정에서 다양한 형태의 지식이나 정보를 탐색하고 목적에 맞게 재구성하면서 자신의 견해나 입장을 상대방에게 적극적으로 알리고 설득하기도 한다. 공통의 목표를 지닌 동료들과 협력하고 대화와 토론을 통해 서로의 의견을 공유하면서 다양한 관점과 문화적 특성이 잘 드러난 아이디어 넘치는 학습결과물을 완성하게 된다. 프로젝트학습은 배움에 참여하는 학습자 간 상호존중의 묘미와 독특하고 다채로운 창의적인 표현들 그리고 학습의 주인으로서 갖는 성취감, 자신감 등 매력적인 요소들로 가득 채워져 있다.

감각적이고 창의적인 산출물을 뽐내다

프로젝트학습은 교과서의 계열화되고 세분화된 지식이나 정보를 습득하는 것이 아니라, 다양한 접근과 해결안이 가능한 복잡하고 실제적인 과제를 중심으로 학습자가 학습의 전 과정에서 주체가 되어야 하는 수업이다. 프로젝트학습은 문제해결을 위한 전 과정에서 학생들이 스스로 과제를 구조화하고, 대안을 창출할 수 있는 자기주도적 학습환경을 제공한다. 자기주도성을 인정받는 학습환경에서 학생들은 배움에 대한 주인의식을 갖게 되며, 이는 학습에 대한 내적 동기부여로 이어져 학습에 대한 적극적 관심과 흥미, 참여를 이끌어내게 된다. 프로젝트학습에서 다루는 과제는 흔히 다양한 접근방식과 융통성을 요구하는 경우가 많아서 학생들마다 새롭고 독창적인 방식의 접근이 이루어지게 된다.

그래서 길포드(Guilford, 1959)가 말하는 창의성의 기본요소인 유창성, 융통성, 독창성이 PBL과정에서도 잘 나타난다. 내용을 간단히 살펴보면, 유창성은 제한된 시간 내에 많은 아이디어를 생산하는 능력으로, 문제해결을 위해 다양한 가설을 세우고, 다양한 정보를 수집하고, 여러 가지 해결방안을 모색하는 능력을 말하며, 융통성은 여러 관점의 아이디어나 반응을 종합하고 상황에 맞게 문제해결안을 도출할 수 있는 능력을 말한다. 마지막으로 독창성은 새롭고, 독특하고, 비상한 아이디어를 만드는 능력으로 문제를 새롭게 해석하고 구조화하여 정의하는 능력, 새로운 시각이나 방향에서 정보를 수집하는 능력, 지식이나 정보들을 결합하여 새로운 지식을 구성하고 창출하는 능력을 의미한다.

그래서인지 PBL에 대한 학생들의 시각은 대체로 단순한 공부가 아닌 창의력을 적극적으로 발휘하고 다양한 아이디어들을 표현해야 하는 수업으로 인식되고 있었다.

프로젝트학습이 제공하는 특별한 상황 속에 일단 닻을 내리면 참여하는 누구든 그것에 적합한 참신한 결과물을 만들어내고 싶은 강한 욕구가 형성된다. 때론 이런 이유로 인해 결과물이 창의적이지 못하다고 판단되면 그것에 대한 만족감도 낮아지는 경향을 보인다. 그래서 창의성은 결과에 대한 차별화 성공의 주요 판단기준으로 작용되기도 한다.

프로젝트학습에서 자신의 창의성이 충분히 발휘되어 새로운 아이디어가 반영된 결과를 얻게 되면 기대감이나 성취감으로 이어지는 모습을 자주 목격할 수 있다. 한 걸음 더 나아가 창의적인 결과물이 성취감으로 이어지는데 머물지 않고, 실제 세계에서 어떤 가치를 지녔는지, 그리고 장래에 어떻게 수용될지 관심을 기울이게 된다.

은진 성찰저널 🖍

내가 하면 다시 모이자고 정말 기발한 아이디어였다.. 재미있을 것 같았고 기대하고 기대하고.. 그리고 석환이가 큰 역할을 해주었다.

정환 성찰저널 🖍

전자석이 활용되는 예와 그를 이용해 새로운 아이디어를 만들 수 있고 나의 상상력을 되짚어 보았던 PBL인거 같다 왠지 이 PBL을 하면서 무언가 했다는 성취감을 느낀 것 같다. 아이디어를 상상해보면서 미래에는 어떨까 ? 실제로 그렇게 될까 하는 생각에 빠지기도 했다.

창의성이 필요로 하는 깊이 있는 사고의 인지처리과정은 기본적으로 정서반응의 강도에도 영향을 미치며, 인지와 정서의 통합적 상호작용을 활성화시키면서 지속적이고 심도 깊은 재미를 가능케 한다. 프로젝트학습의 재미에 푹 빠진 학생들은 프로슈머(Prosumer)**로서 자기만의 색깔이 담긴 독특하면서 감각적인 창의적인 산출물을 뽐내게 된다.

[PBL 사건번호601: 반전 편에서 학생들이 제작한 영화 장면]

#. 맥락적인 지식을 구성하다

학교에서 배우는 내용은 학교라는 특수한 환경에만 적용될 뿐, 실제 세계에서는 거의 사용되지 못하는 지식, 어떤 기술로 여겨질 때가 많다. 하지만, 21세기 교육은 학교에서 배우는 지식, 기술이 곧 바로 사회에

※※ 1980년 미래학자 앨빈 토플러가 그의 저서 《제3의 물결》에서, 21세기에는 생산자와 소비자의 경계가 허물어질 것이라 예견하면서 처음 사용된 용어이다. '생산자'를 뜻하는 'Producer'와 '소비자'를 뜻하는 'Consumer'의 합성어로, 지식 생산에 참여하는 소비자를 의미한다.

서도 유용한 지식과 기술이 될 수 있도록, 이전에 '단순화'라는 전제에 따라 탈맥락화하여 전하던 방식에서 벗어나 구체적 '상황'이나 '맥락'에 기인하는 과제를 통한 학습을 강조하고 있다. 이런 측면에서 프로젝트학습은 풍부한 상황을 배경으로 구체적인 맥락 속에서 학습을 진행한다.

PBL의 문제가 담고 있는 내용들은 우리들의 경험적인 세계와 연결되어 있는 것들이 대부분이다. 아래 글에서도 알 수 있듯이 학생들은 자신의 학습과정에서 얻어진 지식과 정보, 결과물들이 현실세계에 바로 적용할 수 있는 것이며, 그럴 가치를 지녔다고 여기는 경우가 많았다. 학습과정의 모든 것들을 '진짜'처럼 느끼고, 현실에서도 얼마든지 그것의 가치가 보존될 수 있다고 여겼던 것은 그만큼 PBL의 과정이 가상의 상황이지만 '현실감' 있게 느껴졌다는 의미다. PBL은 학습자의 직·간접적인 경험의 세계와 유사한 환경을 제공함으로서 '관련성'을 높인다.

유빈 성찰저널 🖊

아이디어를 상상해보면서 미래에는 어떨까? 실제로 그렇게 될까 하는 생각에 빠지기도 했다. 정보를 올리면서 난 진짜 실용제안등록물품에 올리고 싶은 생각도.. 내가 생각한 아이디어중 퍼펙트 플로그는 실용제안등록에 올리면 꼭 뽑힐것 같다는 생각이 들었다. 오늘 아니면 나중에 실용제안에 등록해 볼 예정이다.

　이러한 관련성은 학습자의 환경, 흥미, 목적 등에 연결시켜야 학습에
대한 동기가 유발된다고 본 켈러(Keller, 1983)의 주장과도 상통한다. 그
의 이론에서 '관련성(Relevance)'은 동기의 구성요소거나 동기발생의 조
건으로 개념화되어 있는데, 이는 PBL에서 강조하는 '맥락'과 밀접하게
연결되어 있다. 이는 교과서를 통해 배우는 지식들이 교과별로 추상화
되어 학습자의 실제 삶과 제대로 된 연결고리를 맺지 못하는 것과 대
비된다. PBL은 풍부한 실제적 상황을 바탕으로 학생들로 하여금 실제
적이며 맥락적인 학습경험을 하도록 만든다. PBL의 맥락은 개별적, 사
회적 요소를 모두 내포하고 있는 '실제적인(Authentic)' 상황에서 비롯된
다. 학습자 스스로의 자율적인 선택에 의해 주어진 상황에 부합하는
학습활동을 지속하고, 그 과정에서 자신만의 전략, 방법, 노하우 등의
'방법지(Knowledge about know-how)'가 총동원된다. 그 결과 학습자는 자
신이 가진 이해의 틀, 경험적 세계, 삶의 영역을 확장시키게 된다.

　만약, 날씨와 관련된 단원을 교과서를 통해 공부한다면, 어떤 구체적
인 상황과 관계없이 기상청에서 하는 일이나 일기도에 대한 지식을 배우
는 평면적인 학습에 그칠 것이다. 하지만, 기상컨설턴트나 기상예보관이
되기 위한 취업 상황 속에 이루어지는 학습이라면 이야기가 달라진다.

학생들은 프로젝트학습이 제공하는 구체적인 문제상황을 해결해나가면서 실질적이고 맥락적인 학습결과를 도출하게 될 테니 말이다.

〈표 2〉 기상컨설턴트 취업을 위한 최종발표자료

보조자료	발표 시나리오
	안녕하세요?? 저는 이번 기상컨설턴트에 입사하기 위해 이 자리에 나오게 되었습니다. 저는 여러분의 마음을 바꿔놓기 위해서 3가지의 사례를 준비해서 왔습니다. 면접관님들?? 혹시..겨울에 옷을 어떻게 입으세요? 보통 사람들은 두꺼운 옷에, 잠바를 겹쳐있지 않나요?? 지금부터 여러분들은 그런 옷에 대한 편견을 버려야 합니다. 한 기업에서 면소재로 만든 두꺼운 옷보다 더 따뜻한 옷을 개발해 내었는데, 사람들이 '면 소재의 티는 겨울에 어울리지 않다, 춥다.' 라는 편견을 가지고 있습니다. 그렇기 때문에 잘 팔리지 않는다면, 면접관님들은 어떻게 하시겠어요??
	제가 말씀드리겠습니다 저는 먼저 사람들의 편견을 버려야 한다는 생각으로, 광고를 내겠습니다. 이 자료화면을 보시죠.(화면을 가리키며...) 여기에는 두 사람이 있습니다. 하지만, 한 명은 두꺼운 소재의 긴 팔티와 자켓을 입고 있고, 한 명은 그 기업이 개발해 낸 따뜻한 면 소재의 옷을 입고 있습니다. 한 명은 두껍게 입었는데도, 불구하고 추운데, 한명은 얇게 입고도, 따뜻해 보입니다. 이것은 소비자들이 봤을 때에, 그 편견을 버리고, 따뜻하다는 느낌이 들지 않을까요?? – 생략 –
	이제는 두 번째 사례를 말씀 해드리겠습니다. (주)레인보우 아이스크림 사장인 김씨는 겨울에 아이스크림이 잘 팔리지 않아 고민을 할 때, 여러분이라면 어떻게 할것입니까? 또, 통계자료로도 겨울에는 아이스크림이 잘 팔리지 않는다고 합니다. 저라면 겨울에 잘 먹는 음식, (화면을 보며..)핫도그, 오뎅, 떡볶이, 호떡, 찐빵 모양의 아이스크림을 만들어 소비자들이 봤을 때 따뜻한 느낌이 들도록 아이스크림을 만들어, 판매할 것을 제안하겠습니다. – 생략 –

이번에는 세 번째 사례를 말씀드리겠습니다. 보통 여름보다 겨울에는 수영장을 찾아가는 사람들이 적기 마련입니다. 그리고 또, 통계자료로도, 여름보다 겨울에 수영장을 적게 찾아 간다고도 확인되었습니다. 저라면 수영장에 찾아오시는 분들게, 겨울에 눈이 오는 날 눈이 1cm가 쌓이면 여름 무료 입장권을 2매 드릴 것을 제안합니다. 그리고, 수영장이 너무 피해가 많지 않도록, 눈이 1cm 쌓이지 않을 확률이 없을 때 예를 들어 토요일에 눈이 1cm 올 확률이 없을 때 이벤트를 여는 겁니다.

－ 생략 －

#. 디지털리터러시를 기르다

"○○정류장에 곧 정차합니다. 내리실 분 있으면 출입문 가까이로 오세요. 안계시면 오라이~!"

누구에겐 어린 시절 어렴풋한 추억의 한 장면을 차지하고 있을지도 모르겠다. 요금징수와 승하차를 돕던 '버스안내양'은 당시 운전사만큼이나 많은 여성들이 종사하던 직업이었다. 그때까지만 해도 수십 년간 지속돼왔던 버스안내양이라는 직업이 이렇듯 허무하게 사라지게 될 거라곤 대부분 예상치 못했다. 이 불행의 시작은 버스 자동문이 개발되면서부터였다. 자동문이 달린 새로운 버스가 도입되는 속도만큼이나 버스안내양의 일자리도 빠르게 사라져갔다. 물론 기술의 진보가 직업의 존재를 위협하기만 한 것은 아니다. 대부분 효율성과 생산성을 높이는 방향으로 기술이 도입됐고, 존재하지 않았던 새로운 일자리도

제법 만들어냈다. 그래도 우리 기성세대까진 어린 시절 꿈꾸던 대부분의 유망 직업들이 어른이 돼서도 그대로 존재했으니 요즘 학생들보다 나은 편이었다. 하지만 학생들의 상황은 기성세대가 겪어왔던 것들과 완전히 차원을 달리한다. 인공지능, 무인자동차, 3D프린터, 사물인터넷, 드론 등 혁신적인 기술들이 하나둘씩 우리 일상을 파고 들면서 예견되던 많은 일들이 실제 현실로 나타나고 있다. 이제 과거에 요구되던 '리터러시(Literacy)' 수준만 가지고는 이런 변화에 능동적으로 대처하거나 적응하기 어려워진 것이다.

언어를 읽고, 쓰고, 수를 셈하는 것이 '리터러시'의 기본이라지만, 그 이상으로 새로운 디지털 문화를 읽어낼 역량을 기를 필요가 있다. 이는 '통합(Convergence)'이라는 거대한 흐름 속에서 학문 간의 경계가 무너지고 현실의 복잡성을 그대로 반영하는 실제적 성격의 과제를 중심으로 통합교과적 교육이 확산되고 있는 것과 궤를 같이 한다. 여기에는 '다양한 디지털 매체의 활용과 이해'와 관련된 테크놀로지 리터러시, '정보 검색, 수집, 분석, 종합, 활용'과 관련된 정보 리터러시 등 다양한 개념의 디지털 리터러시가 요구된다. PBL에서 학생들은 문해력이나 글쓰기와 같은 기본적인 리터러시뿐만 아니라 주어진 문제를 해결하기 위해 반드시 요구되는 '정보 리터러시', 학습결과물을 완성하는 과정에서 다양한 매체를 활용할 수 있는 '테크놀로지 리터러시' 등 자신의 디지털 리터러시를 발전시킬 수 있는 기회와 만나게 된다.

프로젝트학습에서 대부분의 학습과정이 팀원 간에 협업을 통해 이루어지며, 자신이 분담한 역할에 맞게 정보탐색 및 자료수집 활동을 개별적으로 전개한다. 학생들은 자신이 탐색한 정보 및 자료, 의견 등을 온라인 학습커뮤니티에 올리고, 공유하게 되는데, 이 과정에서 학생들은 문제해결을 위해 필요한 정보가 무엇인지, 어떻게 활용하면 좋을지, 탐색한 정보를 분석하고 종합하게 된다. PBL의 이러한 학습과정은 학생들로 하여금 디지털 시대에 요구되는 '정보 리터러시'를 함양할 수 있게 해 준다. 또한, 학생들은 분석과 종합의 과정을 거친 정보를 문제에서 요구하는 학습결과물로 완성하기 위해서 다양한 디지털 도구들, 이를테면 디지털 카메라, 동영상 편집 소프트웨어 등을 활용하여 새로운 형태의 지식정보를 창출하는 과정을 경험하게 한다. 학생들은 문제의 성격에 따라 일반적인 보고서 형태의 자료에서부터 책이나 광고지, 방송프로그램이나 광고영상 등 다양한 형태로 만들게 되며, 이러한 학습결과물을 만들어내기 위해 스마트폰의 각종 앱을 포함한 워드프로세서, 스프레드시트, 프레젠테이션, 그래픽 편집, 동영상 편집 등 다양한 소프트웨어를 활용하여 학습결과물을 완성한다. 이른바 '테크놀로지 리터러시'는 이러한 학습과정 속에서 자연스럽게 향상된다.

[학생들이 만든 웹소설과 웹툰]

#. 메타인지능력이 향상되다

:

"선생님, 학원에서 6개월 전에 공부해서 다 알고 있어요."

교과수업에 집중하지 못하는 학생에게 이유를 묻자 돌아온 답변이다. 교과 선행학습이 많이 이루어진 학생들 중에 유독 수업에 집중하지 못하는 경우를 종종 목격하게 되는데, 이는 우리 두뇌가 가진 어떤 능력에 기인한다. 그 어떤 능력이란, 무엇을 배우거나 실행에 옮길 때, 자신이 알고 있는 것과 모르는 것을 정확히 파악할 수 있도록 돕는다. 굳이 두뇌 전체를 살펴보지 않더라도 즉각적인 판단을 내린다. 우리가 '네 알아요'와 '아니요 몰라요'의 대답을 거의 동일한 속도로 할 수 있는 것도 이 때문이다. 자신의 사고능력을 객관화하여 바라볼 수 있는 눈, 바로 '메타인지(Metacognition)'는 무엇을 알고 모르는지를 아는 것부터 모르는 부분을 배우기 위한 계획과 계획의 실행과정 및 결과를 평가하는 것에 이르는 전반을 의미한다(Flavell, 1979). 이는 학습(인지구조의 변화)이 이루어지는 과정에 등장하는 '동화'와 '조절'이라는 두 가지 내적 행동(Piaget, 1952)과 연관지어 생각해 볼 수도 있다. 흔히 메타인지를 두 가지로 분류하는데, 동화는 메타인지적 지식(Metacognitive knowledge)과 조절은 메타인지적 기술(Metacognitive skill)과 관련이 깊다. '동화'는 경험을 조직해 가는 것으로 세상(학습의 대상)을 자신의 인지구조로 보려는 현상을 뜻한다. 이런 동화의 과정에는 내가 아는 것과 모르는 것을 정확히 판단할 수 있는 능력, 즉 메타인지적 지식이 활용된다. 이어서 '조절'은 인지적 불평형을 해소하기 위한 성찰적이며 통합적인 행동

139

인데, 학습계획을 세우고, 이를 효과적으로 수행할 전략과 방법을 적용하는 능력, 즉 메타인지적 기술이 여기에 해당한다.따라서 구성주의적 학습환경을 추구하는 프로젝트학습은 당연히 메타인지적 활동을 지향한다. 노골적으로 메타인지적 활동을 요구하기까지 한다. 과제수행계획을 세우는 단계부터 'Facts(알고 있는 사실들)'와 'Learning Issues(더 알아야 할 사항들)'을 구분하도록 하면서 아는 것과 모르는 것을 끊임없이 판단하도록 하고(메타인지적 지식), 그것을 해결하기 위한 전략과 방법이 담긴 'Ideas(가설/해결안)'를 짜내도록 하니 말이다(메타인지적 기술). 프로젝트학습에서 학생들은 문제에 적절한 해결책을 찾아 구체화할 수 있는 논리적이고 체계적인 사고와 분석적인 사고, 문제해결을 위한 다양한 접근방식과 융통성을 발휘하게 된다. PBL은 학습자로 하여금 자신이 무엇을 알고 있으며, 어떻게 새로운 지식을 구성하거나 만들어낼 수 있는가에 대한 객관적 관찰과 성찰이 가능하도록 최적화된 학습 환경을 제공해 주는데, 그 안에서 학생들은 자신의 생각에 대한 위치나 다른 사람들의 다양한 견해에 대한 타당성을 평가하면서 과제 해결안을 구체화시키게 된다. PBL에서의 메타인지적 활동은 학습자로 하여금 자신이 속한 전문 분야에서 필요로 하는 전문지식이나 기술을 적절하게 사용하거나 나타낼 수 있으면서 나아가 해당 분야의 새로운 지식과 기술을 지속적으로 습득해 나갈 수 있는 평생 학습자로서의 능력을 함양시켜준다. PBL은 학습에 대한 자기 성찰적 활동과 분명한 인식을 통해 '학습하는 방법에 대한 학습(Learn how to Learn)' 또는 '방법지(Knowledge about know-how)'를 알게 하고, 학습자 스스로 평생에 걸쳐서 학습활동을 자기 주도적으로 펼쳐 나갈 수 있는 역량을 키워준다.

링겔만 효과와 시너지 효과,
주인의식이 결정한다.

프로젝트학습을 실천할 때, 예상외로 적극적으로 참여하고 있는 학생의 부모님이 불만을 갖는 경우가 있다. 어떤 이유인지 구체적으로 살피고 공정하지 못한 부분이나 오해한 부분이 있다면 해당 사안에 맞게 해소하면 된다. 다만 적극적인 참여 자체에 문제를 제기하는 경우엔 자기주도학습의 핵심인 주인의식을 들어 설명해주길 바란다.

한 명씩 줄다리기를 하면 자신의 힘 100%를 쏟지만
두 명이면 93%, 세 명이면 85%, 여덟 명이면 64%의 힘만 쏟는다.
_뉴욕대 링겔만 교수

문제의 핵심은 주인의식입니다.
주인의식을 가지면 100%, 200%의 시너지 효과를 낼 수 있습니다.

심리학자 링겔만(Ringelmann) 교수는 줄다리기를 통해 집단 속 개인들의 공헌도 변화를 측정하였다. 그 결과 한명씩 줄다리기를 하면 100%의 힘을 기울인 반면, 2명이면 93%, 3명이면 85%, 8명이면 49%로 1인당 공헌도가 감소하는 것으로 나타났다. 이런 링겔만 효과는 모둠활동을 하다보면 자주 겪는 현상이기도 하다. 모둠과제 해결과정에서 아무런 노력을 기울이지 않고 다른 팀원들이 어렵게 완성한 결과에 편승하는 학생들, 바로 '프리라이더(무임승차자)' 덕분에 익숙하게 느낀다.

분명한 것은 프리라이더가 모둠 전체의 사기와 성취도를 저하시키는데 많은 영향을 미친다는 점이다. 모둠의 팀워크를 저해하는 주요원인이 된다. 거기다가 모둠 안에서 갈등이라도 일어나면 감정이 상한 부모들까지 가세해서 프로젝트학습활동 중지를 요청하기까지에 이른다.

모둠 안에서 과제에 대한 책임감을 갖고 적극적으로 참여한 학생의 부모는 마치 큰 손해라도 봤다고 생각하며 "아무개가 하지 않는데 바보처럼 넌 그걸 다하고 있니? 그러면 평생 손해만 보고 살 거야. 다른 아이들이 하지 않으면 너도 그냥 아무것도 하지마!"라고 말하기도 한다. 화가 나면 그럴 수도 있겠다고 생각할 수 있겠지만, 아이의 미래를 놓고 본다면 치명적인 실수일 수 있다. 아이가 주인의식을 갖는 것이 어리석은 것이라 꾸짖은 것이기 때문이다.

오히려 선생님과 부모님은 학생이 보여준 주인의식을 높이 평가해주고, 상처받은 부분만 어루만져 주면 되는 일이다. 어느 학생이 모둠 과

제의 절반 이상을 다했다면. 그만큼 학습역량과 능력을 키운 시간이
되었으니 손해 볼 것이 없다.

　　성서에 기록된 예화 중에는 주인과 삯군에 대한 이야기가 있다. 주
인은 답을 내리는 반면 삯군은 문제만 제기하고, 주인은 방법을 찾지
만 삯군은 변명을 찾는다. 주인은 해결방안을 제안하지만 삯군은 불
만을 말한다. 주인은 책임을 지지만 삯군은 비판만 한다. 주인은 항상
감사하지만 삯군은 불평을 한다.

　　정리하자면 주인의식은 자기 주도적이고 자기 삶과 미래에 대해 긍
정적인 마인드를 형성하는 반면, 삯군의식은 수동적이거나 무기력하
고, 자기 삶과 미래에 대해 부정적인 마인드를 가지게 만든다. 21세기
우리사회가 요구하는 리더십(Leadership)과 팔로워십(Followership) 모두
주인의식이 없다면 형성될 수 없다. 주인의식은 그야말로 학생들의 잠

재력을 끄집어내고 기대이상의 역량과 능력을 신장시킬 수 있는 핵심 요소인 셈이다.

그러므로 프로젝트학습활동에서 아이가 맡은 역할은 다르더라도 주연이건 조연이건 모든 구성원이 주인의식을 가질 수 있도록 긍정적인 피드백을 제공하는 것이 중요하다. 그렇게 되면 학생들은 어김없이 환상적인 팀워크를 자랑하며 링겔만 효과가 아닌 시너지 효과를 발휘하며 감탄을 자아내는 집단지성으로 화답할 것이다.

프로젝트학습의
성공은 철저한 준비에
달려 있다

BACK

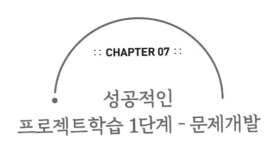

:: CHAPTER 07 ::

성공적인
프로젝트학습 1단계 - 문제개발

거미가 원하는 먹이를 놓치지 않기 위해서 거미줄을 촘촘하고 견고하게 치는 것처럼 PBL 수업을 통해 좋은 결과를 얻고 싶다면 철저하게 준비해야 한다.

만약 수업 결과가 자신의 기대에 미치지 못하고 여기저기 허점이 보인다면 수업을 준비하던 초기 과정을 되짚어 보아야 한다. PBL 준비가 얼마나 치밀하게 이루어졌는지에 따라 실제 구현되는 학습 환경이 달라질 수밖에 없기 때문이다.

PBL 수업을 통해 원하는 학습 환경을 구현하지 못했다고 해서 현실성이 떨어지는 모형으로 치부해 버리는 우를 범하지 말아야 할 것이다. 치밀하지 못했던 자신의 준비 과정을 되돌아보고 시행착오를 하나씩 줄여 나갈 때, 결국 스스로 만족할 만한 완성도 높은 PBL 수업을 구현할 수 있다.

이 장에서는 PBL의 준비 과정, 즉 설계 과정을 일반적인 순서에 따라 짚어 보고, 준비 과정에 대한 이해를 높이기 위해 실제 사례를 들어 설명하려고 한다. PBL 모형은 설계자의 성향, 교육 과정, 학습 내용, 학습자, 매체 활용 등 다양한 변수에 의해 얼마든지 변형되거나 전혀 다른 형태로 만들어질 수 있다. PBL의 설계 과정은 교과와 단원과의 연계성을 고려한 주제 범위 결정, 비구조적인 문제 만들기, 학습 설계안 완성 및 평가 방법 결정, 온라인과 오프라인의 학습 환경 구축 등의 순서로 진행된다. 모든 설계 과정이 중요하지만, 특히 PBL의 꽃이라고 할 수 있는 문제 개발 과정을 어떻게 준비하고 검증하느냐에 따라 수업의 명암이 갈라질 때가 많다. 이는 설계 과정에서 각별히 신경 쓰고 준비해야 할 부분이다.

'문제(Problem)'란 무엇일까

일반적으로 '문제'라고 하면 우리의 삶에서 좋지 않은 사건과 사고의 의미로 여겨지거나, 공부한 내용을 평가하기 위해 치러지는 시험문제 정도로 떠올린다. 이런 '문제'에 대한 우리들의 인식 속에는 알게 모르게 쌓여 온 부정적인 생각이 자리하고 있다. 그도 그럴 것이 한 치 앞을 내다보기도 힘든 불확실한 삶을 살아가는 우리들의 인생은 온통 해결해 나가야 할 문제들 투성이다. 그 문제들은 과거의 기억을 묻는 정답이 있는 질문들보다는 저마다 다른 상황을 배경으로 다양한 해법이 도출되는 과제를 담고 있다.

"혼란스럽거나 애매하거나 또는 모순을 포함하고 있는 불명확한 상황에 대처하지 않으면 안 될 경우에 우리는 문제에 직면하게 되는데, 그러나 단지 막연하고 의심스러운 단계에서 문제는 성립되지 않는다. 이보다도 상황을 구성하는 요소들을 비교하여 이 상황들이 부분적으로 명확하게 되고 그 상황에 처해 있는 사람이 이것을 잠정적으로 해결하게 될 때 상황은 문제로서 파악된다. 문제는 근원적으로는 실천적인 것이지만, 이론적인 문제도 역시, 이미 알고 있는 것과 아직 모르고 있는 것, 또는 해결된 것과 해결되지 않은 것 사이에서 성립한다는 점에 있어서는 동일한 구조를 갖는다."

—철학사전편찬위원회, 2009

‘문제’가 본래적으로 갖고 있는 철학적, 일상적 의미들을 살펴보면, 문제의 성립조건이 혼란스럽거나 애매하고 모순된 불확실한 상황을 전제로 하고 있음을 알 수 있다. 학교교육과정에서 수없이 제시되고 있는 구조화된, 정답이 있는 문제들은 이런 기본적인 성립조건을 충족하기 어렵다. 학생들이 시험을 통해 접해왔던 전형적인 유형의 문제들은 실은 문제가 가져야 할 근본적인 성격과도 거리가 멀다. 특정 지식이나 정보를 정답으로 삼아 기억유무를 확인하기 위한 닫힌 질문들 중에는 학생들이 해결해야만 할 문제가 존재할 수 없다. 문제라고 불리던 수많은 질문들 가운데 실제 삶에서 만나는 문제 유형은 없었던 셈이다.

듀이(1938)는 불명확한 상황을 일정한 방향으로 명확화시키려할 때 문제가 발생하고 이를 해결하는 과정에서 ‘탐구의 논리(Logic of inquiry)’

가 성립된다고 하였다. 문제가 본래의 성립조건을 충족하기만 한다면, 그 자체만으로도 배움의 과정은 절로 발생할 수 있다는 의미이다.

> "5명의 학생에게 15권의 책을 나눠 주려고 합니다. 어떻게 하면 좋을까요?"
> "3권씩 나눠주면 되요. '15÷5=3'이니까요."
> "정답입니다."

나눗셈을 이용한 계산방법을 조금이라도 알고 있는 학생이라면 별 고민 없이 문제의 정답을 외쳤을 것이다. 책이 과자로 바뀌고, 학생이 아닌 어린 아이가 되더라도 고민할 필요가 없다. '15÷5'는 언제나 '3'이니까, 하지만 우리가 실제로 만나는 문제는 다르다. 아니 더 복잡하고 어려운 특수한 상황을 배경으로 나오는 경우가 대부분이다.

> "가정형편이 각기 다른 5명의 학생이 있습니다. 이들이 선호하는 책의 종류도 제각각입니다. 15권의 책을 나눠주려 하는데 어떻게 하면 좋을까요?"

단순히 책을 골고루 나눠주는 것만으로 해법이 제한된다면 나눗셈의 계산원리를 적용해 문제를 쉽게 해결할 수 있을 것이다. 그러나 실제 만족할만한 해법이 될지는 미지수다. 실제로 만족할 만한 해결안을 도출하기 위해선 그들의 가정형편에서부터 선호하는 책의 종류까지 파악하고 고려하는 것이 최우선일 수 있다. 누구에겐 한 권의 책을 받는 것이 나머지 책을 얻는 것보다 더 기분 좋은 일일 수도 있기 때문이다.

이처럼 PBL의 핵심인 '문제'는 실제 삶 속에서 직면하는 문제유형과 맥을 같이 한다. '비구조성', '실제성', '통합교과' 등으로 요약되는 PBL 문제는 우리 생애, 일상에서 직면하거나 만나게 될 문제들과 다르지 않다.

(주제 결정하기)
교과와 단원과의 연계성을 고려한다

PBL 수업을 자주 실천하는 교사들 입장에서는 교과와 단원과의 연계성을 고려해 주제 범위를 결정하는 것부터 준비 과정이 시작된다는 것에 대해 의문을 가질 수 있다. 교과와 단원과의 연계성을 강조한 나머지 주제의 범위가 극히 제한되고 학생들의 요구가 반영되지 않는 등 문제의 완성도가 떨어진다는 지적이 있을 수 있기 때문이다. 교사에 따라서는 학생들의 관심사나 사회적 쟁점을 고려해 직관적으로 문제를 먼저 만들고, 뒤이어 관련 교과나 단원을 찾아서 관계 맺기를 시도하는 것이 훨씬 편리한 방법이라고 주장하는 경우도 있다. 사실 정답은 없다. 어떤 순서로 진행되더라도 PBL의 특성에 잘 부합되도록 철저하게 준비만 한다면 틀림없이 성공적인 PBL 수업이 될 수 있다. 교과와 단원과의 연계성 확보를 준비 과정 첫 번째로 강조한 이유는 이왕이면 준비한 수업이 우리의 국가 교육 과정 체제 안에서 충분히 허용되고 수용될 수 있도록 일종의 정당성 부여 측면에서 필요한 절차라고 판단했기 때문이다.

〈표 3〉의 사례는 교과 분석을 통해 중심 교과와 관련 교과, 중심 단

원과 관련 단원을 선정하고, 이를 바탕으로 문제의 주제를 추출한 것이다. 이는 PBL의 특성상 동일한 문제에 대해 다양한 수준의 학생들이 접근하고 해결할 수 있도록 고안한 사례이다. 교과와 단원의 연계성을 고려해 얼마든지 5학년과 6학년 학생들이 도전할 수 있는 문제를 개발할 수 있다.

〈표 3〉 주제를 추출하기 위한 교과와 단원 선정

학년	중심 교과	중심 단원	관련 교과		관련 단원
5	과학 [5-1]	3. 기온과 바람	사회 [5-1]		1. 우리나라의 자연 환경과 생활 (1) 우리 생활과 자연 환경
					3. 환경 보전과 국토 개발 (1) 자연 재해와 환경 문제
6	과학 [6-2]	2. 일기 예보	국어	[5-1]	5. 행복한 만남 (1) 손을 맞잡고
				[5-2]	2. 발견하는 기쁨 (2) 차근차근 알아보며
			과학	[3-1]	5. 날씨와 우리 생활
				[9-1]	4. 물의 순환과 날씨의 변화
			실과 [5]		4. 컴퓨터는 내 친구

〈표 3〉에서 선정한 교과와 단원 분석 내용을 바탕으로 주제를 선정하고, 그에 따라 학습 목표를 정하였다. 학습 목표는 〈표 4〉와 같은 형식으로 설정할 수 있다. 여기서 학습 목표는 교사의 수업 목표로 이해하는 것이 타당하다. PBL에서 학습 목표는 학생들 스스로 문제에 맞게 도출하는 것이기 때문에 구분지어 생각하는 것이 좋다.

주 제	학습 목표
기상 관련 직업을 통해 날씨 이해하기	◆ 기상 관련 직업의 취업 과정과 연수 과정을 경험하면서 날씨에 대한 기초 지식(기온과 바람을 포함한)과 다양한 분야에 활용되는 응용 지식을 배운다. ◆ 날씨 관련 직업의 종사자로서 주어진 상황에 맞게 문제를 해결하고 최종 결과물을 만든다.

흔히, PBL 수업이 수학, 과학과 같이 잘 구조화된 과목보다 사회 과목과 같이 비구조적인 과목, 단순 암기와 반복 연습을 통한 지식보다는 인지 전략이나 문제 해결 능력이 요구되는 교과, 지식의 초보적 단계보다는 고급 단계의 교과에 적합하다는 오해가 있다. 하지만 어떤 교과가 체계적인지, 비구조화되어 있는지의 구분은 그 분야의 전문가 집단의 관점일 뿐, 배우는 학습자의 입장에서는 어떤 과정이든지 비체계적이고 복잡할 수밖에 없다.

또 교과의 구분이라는 것은 매우 인위적인 것으로 실생활에서 학생들이 직면하는 사건, 상황, 문제들은 여러 교과의 내용을 통합하여 해결해야 하는 것이 많다. 따라서 특정 교과나 단원만이 PBL에 적합하다는 편견은 버려야 한다. 어떤 교과나 단원이든 우리들의 경험적인 세계와 연결되어 있으며, 그렇기 때문에 좀 더 깊이 생각한다면 PBL에 적합한 주제를 얼마든지 찾을 수 있다. 약간의 발상 전환만 있다면, 수학, 과학, 사회, 국어, 미술, 음악, 실과, 체육 등의 교과 내용과 연계하여 통합적으로 재구성한 문제로 탄생시킬 수 있다는 것이다.

〈표 4〉는 과학 교과의 거울과 렌즈 단원을 바탕으로 주제를 도출한 사례이다. 거울이 자동차의 안전을 위해 중요한 역할을 담당하고 있

음에 착안하여 교통사고의 원인에 대한 과학적인 규명을 중심 주제로 결정하였다. 일반적으로 주제 결정과 수업 목표를 정하는 과정에서 문제 개발을 위한 대강의 방향이 결정된다.

〈표 5〉 주제 결정 및 학습 목표 설정(사례 1)

주 제	과학적 근거(자동차 거울의 특성)를 통해 교통사고의 원인 증명하기			
교과 및 단원	중심 교과	과학	중심 단원	[과학 5-1] 1. 거울과 렌즈
	관련 교과	체육 / 실과	관련 단원	[체육 5] 4. 안전한 생활 [실과 5] 4. 컴퓨터는 내 친구
학습 목표 (수업 목표)	◆ 자동차 거울에 반사되는 빛의 방향을 이해하고, 과학적 근거를 들어 교통사고의 원인을 규명할 수 있다. ◆ 자동차에 사용되는 거울의 기능을 알고, 오목거울을 중심으로 평면거울, 볼록거울에 대한 차이를 이해할 수 있다. ◆ 경찰(교통사고 처리 전문 요원)의 입장에서 교통사고의 처리 과정을 살펴보고 경험할 수 있다. ◆ 교통사고의 심각성을 다양한 사례를 통해 알고, 안전의 중요성을 인식할 수 있다. ◆ 다양한 형태의 자료를 제작하는 과정에서 여러 가지 정보를 파악하고 이해하며 활용할 수 있는 능력을 기를 수 있다. ◆ 유용한 정보를 탐색·파악하고 자신의 언어로 재구성하는 과정을 통해 정보를 효과적으로 활용하고 이를 바탕으로 창의적인 산출물을 만들어 내는 과정을 통해 '정보 지식 리터러시' 능력을 향상시킬 수 있다.			
학습 목표 (수업 목표)	◆ 온라인 커뮤니티 등의 양방향 매체를 활용하여 지속적인 학습 과정을 경험하고 협업과 토의 활동을 통해 '사회 문화 리터러시'를 신장시킬 수 있다. ◆ 발표를 위한 소품이나 자료를 제작하는 과정을 통해 '기술 환경 리터러시'를 향상시킬 수 있다.			

주 제	교통 수단의 속력을 고려한 여행 일정 짜기			
교과 및 단원	중심 교과	과학 / 사회	중심 단원	[과학 5-1] 4. 물체의 속력 [사회 5-1] 2. 우리가 사는 지역 촌락 지역의 생활
	관련 교과	국어 / 실과	관련 단원	[국어 5-1] 4. 이리 보고 저리 보고 분명하고 적절하게 [실과 5] 4. 컴퓨터는 내 친구
학습 목표 (수업 목표)	◆ 여행 설계사가 되어 주어진 조건에 맞게 여행 상품을 개발할 수 있다. ◆ 이동 수단의 속력을 감안하여 여행 일정을 짜고, 최소 이동 시간을 충족시킬 수 있도록 여행 상품을 개발할 수 있다. ◆ 다도해 해상국립공원 내 여러 섬의 위치와 관광 자원에 대해 알고 여행 대상자(가족/학생)의 특성에 맞는 매력적인 여행 상품을 개발할 수 있다. ◆ 다양한 형태의 UCC 자료를 제작하는 과정에서 여러 가지 콘텐츠를 파악하고, 이해하며, 활용할 수 있는 능력을 기를 수 있다. ◆ 경영진 앞에서 실시되는 모의 발표를 통해 설득력 있고 효과적인 프레젠테이션 방법을 경험할 수 있다. ◆ 유용한 정보를 탐색, 파악하고 자신의 언어로 재구성하는 과정을 통해 정보를 효과적으로 활용하고, 이를 바탕으로 창의적인 산출물을 만들어 내는 과정을 통해 '정보 지식 리터러시' 능력을 향상시킬 수 있다. ◆ 화상 시스템이나 온라인 커뮤니티 등의 양방향 매체를 활용하여 지속적인 학습 과정을 경험하고 협업과 토의 활동을 통해 '사회 문화 리터러시'를 신장시킬 수 있다. ◆ 여행 상품을 홍보하기 위한 UCC 자료를 제작, 배포할 수 있다. 또한 이러한 과정을 통해 '기술 환경 리터러시'를 향상시킬 수 있다.			

● 학습 기간과 수업 시간을 고려한다

PBL 문제 : 교통사고 원인을 밝혀라!

어제 새벽 1시에 경춘 국도에서 승용차 추돌 사고가 발생했습니다. 남양주 경찰서에서는 사고 조사를 위해 교통사고 처리 요원을 급파했습니다. 사고 현장에 도착했을 때 심하게 훼손된 자동차의 운전자 중 한 명은 이미 인근 병원으로 후송된 상태였고, 비교적 부상이 덜한 운전자는 자신의 차 안에서 충격을 받은 듯 앉아 있었습니다. 교통사고 처리 요원은 우선 사고 경위를 조사하기 위해 운전자의 진술을 받아놓기로 하였습니다. 운전자의 진술은 다음과 같습니다.

"저도 순간에 일어난 일이라 뭐가 뭔지 솔직히 잘 모르겠습니다."
"상대 사고 차량은 분명히 바로 뒤에서 따라오고 있었습니다."
"제가 차선 변경을 하기 위해 사이드 미러로 확인했을 때는 분명히 뒤따라 오는 자동차가 없었어요. 그런데 이런 사고가 발생한 겁니다."
"저는 분명히 백 미러하고 사이드 미러를 확인한 후 차선 변경을 했습니다. 그런데 어떻게 이런 사고가 발생했는지 이해가 안 갑니다."

* 백 미러 (Backmirror)[명사] 자동차 등에서 운전자가 뒤쪽을 볼 수 있게 달아 놓은 거울
(올바른 영어 표현 : Rear view mirror)
* 사이드 미러 : 뒤쪽 양 측면을 볼 수 있게 자동차 양쪽에 달아 놓은 거울

운전자의 진술을 통해 이번 추돌 사고가 차선 변경으로 인해 발생했다는 사실을 확인했습니다. 사고 처리 요원은 단지 운전자의 진술만으로는 사고의 원인을 밝힐 수 없다는 것을 잘 알고 있습니다. 그렇기 때문에 과학적인 근거를 들어 교통사고의 원인을 분명하게 밝히는 것이 필요하다고 생각했습니다. 당신은 유능한 교통사고 처리 요원으로서 운전자의 진술과 과학적 근거를 바탕으로 교통사고의 원인을 밝혀 낼 것입니다. 아울러, 앞으로는 이러한 교통사고가 재발하지 않도록 이 사건의 사고 원인과 처리 과정, 예방하기 위한 방법 등을 시민들에게 홍보할 예정입니다.

① 여러분은 남양주 경찰서 교통사고 처리 요원으로서 제시된 사고의 원인을 분석하고 과학적으로 증명해야 합니다.

교육 과정에서 확보한 수업 시수와 계획된 학습 기간이 초과할 정도로 문제의 해결 절차가 복잡하거나 불필요한 활동들이 포함되지 않도록 주의해야 한다. 문제를 처음 만들거나 문제 하나로 너무 많은 것을 얻으려하는 사람일수록 가급적 많은 지식과 활동들을 포함시키려고 한다. 또 너무 많은 교과를 인위적으로 통합하면서 교과별 활동을 문제에 그대로 나열하는 경우도 적지 않다. PBL은 기본적으로 학생들 스스로 주어진 상황과 조건에 맞게 구조화시키는 것이기 때문에 비교적 많은 학습 시간을 필요로 할 수밖에 없다. 학습의 긴장감을 유지할 수 있는 범위 안에서 과제의 양을 결정하고, 교육 과정 운영에 지장을 주지 않도록 문제의 내용과 범위를 결정하여 작성해야 한다.

문제 만들기 1
풍부한 상황과 조건을 갖춘 비구조적인 문제를 생각한다

교과 및 단원, 주제와의 연결 고리를 확실하게 만드는 과정에서 학습 목표를 설정하고 개발할 문제의 방향성을 정하면서 머릿속에 대강의 밑그림을 그리게 된다. 〈표 7〉과 같이 다양한 아이디어와

중심 활동을 구분하여 정리하면 문제를 좀 더 수월하게 만들 수
있다.

〈표 7〉 문제 아이디어와 중심 활동 정리하기

주제	문제 아이디어 & 중심 학습 활동
날씨 관련 직업에 취업하기	날씨 관련 3가지 직업 분야의 취업 과정을 문제 해결 과정을 통해 직간접적으로 체험하면서 직업과 연관지어 날씨를 이해하고 취업을 준비하기 위한 절차를 직접 경험하게 된다. 3가지 직업 분야(기상 예보관, 기상 컨설턴트, 기상 캐스터)는 각각의 특징에 맞게 선택 문제로 제시되며, 모둠원 간의 합의 과정을 통해 이 중 한 가지를 선택하여 문제를 해결한다. 아울러 학생 중에 면접관을 위촉하여 최종 취업 관문인 면접 과정을 주도하도록 한다.
과학적 근거를 바탕으로 교통사고의 원인 밝혀내기	유능한 교통사고 처리 전담 경찰관으로서 운전자의 진술과 과학적 근거를 통해 교통사고의 원인을 증명한다. 그리고 사고 원인과 처리 과정, 이를 예방하기 위한 방법 등을 시민들에게 홍보해야 한다.
교통 수단의 속력을 고려한 여행 일정 짜기	여행 설계사로서 주어진 조건에 맞는 다도해 해상국립공원 2박 3일 여행 상품을 개발하고, 온라인 지도 서비스를 이용한 여행 코스 간 이동 거리와 제시된 이동 수단의 속력을 고려한 여행 일정을 짜도록 한다. 경영진을 설득하기 위한 효과적이며 매력적인 프레젠테이션을 실시해야 한다.

　　PBL에 처음 도전하는 교사라면 주제와 관련된 아이디어와 학습 활
동을 고안하는 것만으로도 부담스럽게 느낄 수 있다. 풍부한 상황과
조건은 갖추지 못하더라도 지금까지의 노력만으로 〈표 8〉과 같은 비
구조적인 성격의 과제를 만들어 제시할 수 있다.

문제	내용
교통사고의 원인 밝히기	당신은 유능한 교통사고 처리 전담 경찰관입니다. 며칠 전 교통사고가 발생했는데, 자동차의 거울이 중요한 단서입니다. 교통사고의 원인이 무엇인지 밝혀 보세요.
2박 3일 여행 상품 개발하기	당신은 여행 설계사입니다. 주말 관광을 위한 다도해 해상국립공원 2박 3일 여행 상품을 개발하세요. 온라인 지도 서비스를 이용하여 여행 코스 간 이동 거리와 소요 시간을 예측한다면 여행 일정을 짜는 데 도움이 될 것입니다. 경영진이 감동할 정도의 매력적인 발표도 기대하겠습니다.

흔히 학교 현장에서 접하는 수업은 구조적인 성격의 것이 대부분이다. 수업을 진행하는 교사들이나 학생들, 그리고 학부모까지 구조화되어 있는 교과 내용에 너무나 익숙하다. 교사가 제시한 정해진 학습 과정에 따라 학습에 참여한 학생 모두가 한 가지 정답을 발견할 수 있도록 하는 것은 형태는 다르더라도 대부분의 전통적인 수업이 지향하던 궁극적인 목표였다.

이러한 측면에서 볼 때 비구조적인 성격의 과제를 만든다는 것은 오랜 세월 동안 당연하게 여겨왔던 수업의 틀을 깨는 행위이면서 이전과는 전혀 다른 새로운 관점인 구성주의적 시각을 실천하는 것이기도 하다.

〈표 9〉은 비구조화된 문제의 특성을 정리한 것이다. 초보적인 문제를 만들었더라도 비구조적인 과제 특성에 부합한다면, 이를 통해 얼마든지 구성주의적 학습 환경을 구현할 수 있다.

<표 9> 구조화된 문제와 비구조화된 문제 비교

구조화된 문제	비구조화된 문제
◆ 문제 파악이 쉽고 분명하다. ◆ 문제 해결을 위해 고려해야 할 조건, 제한점이 매우 단순하다. ◆ 문제 해결 방법이 별로 많지 않다. ◆ 주어진 상황과 상관없이 일반적인 규칙, 개념을 적용하여 풀 수 있다. ◆ 한 가지 정답만이 존재한다. ◆ 모든 사람의 정답이 일치한다.	◆ 문제 파악이 쉽지 않고 문제 해결 과정에서 새로운 조건이나 제한점이 발견된다. ◆ 문제 해결을 위한 접근 방법이 다양하다. ◆ 매우 구체적이고, 복잡하며, 불확실한 특정 상황을 기반으로 한다. ◆ 문제를 풀기 위해 여러 조건과 제한점을 고려해야 한다. ◆ 학습자마다 해결안(정답)이 다르다.

초보적인 문제 만들기에 머물지 않고 PBL의 특성이 잘 드러난 좀 더 향상된 문제를 만들고 싶다면, 여러 가지 고려 사항을 참고하여 체계적인 방법으로 정교화해야 한다. 문제 상황을 쉽게 파악하기 어렵고, 상황과 조건들이 곳곳에 스며들어 학습자들의 인지적 혼란을 경험하도록 하기 위해서는 매우 많은 시행착오를 겪어야 하며, 문제에 대한 안목도 키워야 한다. 완성도 높은 문제는 주제와 관련된 다양한 자료의 수집과 학생들의 관심사에 귀를 기울이는 센스, 흥미 있는 상황을 문제 속에 끌어들여 반영할 줄 아는 노하우 등에 의해 탄생된다. 이렇게 만들어진 문제는 우리들이 삶 속에서 만나게 되는 복잡한 문제들과 유사한 형태를 띠게 된다.

문제를 개발하는 과정은 하나의 창작품을 완성하는 것과 다르지 않다. 그래서 더욱 더 체계적이고 전문가적인 접근이 필요하다. 문제에 들어갈 요소에 따라 항목별로 묶어 주는 방법은 문제를 만드는 과정에서 시행착오를 줄이고 글의 기본 틀을 정하는 데 효과적이다. 〈표 10〉과 같이 배경, 상황, 주인공의 과제, 제한점 등을 문제에 들어갈 기본

항목으로 정하고, 문제 아이디어와 중심 활동을 바탕으로 정리하면 문제의 구체적인 틀을 잡기가 쉬워진다.

〈표 10〉 배경, 상황, 주인공의 과제, 제한점으로 구분하여 정리하기

항목	내용
배경	◆ 기상청에서 주관하는 어린이 기상 교실이 계기가 되어 기상 예보관의 꿈을 키워 온 주인공 ◆ 날씨가 피자 매출과 관련이 깊다는 사실에 흥미를 가진 주인공이 기상 컨설턴트에 도전 ◆ 일기 예보를 무시했다가 낭패를 당했던 주인공이 일기 예보의 중요성을 알고 기상 캐스터에 도전
상황	◆ 날씨 관련 직업(기상 캐스터, 기상 컨설턴트, 기상 예보관) 관련 채용 공고 확인 ◆ 1차는 자기 소개, 2차는 면접, 3차는 공개 발표 순서로 진행되는 입사 시험에 응시
주인공의 과제	◆ 입사 시험(자기 소개, 면접, 공개 발표) 준비 ◆ 선택한 직업의 전문성을 증명할 수 있도록 준비
제한점	◆ 채용 공고의 평가 기준

문제에 들어가야 하는 필수적인 항목인 배경, 상황, 주인공의 과제에 대해 살펴보면 다음과 같다. 먼저, 배경은 사건, 문제, 인물을 둘러싼 물적, 인적, 시사적 환경으로 사건의 배후에서 그것과 연관을 맺고 있는 모든 것을 의미한다. 상황은 일이 진행되는 과정이나 상태를 말하는데, 배경보다 직접적이고 구체적으로 서술된다. 상황 속에는 문제를 풀기 위한 여러 가지 제한점(조건)이 놓이는데, 문제를 좀 더 복잡하고 비구조적으로 만든다. 주인공은 문제에 등장하는 중심 인물로서 문제 해결의 직접적인 당사자를 말한다. 주인공의 과제는 문제의 배경과 상황 속에서 문제 해결을 위해 취해야 할 구체적인 직업이나 활동(여행 설

계사로서 여행 상품 만들기, 경찰관으로서 교통사고 원인 밝히기, 날씨 관련 직업을 갖기 위해 면접 보기 등)을 말한다.

이렇게 정리한 항목들을 어떻게 조합하고 어떤 서술 방식을 선택하여 작성하는지에 따라 문제의 완성도가 결정된다. 문제를 서술하는 방법은 〈표 11〉처럼 문제 상황, 학습자의 흥미와 수준에 따라 매우 다양하다. 기존의 문제 사례들을 분석하여 서술 유형별로 정리한 것이므로, 학습 내용에 따라 적절한 서술 방식을 선택하는 데 도움이 되었으면 한다.

〈표 11〉 문제 작성 유형 구분 예

작성 유형	활용 내용
공고문	사육사 모집, 시장 선거, 박람회 공고
설문지	문제의 배경에 사용 (예) 통일에 대한 국민들의 의식 설문지를 결과를 인용)
뉴스 기사	문제의 배경과 상황을 설명하기 위한 뉴스 ('급식 업체 선정' 문제에서 학교 집단 식중독 기사 활용)
동화	실제로 있을 만한 문제 내용을 이야기 형식으로 작성
그림, 사진	문제 해결에 필요한 사진이나 그림을 첨부
일기	주인공이 경험한 것을 배경이나 상황으로 활용
편지글	이산 가족의 편지 내용을 문제에 활용하여 '통일' 문제 작성
대화글	주인공이 대화를 주고받으면서 문제 상황 작성
만화	문제 상황을 만화로 작성
동영상	문제 상황을 동영상으로 제시

평소 글쓰기를 좋아하는 사람이라면 문제 작성 과정을 어렵지 않게 느낄 수도 있다. 또 글쓰기를 좋아하기 때문에 문제를 쓰는 과정 자체

가 즐겁게 느껴질 수도 있다. 하지만 대부분의 사람들은 글쓰기 자체에 엄청난 부담감을 가지고 있다. 당연히 글쓰기 과정이 즐거울 리가 만무하다. 글을 쓰는 것에 소질이 없음에도 불구하고 인내와 노력 끝에 완성한 문제 시나리오를 학생들이 외면한다면 그 좌절감은 극에 달할 수밖에 없다.

사전 예방 차원에서 일종의 문제 작성 지침을 제시해 보도록 하겠다. 물론 절대적인 것은 아니다. 문제 사례와 함께 살펴본다면 조금이나마 도움이 될 것이다.

◦ 문제 만들기 2
◦ 학생마다 다양한 결과가 나올 수 있도록 유도한다

요즘 학생들은 커피(Coffee)가 아닌 카피(Copy)를 즐긴다. 학교 숙제에는 어김없이 '카피'가 등장한다. 좀처럼 고민하지 않고 죄책감도 없다. 그렇다고 결과가 나쁜 것도 아니다. 경우에 따라서는 '참 잘했어요.' 도장을 받기도 한다. 하지만 PBL에서는 통하지 않는다. 단순한 조사 학습이나 정답 찾기의 문제라면 PBL에는 적합하지 않다. 문제 해결을 위한 길이 한 가지나 두 가지 정도로 정해져 있어서 각 모둠마다 비슷한 답이 나오는 문제가 만들어졌다면 PBL이 아닌 다른 수업에서 활용할 것을 권하고 싶다.

PBL 문제 : 당신은 여행 설계사! '다도해 해상국립공원 여행 상품 만들기 프로젝트'

아름다운 비경을 품고 있는 크고 작은 섬들과 쪽빛 바다로 장관을 이루는 다도해 해상국립공원은 우리나라의 자랑스러운 관광 자원입니다. 2009년 다도해 해상국립공원 내에 위치한 외나로도에 나로우주센터가 건설되면서 전국적인 관심이 집중되고 있는 곳이기도 합니다. 최근 이런 관심을 배경으로 다도해 해상국립공원은 꼭 가보고 싶은 주말 여행 지역 1위로 선정된 바 있습니다.

당신은 국내 여행 전문 회사인 와부 투어의 여행 설계사로서 선호도가 높은 다도해 해상국립공원을 장소로 한 여행 상품을 만들어야 합니다. 회사에서는 가족과 학생을 대상으로 한 가족 여행이나 수학 여행 상품 개발을 요청하고 있는 상태입니다.

지금까지 결정된 사항은 '여행 기간 : 2박 3일', '출발 시간 : 오전 9시', '출발지 및 기본 이동 코스 : 김포 공항 — 여수 공항 — 여수항'까지입니다. 이제, 당신은 다도해 해상국립공원의 399개 섬 중에서 이동 거리와 여행 대상자의 특성을 고려하여 나머지 여행 코스를 결정해야 합니다. 여행 코스와 이동 거리를 산출하는 데는 다도해 해상국립공원(http://dadohae.knps.or.kr) 공식 홈페이지와 포털 사이트(네이버, 다음)의 지도 서비스를 이용할 예정입니다.

회사 방침상 2박 3일 여행 상품의 경우, 여행자의 피로를 감안하여 전체 이동 시간을 14시간 미만으로 제한하고 있습니다. 각 여행 코스 간 이동 시간은 일반적으로 이동 거리와 각 코스별 이동 수단의 속력을 알면 쉽게 계산할 수 있습니다. 다음은 여행에서 이용될 이동 수단의 속력입니다. 반드시 각 여행지 간의 이동 거리와 이동 수단의 속력을 고려하여 최소 이동 시간을 충족하는 여행 상품을 만들어야 합니다.

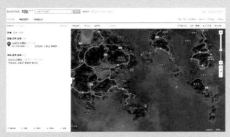

포털 사이트의 지도(http://map.naver.com) 서비스 화면

● 여행에 이용할 이동 수단

교통 수단	비행기	버스	배	말	자전거
이동 거리/시간	500km/h	60km/h	40km/h	30km/h	12km/h

다도해 해상국립공원 내 소규모 섬은 여행에 이용할 이동 수단 중 도보나 말, 자전거를 통한 이동만 가능하므로 이를 감안하여 여행 시간을 계산하고, 여행 일정을 짜야 합니다. 다양한 체험과 볼거리가 가득한 여행 상품이 될 수 있도록 당신의 실력을 보여 주세요.

여행 상품 개발이 완료되면, 회사 경영진의 마지막 결정을 이끌어 내기 위한 발표가 기다리고 있습니다. 가족과 학생들의 마음을 사로잡을 2박 3일 다도해 해상국립공원 여행 상품을 기대하겠습니다. 와부 투어의 미래는 바로 여행 설계사인 당신의 손에 달려 있습니다.

① 여러분들이 개발하는 여행 상품에는 제시된 이동 수단이 모두 동원되어야 하며, 여행지 간 총 이동 시간은 14시간 미만이어야 합니다.

② 지도 서비스를 이용하여 여행 코스를 결정하고, 이동 거리를 정확하게 파악해야 합니다.

③ 당신은 와부 투어의 여행 설계사로서 회사 경영진 앞에서 여행 상품을 설득력 있게 발표해야 합니다. 이때, 파워포인트, 홍보 동영상 등을 활용하여 준비한 여행 상품의 매력을 뽐내보세요.

④ 과학 '4단원 물체의 속력'과 관련이 있습니다. 관련 지식을 문제 해결에 꼭 활용하세요.

ⓒ 정준환

◆ 문제 만들기 3
해당 분야의 전문가로서 생각하고 실천하게 한다

학생들은 주어진 문제를 해결하기 위해 비판적으로 생각하고 창의적인 방법을 고안하며 자신의 판단력, 분석력, 종합력 등의 사고 과정을 총동원한다. 문제에 등장하는 주인공의 입장이 되어 보면 문화재 보존 전문가, 큐레이터, 나무 치료사, 여행 설계사, 기상 캐스터, 경찰관, 법의관 등 그들 세계의 전문가적인 사고방식을 자연스럽게 배우고 실천할 수 있게 된다. 이왕이면 문제의 주인공을 해당 분야의 전문가로 설정하는 것이 좋다.

PBL 문제 : 나무에게 새 생명을…, 나무치료사

이 현지, 그녀는 나무치료 전문가입니다. 나무치료사는 전국에 몇 안 되는데, 그 중에서 그녀는 가장 능력 있는 나무치료사로 통합니다. 문화재로 지정되어 보호받고 있던 5000여년 된 회화나무를 고사 직전에서 살려내며 한 번 확인시켜 주었습니다.

이현지 나무 치료사는 이 땅의 나무들이 그 푸르름을 간직하며 건강하게 있기를 간절히 바라며, 자신의 직업에 무한한 자부심을 갖고 있습니다. 이한 바람은 어제와 오늘 바로 이 순간에도 나무 치료사라는 직업에 종사하는 밑거름이 되고 있습니다. 정부에서는 그녀의 탁월한 나무치료실력을 인정하여, 지정된 8000주 가운데 1/4에 해당하는 2000주의 관리를 맡기기도 하였습니다.

그녀의 나무치료과정은 '조사-진단-처방(치료)-관리' 4단계로 진행되며, 구조와 생장, 기능 등의 전문적인 지식을 바탕으로 각 단계를 수행합니다.

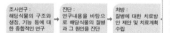

| 조사연구: 해당식물의 구조와 생장, 기능 등에 대한 종합적인 연구 | 진단: 연구내용을 바탕으로 해당식물의 질병과 그 원인을 진단 | 처방: 질병에 대한 치료방안 제안 및 치료계획 수립 |

며칠 전, 양평군청으로부터 급하게 전화가 걸려왔습니다. 양평군에 위치한 은행나무에 문제가 발생했다는 내용이었습니다. 용문사 은행나무는 나이가 1100도로 추정되며, 높이 67m, 뿌리 부분이 15.2m인 우리나라 은행나무 중 가장 오래되어 있어서 최고를 자랑하는 국보급 은행나무입니다. 그래서 1962년 12월에 천연기념물로 지정하여 보호·관리되고 있습니다.

1단계 조사연구:
나무치료사 이현지는 그녀만의 나무치료절차에 따라 용문사 은행나무의 질병원인을 찾아주기 위한 조사연구에 돌입합니다. 은행나무(식물)의 잎과 줄기, 그리고 뿌리가 하는 역할과 기능이 무엇인지 조사하고 여러 사례와 함께 종합적으로 연구할 계획입니다.

이현지 나무치료사는 양평군청 이재선 산림과장과 용문사 은행나무에 대해 통화를 했습니다. 은행나무에 대해 그는 다음과 같이 말했습니다.
"오른쪽 큰 가지에 잎이 나올 시기가 지났는데도 불구하고 아직 잎이 나오지 않고 있습니다. 그리고 다른 가지에도 문제가 있는 것 같아요. 예년보다 잎이 말라서 많이 떨어지고 있는데다가 녹색의 푸르름을 자랑해야 할 잎들이 누렇게 변해가고 있습니다. 어떻게 해결해야 할지? 도저히 모르겠네요. 도움 부탁드립니다."

2단계 진단:
나무치료사 이현지는 이재선 과장이 말한 은행나무의 증상과 연구한 내용을 바탕으로 은행나무의 질병이 무엇이며, 그 원인이 무엇인지 파악하고 진단할 것입니다. 그녀는 식물의 구조인 잎, 줄기, 뿌리 세 부분으로 나눠서 각각 은행나무의 증상과 관련하여 질병원인을 진단할 계획입니다.

나무치료사 이현지는 은행나무의 증상에 대해 잎과 줄기, 그리고 뿌리로 나누어 질병을 파악하고 그 원인을 진단하였습니다. 다음 절차에 따라 그녀는 진단한 내용을 바탕으로 치료방안을 도출하고, 장기적인 치료계획을 수립할 계획입니다. 그녀는 우리나라의 역사와 정기가 살아있는 이 은행나무를 꼭 치료해서 우리의 소중한 유산으로 후세에 남길 것임을 다짐하였습니다.

3단계 처방:
나무치료사 이현지는 은행나무의 질병원인을 진단하고, 이를 바탕으로 본격적인 치료과정에 돌입할 것입니다. 또한 은행나무의 잎, 줄기, 뿌리 세 부분으로 나눠서 각각 치료방법을 제안하고, 장기적인 치료계획을 수립할 것입니다.

마지막으로 그녀는 용문사 은행나무가 앞으로도 건강하게 살 수 있도록 지속적인 관리계획을 수립하려고 합니다.

4단계 관리:
나무치료사 이현지는 용문사 은행나무의 건강유지와 질병예방을 위한 관리지침을 마련하여 용문사와 양평군청에 제출할 계획입니다.

① 나무치료사의 입장에서 '조사-진단-처방(치료)-관리' 4단계 절차로 진행된 용문사 은행나무 치료과정을 발표를 통해 공개합니다.
② 과학 7단원 식물의 잎이 하는 일을 비롯한 3학년에서부터 5학년 까지 다룬 식물 관련 단원을 참고합니다.

© 정준환

학습자의 경험과 배경으로부터 출발한다

가급적 학습자의 배경 지식, 경험, 능력과 연관성을 맺도록 해야 한다. 문제 상황이 학생들이 가지고 있는 선지식과 배경 지식으로 이해되고, 공감대가 형성되어야 이를 바탕으로 학습에 있어서의 질적 변화를 기대할 수 있게 된다.

만일, 문제가 학생들이 이해하기 힘든 내용이거나 그들의 경험 또는 배경과 전혀 관계없는 것이라면 주어진 상황과는 동떨어진 학습 활동이 이루어지거나 중도에 포기하는 부정적 결과가 나타날 수 있다. 그렇기 때문에 생소하고 낯선 복잡한 상황이라도 학생들의 경험과 배경을 바탕으로 한 문제 작성이 중요하다.

우리들의 삶과 연계된 현실적인 소재를 찾는다

일반화되고, 보편적이며, 정형화된 내용들은 교과서에서 흔히 접할 수 있는 것들이다. 아마도 교과서 내용을 재미있다고 생각하는 학생들은 거의 없을 것이다. 그 이유는 자신의 삶과 동떨어져 보이는 내용들에 관심을 갖거나 흥미를 느끼기 어렵기 때문이다.

평가 결과에 민감할 수밖에 없는 현실 때문에 이해보다는 암기로 대응해서라도 재미없는 공부를 진행하는 것이 오늘날의 현실이다. 이런 서글픈 현실을 타파하기 위해서라도, 학습이라는 것이 삶을 배우는 것과 다르지 않다는 점을 인식시키기 위해서라도, 학생들의 관심과 흥미를 모을 수 있는 재미있는 수업을 구현하기 위해서라도 학생들의 삶과 연결된 실제적 성격의 문제를 만들어야 한다. 단, 실제성을 학생들의 삶의 테두리 안으로 제한하는 잘못은 범하지 말아야 한다.

문제의 주인공이 학생 신분일 수도 있지만 큐레이터, 나무 치료사, 여행 설계사, 기상 캐스터, 경찰관, 법의관 등 모든 직업군의 사람일 수 있기 때문이다.

학생들이 가깝게 느끼는 또래 집단의 이야기에서부터 다소 멀지만 현실에 존재하는 다양한 세계의 이야기까지 문제에 담지 못할 것은 없다. 학생들에게는 미지의 세계일수록 오히려 도전감이 더 생길 수 있다. 학습자의 언어적 능력이나 인지적 수준 정도를 고려하여 실제 세계에 존재하는 다양한 이야기들을 담아 보도록 하자.

• 문제 만들기 6
학습자들의 흥미와 관심을 유발하는 소재를 반영한다

문제가 PBL의 특성을 잘 반영하여 실제성과 비구조성을 지니고 있다고 해서 모두 좋은 문제는 아니다. 학생들의 관심을 끌기에 너무 일반적이거나 흔한 주제이면 곤란하다. 주인공의 역할이 흥미를 끌기에 무미건조하고 경직된 것이라면 피하는 것이 좋다. 선생님과 부모님의 고충을 조금이라도 이해하라는 의미에서 문제의 주인공을 교사와 부모로 정한다면 오히려 역효과만 초래할 뿐이다.

PBL 문제 : 아! 홍유릉

당신은 유능한 문화재 보존 전문가입니다. 다양한 원인에 의해 심각하게 훼손된 우리 문화재를 원래의 모습에 가깝게 복원하는 일과 문화재가 더 이상 훼손되지 않도록 보존하고 관리하는 일을 맡고 있습니다.

최근 문화재청으로 홍유릉에 대한 훼손 민원이 들어왔다고 합니다. 특히, 석조물에 대한 훼손 정도가 심각하고, 변색과 같은 이상 징후가 광범위하게 발견되고 있다고 합니다. 지역 사회의 여론도 조선 왕릉이 세계문화유산으로 지정된 만큼 빠른 시일 안에 문화재의 훼손 원인을 규명하고, 보존 대책과 훼손에 대한 복원 계획 등을 마련해 줄 것을 요구하고 있습니다.

조선의 26대 고종 황제와 명성 황후가 안장된 홍릉과 27대 순종 황제와 순명 황후가 안장된 유릉이 위치하고 있는 홍유릉은 우리나라의 아픈 역사를 품고 있기 때문에 홍유릉에 대한 진단과 보존 노력이 시급한 때입니다.

문화재청에서는 이 분야에서 탁월한 능력을 인정받고 있는 당신에게 홍유릉 문화재에 대한 정밀 진단을 의뢰한다고 합니다. 당신은 홍유릉의 석조물을 중심으로 유물의 훼손 정도를 면밀히 살펴보고, 훼손된 이유와 함께 훼손을 막을 수 있는 방법이 무엇인지 찾아볼 계획입니다. 홍유릉 문화재(특히, 석조물)에 대한 정밀 진단은 다음 절차에 따라 진행될 것입니다.

◎ 홍유릉 석조물들의 훼손 여부 살펴보기

홍유릉을 직접 방문하여 석조물에 대한 훼손(변색, 부분 유실, 낙서, 갈라짐 등) 여부를 면밀히 살펴봅니다.

◎ 유물이 훼손된 원인 규명하기

유물이 훼손된 원인을 훼손 유형(변색, 부분 유실, 낙서, 갈라짐 등)에 따라 밝힙니다. 유물 훼손 원인은 개인의 생각이 아닌 과학적으로 타당한 근거를 가지고 규명해야 합니다.

◎ 유물 훼손을 방지하기 위한 방법 제안

유물의 훼손 원인을 과학적으로 밝힌 후, 이에 맞는 훼손 방지 방법을 제안합니다.

당신은 다음 주에 홍유릉 문화재 훼손에 대한 정밀 진단 결과를 발표해야 합니다. 과학적인 근거를 들어 문화재 훼손의 원인을 규명하고 여러 가지 원인의 훼손을 막기 위한 문화재 보존 방법을 제안해 주시기 바랍니다. 당신의 멋진 활약을 기대하겠습니다.

① 모둠별로 홍유릉을 방문하여, 석조물들의 훼손 여부를 직접 살펴봅니다. 준비한 카메라로 훼손된 부분을 자세히 촬영하고, 관찰한 내용을 정리합니다.
② 관찰한 유물에 대한 정보는 인터넷이나 책을 통해 살펴보고, 유물이 훼손된 원인이 무엇인지 정보 검색 활동과 모둠 토론 활동을 통해 밝혀냅니다.
③ 발표 내용에는 홍유릉의 훼손된 문화재 실태와 훼손의 원인, 더 이상의 훼손을 막기 위한 보존 방법 등이 반드시 포함되어야 합니다. 발표 시간은 절대 7분을 넘기지 마세요.

ⓒ 정준환

PBL 문제 : 음악과 함께하는 반고흐 갤러리

당신은 한국 미술관에 근무하고 있는 큐레이터입니다. 어린 학생들을 대상으로 한 전시회를 주로 기획하고 있습니다. 당신은 미술 작품들이 학생들에게 좀 더 친숙하게 다가가게 하기 위해 많은 고민을 하고 있습니다. 마침 미술관장으로부터 올해 마지막을 장식할 특별 전시회 임무가 주어졌습니다. 당신은 학생들이 갖고 있는 미술에 대한 선입견을 깰 수 있는 파격적이고 이색적인 전시회를 기획할 생각입니다.

'전 세계 많은 사람들에게 사랑받고 있는 반고흐의 작품을 학생들이 익숙한 음악과 접목해 보는 것은 어떨까?'

당신의 머릿속으로 멋진 아이디어가 스쳐 지나갔습니다. '음악과 함께하는 반고흐 갤러리' 당신이 구상하고 있는 특별 전시회 제목입니다. 이제 큐레이터인 당신의 손길이 필요합니다. 주어진 임무를 멋지게 완성해 주세요.

① 제시된 주제에 맞게 반고흐의 작품과 음악이 어우러진 멋진 특별 전시회를 기획합니다.
② 전시회의 특성이 잘 드러나고 어린 학생들이 쉽게 이해할 수 있는 설명 자료를 제작합니다.
③ 특별 전시회 기획안과 설명 자료 발표는 모둠별로 7분이 넘어서는 안됩니다.

© 정준환

문제타당성 검토
자기평가와 동료평가

　PBL 문제가 완성되면, 개발한 문제가 과연 적절한지 타당성 검토과정을 거친다. 타당성 검토를 하는 목적은 문제를 해결했을 때 학생들이 의도한 대로 학습목표를 도출해내고, 그 방향 안에서 문제를 해결할 수 있는지, 적극적인 동기부여가 가능한지를 판단하기 위함이다. 문제타당성 검토방법에는 전문가 평가, 개발자의 자기평가, 동료교사 간의 상호평가, 학습자 평가 등이 있다. 이 가운데 학교현장에서 실천하기 수월한 자기평가와 동료평가 두 가지를 소개하도록 하겠다.

(Step1) 체크리스트(Checklist)에 의한 자기평가

체크리스트에 의한 자기 평가는 자신이 개발한 문제를 읽고, 항목별로 제시된 문항을 기준삼아서 스스로 점검하는 방법이다. 체크리스트에 의한 자기 평가는 주로 개발된 문제가 PBL의 특성인 실제성, 복잡성, 맥락성, 비구조화를 잘 갖추고 있느냐에 초점이 맞추어져 있다.

〈표 12〉처럼 자기평가 결과가 '아니오' 로 나온 항목은 비고란에 구체적인 이유와 대안을 작성하여 문제수정에 참고한다. 체크리스트의 각 문항이 PBL문제 시나리오 속에서 무엇을 의미하는지 그리고 개발한 시나리오가 기준에 부합되지 않을 경우 어떻게 수정하고 대안을 마련할지 비고란에 적는다.

〈표 12〉 PBL문제의 타당성 검토 체크리스트

기준	응답		비 고
	예	아니오	
1. 학습자의 경험과 배경으로부터 출발할 수 있는 수준의 내용인가?			
2. 학습자들의 흥미와 관심을 유발시킬 수 있는 문제인가? (적극적 참여를 위한 요소)			
3. 문제해결안이 다양하게 제시될 수 있는가?			
4. 실제 삶과 연계 된 실제적인(Authentic) 문제인가?			

5. 문제가 비구조적이며 복잡한가? (여러 요인들을 복합적으로 고려해야 할 문제)		
6 문제해결에 요구되는 사고과정이 그 분야의 전문가나 직업인 에 의해 사용되는 것인가?		
7. 주어진 수업 시간 안에 해결 할 수 있는 문제인가?		

체크리스트의 문항별 의미를 자세히 살펴보면 다음과 같다.

'1. 학습자의 경험과 배경으로부터 출발할 수 있는 수준의 내용인가' 는 문제에서 요구하는 과제가 학습자의 배경지식, 경험, 능력과의 연관성이 있는지 확인하는 항목이다. 개발한 문제가 학생들의 삶 속 어떤 지식이나 경험들과 연결됐는지 따져보고, 참여자의 수준에 부합하는지 여부를 평가한다.

'2. 학습자들의 흥미와 관심을 유발시킬 수 있는 문제인가'는 학생들의 흥미와 관심을 끌 수 있는 요소가 무엇인지 찾아보고 반응을 예측해 평가하는 항목이다. 평소 학습자의 관심사나 선호하는 학습방식을 분석하여 문제를 개발한다면 충분히 기준을 충족시킬 수 있다.

'3. 문제해결안이 다양하게 제시될 수 있는가'는 개발한 문제를 읽고 나서 단순한 조사학습이나 정답 찾기 수준인지 따져보는 활동이다. 모둠마다 비슷한 답이 나오는 문제는 학습자의 사고를 풍부하게 자극할 수 없다. 정해진 답을 찾아가는 활동은 아닌지, 특정 지식의 습득을 목적으로 한 수업은 아닌지 평가해 본다.

'4. 실제 삶과 연계된 실제적인 문제인가'는 학생들이 일상에서 직접 경험하고 있는 실제상황뿐만 아니라, 현실에 존재하는 거의 모든 것이 해당된다. 다만 이들 문제들이 현실에 있을법한 설득력 있는 이야기로 구성됐는지 여부를 따져보아야 한다.

'5. 문제가 비구조적이며 복잡한가'에서 비구조성은 PBL문제의 성립 조건 중 핵심요소이다. 처음 문제를 접했을 때 파악이 쉽지 않고, 주어진 조건을 고려해 다양한 해결안이 나올 수 있어야 한다. 장황한 상황과 배경을 문제시나리오에 서술했더라도 이들을 빼고 마지막 부분만 읽어도 문제를 해결할 수 있다면 비구조성과 복잡성이 결여됐다고 볼 수 있다.

'6. 문제해결에 요구되는 사고과정이 그 분야의 전문가나 직업인에 의해 사용되는 것인가'는 주어진 문제를 바라보고 해결하는 과정에서 마치 과학자의 사고방식, 수학자의 사고방식, 의사의 사고방식, 여행상품개발자의 사고방식 등 전문가의 사고방식을 요구하고 있는지 평가하도록 한다. 문제 상황에 어울리는 직업군을 주인공으로 등장시키면 전문가로서 문제해결에 임하려는 태도를 보인다.

'7. 주어진 수업시간 안에 해결 할 수 있는 문제인가'는 교육과정에서 확보한 수업차시와 학습기간을 초과할 정도로 문제의 해결절차가 복잡하거나 활동량이 많은지 여부를 따져보는 항목이다. 교육과정의 재구성을 통해 수업차시를 충분히 확보하고, 온라인 학습환경을 적절히 활용해 학습자가 시간부족을 호소하지 않도록 해야 한다.

PBL문제의 '타당성 검토 체크리스트'로 자기평가를 실시하고, 기준에 부합하지 못하는 경우, 해당 기준에 부합할 때까지 수정을 반복하며 완성도를 높이면 된다.

(Step2) 과제수행계획서 작성을 통한 동료평가

PBL에서 문제는 학습의 성공을 결정짓는 중요한 요소이다. 자기평가와 더불어 객관적으로 문제의 타당성을 검토하는 과정이 필요한 이유다. 특히 PBL문제를 처음 개발하는 교사의 경우, 타당성 검토를 통해 문제개발의 안목과 전문성을 갖도록 하는 것이 필요하다.

앞서 체크리스트에 의한 자기평가는 PBL문제로서의 적합성 여부를 스스로 평가하는데 초점을 맞췄다면, 동료평가는 개발한 문제가 의도대로 학습활동이 이루어지는지 평가하는 데 초점이 맞춰져있다.

동료교사가 PBL문제의 적절성을 검토하는 방법은 개발한 PBL 문제를 읽고 〈표 13〉의 양식에 따라 과제수행계획서를 작성한 후 개발자가 의도한 학습목표와 내용이 잘 반영되어 있는지 비교하여 확인하는 방식이다. 아무리 PBL문제의 특성과 조건을 잘 갖추고 있더라도 개발자가 의도한 수업목표와 학습과정에 부합되지 않는다면 그리 좋은 문제는 아니다.

문제개발자는 과제수행계획서 작성방법을 동료교사에게 안내하고,

과제수행계획서 작성결과를 바탕으로 충분한 의견교환과 피드백이 이루어지도록 해야 한다. 다양한 의견이 풍부하게 수렴될수록 문제의 완성도를 높일 수 있다.

〈표 13〉 동료교사가 작성하는 과제수행계획서 양식

개발한 교사	
문제명	대상학년
학습목표도출	문제를 읽고 나서 수업이 끝나면 무엇을 배울 수 있는가? (더 알아야할 사실보다는 좀 더 추상적이고 포괄적인 것)
가설/해결안 (Ideas)	어떻게 문제를 해결해볼까? (해결방법의 큰 방향잡기)
사실 (Fact)	문제해결에 도움이 될 이미 알고 있는 사실 ① 제시된 Problem속의 사실, 조건, 제한점 ② 내가 전부터 알고 있는 사실
더 알아야 할 사실 (Learning Issues)	문제해결을 위해 좀더 조사해야 사항

Step3 문제의 타당성 검토 결과 종합하기

개발한 PBL문제에 대한 자기평가와 동료평가의 결과를 종합하여 〈표 14〉처럼 수정방향과 대안을 정리한다. 문제의 수정은 개발과정에서 수시로 이루어지지만, 문제타당성 검토 결과를 종합하여 최종적으로 반영해 완성한다.

체크리스트에 의한 평가 정리 (보완점,개선점)	아니오가 나온 항목을 중심으로 원인분석을 하여 수정방향과 대안을 마련 정리한다.
동료교사의 평가 정리	동료가 작성한 과제수행계획서의 내용이 개발자가 의도한 학습목표와 내용을 잘 반영하고 있는지 비교하여 학습내용과 동떨어진 것이 많을 경우 수정한다.
문제의 수정방향 정리 (구체적인 대안마련)	〈많이 수정하는 내용〉 ◆ 문제상황의 재설정 ◆ 명확하고 적절한 주인공의 선정 ◆ 조건, 제한점의 추가 ◆ 문제의 난이도 조정 ◆ 학습자의 흥미를 줄 수 있는 활동으로 변경 ◆ 시나리오자체의 비논리적인 흐름 수정 ◆ 지나치게 비구조화된 문제 ◆ 상황과 배경이 없이도 풀 수 있는 조사숙제수준의 문제 ◆ 학습목표를 반영하기에 협소한 문제

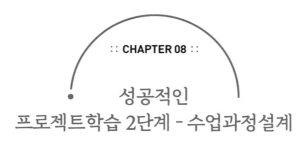

CHAPTER 08

성공적인
프로젝트학습 2단계 - 수업과정설계

PBL수업설계는 문제를 개발한 이후, 실천을 위한 구체적인 준비과정에 해당한다. PBL수업을 계획하는 교사는 '축구감독'에 비유할 수 있다. 축구감독은 경기 시작되기 전에 상대팀을 분석하고 자신의 팀이 갖고 있는 강점을 활용해 전략과 경기계획을 세워 만반의 준비를 한다. 그러나 막상 경기가 시작되면 계획한대로 경기가 흘러가지 않을 때가 많다. 축구경기장을 누비는 선수들이 주도하며 각본 없는 드라마를 펼치기 때문에 그렇다. 물론 감독은 상대팀의 대응방식과 선수들의 컨디션, 경기흐름 등에 따라서 수시로 계획과 전술을 변경시키며 자신의 역할을 다한다.

아울러 경기는 선수들이 직접 뛰지만 그 결과(승패)에 대한 총책임은 감독이 짊어진다. PBL수업을 준비하는 교사도 이와 다르지 않다. 교육과정을 분석하고 꼼꼼하게 계획했더라도 얼마든지 실제 수업상황에 따라 얼마든지 변경될 수 있음을 인식할 필요가 있다.

"선생님이 얼마나 공들여서 준비했는지 알아? 그런데 너희들 이렇게 밖에 할 수 없었던 거니? 해도 해도 너무 하는구나! 너희들하곤 앞으로 프로젝트수업을 하지 않을 거야."

무엇보다 PBL수업설계는 교사의 전문적인 행위임을 인식하고, 학습과정과 결과에 대한 책임의식을 가지고 임해야 한다. 혹여 실패의 원인을 학생들에게 찾고 자신의 부족한 면을 돌아보지 않는다면 절대 PBL수업의 전문가로 거듭날 수 없다. 아무쪼록 PBL수업의 준비와 실천과정을 곱씹으며 교수학습 디자이너로서의 전문적인 역할을 멋지게 수행해 나가길 바란다.

교수학습과정설계1_ 수업목표세우기

프로젝트학습에서 목표는 교사가 이루고 싶은 수업목표와 학습자가 달성하고 싶은 학습목표로 나눠 생각해 볼 수 있다. 수업목표는 기본적으로 교사의 의도가 반영되어 있는데, 만일 특정교과, 주제와 연계된 프로젝트학습을 통해 관련 지식을 습득하길 원한다면, 그런 부분이 수업목표를 세우는데 결정적인 영향을 미치게 된다. 반면 학습목표는 제시된 PBL문제에서 직관적으로 도출한 목표, 학습자가 달성하고픈 목표이다. 예를 들어 여행설계사로서 패키지상품개발을 해야 하는 문제상황을 만났다고 한다면, 직관적으로 '특정 조건에 부합하는 여행상품개발'이라는 핵심목표를 도출하는 것처럼 말이다.

이어서 핵심목표달성을 위해 필요한 지식과 정보, 기술 등이 무엇일지 면밀히 살펴보는 시간으로 넘어가게 된다. 이 과정에서 'Facts(이미 알고 있는 것)'와 'Learning Issues(더 알아야 할 사실들)'를 도출하게 되고 어떤 지식과 정보, 기술을 활용해야 할지 결정하기에 이른다. '여행상품개발'은 교사와 학생 모두에게 공동의 목표겠지만, 각론(하위목표)으로 가면 수업목표와 학습목표가 반드시 일치하는 것은 아니다. PBL과정에서 학습자가 어느 부분에 방점을 두느냐에 따라 저마다 다른 학습목표를 세울 수 있기 때문이다. 그렇다고 'Learning Issues'가 학습목표와 일치하는 것도 아니다. 문제해결을 위해 배워야 할 내용을 선정한 것이지만 목표를 달성하는데 유용하지 않으면 언제든 버릴 수 있는 정보에 불과할 수 있기 때문이다. 학습목표는 좀 더 추상적이고 포괄적이며 주관적인 내용을 포함하고 있다면, 'Learning Issues'는 주어진 문제를 해결하는데 필요한 무형의 '자원(Resource)'에 가깝다고 볼 수 있다. 이런 측면에서 어느 특정 교과지식이 문제해결을 위해 활용됐다고 하더라도 그것 자체가 학습목표가 되는 건 아니다. 프로젝트학습상황에서 교과지식이라 할지라도 쓸모가 없다면 버려질 수밖에 없는 대상에 불가하기 때문에 그렇다. 교과지식의 이해와 기억을 목표로 한 전통적인 교과수업과 구별되는 지점이 여기에 있다. 여하튼 수업목표세우기는 교육과정에 대한 이해와 분석, 개발한 문제의 내용과 난이도 등을 종합적으로 고려하여 이뤄져야 한다.

필자가 2004학년도 1학기 어느 과학교과수업을 위해 개발했던 '교통사고 원인을 밝혀라!'문제처럼 관련 단원의 지식을 주어진 상황을 해결하는데 활용하도록 하는데 수업목표를 둘 수 있다. 이들 교과지식들이 문제상황에서 발생한 교통사고의 가설을 검증하거나 원인을 규명하는데 주요 근거로 활용되길 바라는 교사의 의도가 고스란히 반영된 것이다. 다만 교사의 이런 의도대로 학생들이 그대로 따라갈지는 미지수다. 설사 학습이 진행되는 과정에서 교사의 노골적인 요구가 있다고 해도 학습자가 세운 목표에 따라서 지식의 범위와 깊이를 달리할 수 있다. 그러므로 학습의 자율성을 강조하는 PBL환경에서 기본적으로 교사가 세운 목표는 수업의 방향성을 담는데 일차적인 의미를 가지며, 학습자가 스스로 세운 목표를 포용하고 수용할 수 있는 융통성을 지니고 있어야 한다.

교과 정보	중심교과	과학	중심단원	[과학5-1] 1. 거울과 렌즈
	관련교과	체육 / 실과	관련단원	[체육5] 4. 안전한 생활 [실과5] 4. 컴퓨터는 내 친구
수업 목표	◆ 자동차 거울에 반사되는 빛의 방향을 이해하고, 과학적 근거를 들어 교통사고의 원인을 규명할 수 있다. ◆ 자동차에 사용되는 거울의 기능을 알고, 오목거울을 중심으로 평면거울, 볼록거울에 대한 차이를 이해할 수 있다. ◆ 경찰(교통사고 처리 전문요원)의 입장에서 교통사고의 처리과정을 살펴보고 경험할 수 있다. ◆ 교통사고의 심각성을 다양한 사례를 통해 알고 안전의 중요성을 인식할 수 있다. ◆ 다양한 형태의 자료를 제작하는 과정에서 여러 가지 정보를 파악하고 이해하며 활용할 수 있는 능력을 기를 수 있다. ◆ 유용한 정보를 탐색·파악하고 자신의 언어로 재구성하는 과정을 통해 정보를 효과적으로 활용하고 이를 바탕으로 창의적인 산출물을 만들어 내는 과정을 통해 '정보지식 리터러시' 능력을 향상시킬 수 있다. ◆ 온라인 커뮤니티 등의 양방향 매체를 활용하여 지속적인 학습과정을 경험하고 협업과 토의활동을 통해 '사회문화 리터러시'를 신장시킬 수 있다. ◆ 발표를 위해 소품이나 자료를 제작하는 과정을 통해 '기술환경 리터러시'를 향상시킬 수 있다.			

만일 단계별로 문제를 개발했다면, 이에 맞게 수업목표를 세분화할 수도 있다. 다음 제시한 예는 「설레는 수업, 프로젝트학습 PBL달인되기1: 입문(2016)」에 수록된 '4장. 교통사고 원인을 과학적으로 밝혀라!'의 수업목표이다.

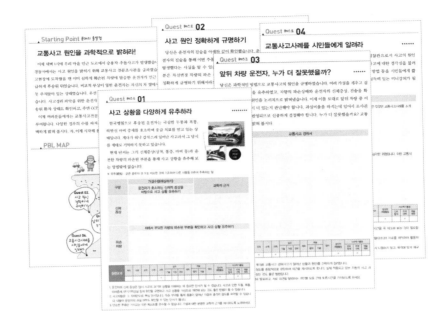

단계	수업목표
QUEST1 사고 상황을 다양하게 유추하라!	◆ 운전자의 신체증상을 토대로 사고상황을 유추하고 가설을 수립할 수 있다. ◆ 뒷차량의 파손된 부분을 통해 사고상황을 유추하고 가설을 수립할 수 있다. ◆ 파손차량과 신체증상으로부터 유추해낸 가설의 과학적 근거 (논리적 근거)를 제시할 수 있다.
QUEST2 사고 원인 정확하게 규명하기	◆ 운전자의 진술을 토대로 사고상황을 추론하고 이전 가설을 수정·보완할 수 있다. ◆ 앞차량의 파손된 부분을 통해 사고상황을 추론하고 이전 가설을 수정·보완할 수 있다. ◆ 사고상황을 구체적으로 정리하고, 과학적 근거(논리적 근거)를 통해 사고원인을 규명할 수 있다.

QUEST3 앞뒤 차량 운전자, 누가 더 잘못했을까?	◆ 운전자의 과실여부를 종합적으로 판단하여 합리적인 의견을 제시할 수 있다. ◆ 자동차사고 과실비율 기준을 따져보며, 이번 사건의 운전자의 과실정도를 판단할 수 있다. ◆ 누가 더 잘못했는지, 운전자의 과실비율을 놓고 자유롭게 토론할 수 있다. ◆ 교통사고의 상황과 발생원인을 반영하여 경위서를 작성할 수 있다.
QUEST4 교통사고 사례를 시민들에게 알려라	◆ 사고사례와 예방방법을 기본적으로 포함한 강의시나리오를 작성할 수 있다. ◆ 강의의 설득력을 높이기 위해 멀티미디어 자료를 제작할 수 있다. ◆ 제한된 시간 안에 청중의 반응을 살피며 자신감있게 특별강의를 펼칠 수 있다. ◆ (선택)설득력을 갖춘 UCC영상을 만들어 온라인 통해 배포하고 공유할 수 있다.
공통	◆ 문제해결의 주인공으로서 절차와 방법을 이해하고 적극적으로 학습과정에 참여할 수 있다. ◆ 학습한 내용을 정리하고 자신의 언어로 재구성하는 과정을 통해 창의적인 문제를 만들어낼 수 있다. 이 과정을 통해 지식을 생산하기 위해 소비하는 프로슈머로서의 능력을 향상시킬 수 있다. ◆ 토의의 기본적인 과정과 절차에 따라 문제해결방법을 도출하고, 온라인 커뮤니티 등의 양방향 매체를 활용한 지속적인 학습과정을 경험함으로써 의사소통능력을 신장시킬 수 있다.

특정 학년의 교과나 단원과 연계하여 PBL문제를 개발했다고 하더라도 실제 학습의 내용은 그 경계와 범위를 넘어설 수밖에 없다. 주제 중심적이고 통합교과적인 성격을 지닌 PBL의 특성을 고려한다면, 완성된 문제가 교과의 어떤 내용요소를 품고 있는지 분석해볼 필요가 있다. 「설레는 수업, 프로젝트학습 PBL달인되기2: 진수(2018)」에 수록된 '3장. 당신은 여행설계사' Teacher Tips의 내용처럼 문제와 연계된 교과별 내용요소를 충분히 정리해 볼 수 있다. 자연스럽게 교사가 적용하려는 학년에 따라 교과 및 단원, 내용 등을 손쉽게 도출할 수 있으며, 이를

참고하여 수업목표를 세운다.

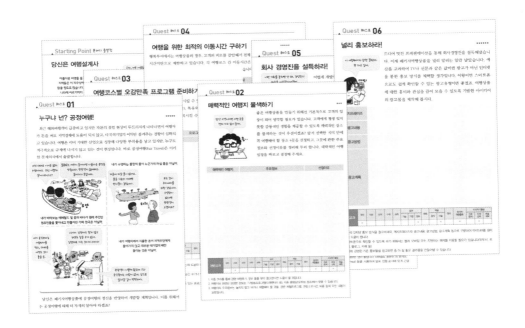

교과	영역	내용요소	
		초등학교[5-6학년]	중학교[1-3학년]
국어	말하기듣기	◆ 발표[매체활용] ◆ 체계적 내용 구성	◆ 발표[내용 구성] ◆ 매체 자료의 효과 ◆ 청중 고려
과학	힘과 운동	◆ 속력과 안전	
도덕	사회 · 공동체와의 관계	◆ 공정한 사회를 위해 무엇을 해야 할까? (공정성)	◆ 세계 시민으로서 도덕적 과제는 무엇인가? (세계 시민 윤리)

실과 정보	자료와 정보	◆ 소프트웨어의 이해	◆ 자료의 유형과 디지털 표현
	기술활용	◆ 일과 직업의 세계 ◆ 자기 이해와 직업 탐색	
사회	지리인식 장소와 지역	◆ 국토의 위치와 영역, 국토애 ◆ 세계 주요 대륙과 대양의 위치와 범위, 대륙별 국가의 위치와 영토 특징	◆ 우리나라 영역 ◆ 위치와 인간 생활 ◆ 세계화와 지역화
	경제	◆ 국가 간 경쟁, 상호 의존성	◆ 국제 거래, 환율
	지속 가능한 세계	◆ 지역 갈등의 원인과 해결 방안	◆ 지역 불균형 ◆ 인류 공존을 위한 노력

단 계	수업목표
QUEST1	◆ 공정여행의 기본정신을 이해할 수 있다. ◆ 다양한 사례를 통해 공정여행이 추구하는 바를 파악할 수 있다.
QUEST2	◆ 선정한 지역의 대표적인 여행지를 찾아 볼 수 있다. ◆ 공정여행 정신을 고려하여 여행지를 선정할 수 있다. ◆ 여행지와 관련된 주요정보를 찾아보고 정리할 수 있다. ◆ 합리적인 이유를 내세워 여행 장소의 선정이유를 밝힐 수 있다.
QUEST3	◆ 공정여행 정신을 반영해서 여행프로그램을 만들 수 있다. ◆ 여행코스별 적합한 프로그램을 선정하거나 만들 수 있다. ◆ 여행대상을 고려하여 오감을 만족시킬 수 있는 프로그램으로 구성할 수 있다.
QUEST4	◆ 지도를 이용해 여행지 간 거리를 측정할 수 있다. ◆ 교통수단의 속력을 고려하여 여행지 간 이동시간을 산출할 수 있다. ◆ 하루 평균 이동제한시간을 고려하여 여행코스별 교통수단을 선택할 수 있다.
QUEST5	◆ 회사경영진을 설득하기 위한 발표문을 작성할 수 있다. ◆ 인상적인 프레젠테이션 자료를 준비하고 이를 활용하여 설득력있게 발표할 수 있다.
QUEST6	◆ 패키지여행상품을 널리 알리는데 효과적인 방식으로 광고를 제작할 수 있다. ◆ 온라인 공간에 적합한 형태의 광고를 제작할 수 있다. ◆ 참신한 아이디어가 반영된 광고를 기획할 수 있다.
공 통	◆ 문제해결의 절차와 방법에 대한 이해를 바탕으로 학습과정에 참여할 수 있다. ◆ 공부한 내용을 정리하고 자신의 언어로 재구성하는 과정을 통해 창의적인 문제를 만들어낼 수 있다. 이 과정을 통해 지식을 생산하기 위해 소비하는 프로슈머로서의 능력을 향상시킬 수 있다. ◆ 토의의 기본적인 과정과 절차에 따라 문제해결방법을 도출하고, 온라인 커뮤니티 등의 양방향 매체를 활용한 지속적인 학습과정을 경험함으로써 의사소통능력을 신장시킬 수 있다.

교실 속 즐거운 변화를 꿈꾸는 **프로젝트학습**

교수학습과정설계2_ 단계별 중심활동 짜기

일반적으로 문제를 만드는 과정부터 거의 동시적으로 학습과정의 전반적 흐름을 어떻게 구성할 것인지를 고민하게 된다. 문제에 따라 전개되는 과정 자체도 생략되거나 변형될 수 있기 때문에 이를 감안한 포괄적인 접근이 필요하다. 아무래도 통상적인 교실수업처럼 교과지식을 습득하기 위한 목표를 설정하고 이를 달성하기 위한 과정과 활동 하나하나를 세분화하여 제시하는 방식과 구별된다. 교사와 학생의 발문을 예상하며 교수자의 활동과 학생들의 반응을 통제하기 위해 세밀하게 기록하는 방식은 더욱이 아니다.

수업목표와 각 과정별 주요 활동을 파악하여 이를 중심으로 수업설계를 하는 것이 중요하다. 이렇게 세운 계획은 수업이 진행되는 중이라도 얼마든지 학습자의 요구와 필요, 여러 상황들에 따라 새롭게 추가되거나 수정할 수 있는 융통성을 지닌다. PBL에서는 학습의 흐름에 따라 중심활동을 나열해 놓는 것만으로도 수업의 길라잡이로 손색이 없다.

다음은 PBL수업의 일반적인 전개과정인 '문제제시〉과제수행〉발표 및 평가***' 순으로 중심활동을 정리한 예이며, 앞서 소개한 '당신은 여행 설

계사! 다도해해상국립공원 여행상품 만들기' PBL수업과 관련이 깊다.

단계		중심활동내용
문제제시		◆ 문제의 핵심 내용을 정리하고 공유하면서 이해기반 다지기 ◆ 문제의 이해와 동기유발을 위한 동영상 시청 : 다도해 해상국립공원 홍보 동영상, 나로우주센터 관련 동영상 등 ◆ 문제를 정확하게 파악하고 이해할 수 있도록 팀원 간의 문제 설명하기 ◆ 학습주제(Learning Issue) 도출하기 ◆ 모둠별로 과제수행계획과 역할분담을 작성하고 실천을 위한 세부계획안 짜기 ◆ 토의결과를 정리하여 모둠별 온라인 커뮤니티에 과제수행계획서 올리기
과제 수행	문제 해결 모색	◆ 과제수행계획에 따라 개별 역할에 맞게 문제해결을 위해 모색하고 필요한 정보와 자료를 탐색하여 공유하기 ◆ 다도해 해상국립공원, 물체의 속력과 관련된 정보와 의견을 탐색하고 여행상품 개발을 위한 아이디어를 교환, 이를 바탕으로 재미있는 체험 프로그램 고안 ◆ 온라인 커뮤니티에서 교사와 학생, 6학년 튜터 간에 서로 적절한 피드백 교환하기
	결과 정리	◆ 다양한 방식으로 발표안 짜기 ◆ 여행설계사로서 주어진 조건에 맞는 여행상품 개발하기 ◆ 지도서비스를 활용해서 여행코스 간 거리와 이동수단을 고려한 14시간 미만의 이동시간 확보와 2박3일 여행일정 정하기 ◆ 발표에 활용할 발표 시나리오 작성하기 ◆ 발표에 필요한 보조자료(파워포인트, 동영상 자료 등)나 소품 제작하기
발표 및 평가		◆ 모둠별로 작성한 보고서를 학습갤러리에 올리기 (학급홈페이지 : 발표 전) ◆ 여행설계사로서 주어진 조건에 부합하는 매력적인 여행상품을 발표하기 ◆ 해결안에 대한 상호평가지 배부 및 발표 진행과 함께 동료 간에 상호평가 실시 ◆ 발표 후 경영진(6학년 평가단)의 평가 / 발표와 함께 질의응답 진행 ◆ 교사의 총평 / 관련 과학개념과 연결하여 이해기반 형성하기
성찰하기		◆ 성찰일기(Reflective journal) 작성하기 ◆ 발표 동영상 보고 시청소감 쓰기

*** 이 PBL모형은 초등학교의 학습내용, 학습자, 학습환경 등을 고려해 필자가 2005년 도 만든 이후, 오랫동안 현장에서 꾸준히 적용되고 있다.

한걸음 더 나아가 프로젝트학습의 일반적인 전개과정에 따라 중심
활동을 단계별로 나눠 문제상황에 맞게 중심활동을 짤 수 있다. 다음
제시한 예는 「설레는 수업, 프로젝트학습 PBL달인되기1: 입문(2016)」에
수록된 '7장. 내 집은 내가 디자인한다' 프로젝트 수업의 중심활동을
단계별로 짜놓은 것이다.

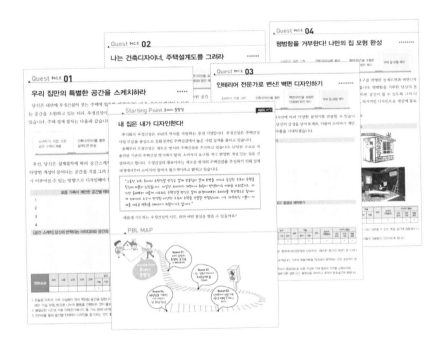

단계	중심활동내용
문제의 출발	◆ 문제의 출발점을 제시하고 배경과 상황 안내하기 ◆ 문제의 조건과 주인공으로서의 관점 제시하기 ◆ 게임화 전략에 따른 피드백 방법에 맞게 게임규칙(과제수행규칙) 안내하기 ◆ 자기평가방법 공유, 온라인 학습커뮤니티 활용 기준 제시하기 ◆ 각 퀘스트의 활동 내용 일부 공개, 문제에서 제시한 아파트 설계절차에 따라 활동이 진행된다는 사실 공유하기
[퀘스트1] 공간스케치	◆ 제시된 퀘스트에 따라 우리 집만의 개성을 담아낼 수 있는 공간스케치 활동 펼치기 ◆ 친환경적인 설계를 위해 생활자원의 절약과 효율적인 관리가 이루어질 수 있는 방향으로 촉진하기 ◆ 모둠구성원이 가상의 가족이 되어 공간별 역할분담, 개별적으로 테마 결정하기 ◆ 모둠구성원 각자가 정한 공간별 아이디어와 특성을 반영하여 그리기
[퀘스트2] 건축디자이너	◆ 우정건설의 건축디자이너로서 [퀘스트1]의 공간스케치를 바탕으로 설계도면 작성 ◆ 축척을 이용하여 방안지(전지)에 작성하고, 공간별 넓이 산출하기 ◆ 소비자의 이해를 돕기 위한 공간별 활용방법 제안하기
[퀘스트3] 벽면디자인	◆ 공간별 테마에 부합하는 벽면디자인 구안하기 ◆ 모둠구성원 간의 협업을 통해 최종 디자인 결정하기 ◆ 교실 벽면에 디자인한 도안을 직접 표현하기(절연테이프를 활용한 시안 제작) - 참관하고 있는 부모님과 함께 활동하기 ◆ 완성된 벽면디자인 작품설명 UCC 동영상을 제작하고 온라인 발표공간에 올리기
[퀘스트4] 마리스칼	◆ [퀘스트1]의 공간스케치와 [퀘스트2]의 설계도면, 그리고 [퀘스트3]의 벽면디자인을 토대로 '집 모형(House miniature)' 만들기 ◆ 마리스칼의 작품과 디자인 철학을 접목하여 창의적으로 표현하기 ◆ 최종 결과물을 활용한 우정건설의 30초 TV CF 만들기
평가 및 성찰	◆ 각 퀘스트에 따른 수행점수(경험치) 집계하여 프로그래스바로 공개하기 ◆ 누적해 온 수행점수를 토대로 레벨 부여하기 ◆ PBL 스스로 점검(자기평가&상호평가) 내용을 토대로 능력점수(능력치) 집계하기 ◆ 성찰일기(Reflective journal)를 작성해서 온라인 학습커뮤니티에 올리고 교사로부터 피드백 받기 ◆ Level Up 피드백 프로그램에 따른 개인별 레벨 선정과 리더보드 공개하기 ◆ 결과에 따른 뱃지 수여

PBL의 주요활동을 시간순서와 공간을 고려하여 단계별로 나열하는 것은 교수학습흐름을 디자인 하는데 효과적인 방식이다. 일종의 '플로차트(Flowchart)'인 셈인데, 다음 제시한 예는 「설레는 수업, 프로젝트학습 PBL달인되기3: 확장」에 수록된 '8장.우리의 문화를 커피에 담다' 문제의 단계별 중심활동을 플로차트 형식으로 표현한 것이다.

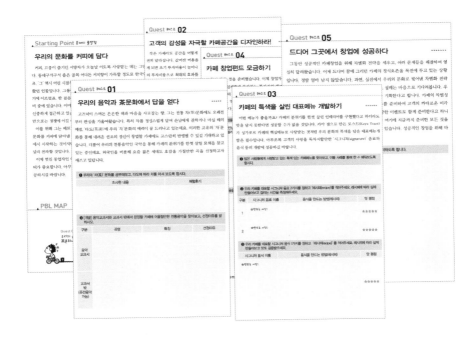

사전 과제

교과서 밖 우리음악(국악) 탐색하기 :
개별로 친구들에게 추천하고 싶은
1곡 선정해서 가져오기

[퀘스트1] 문제 제시하고,
중심활동 내용 파악하기

[온라인 활동] 우리의 차문화를
공부하고 다도 체험하기

음악교과서에 수록된 우리음악
감상하며 특징파악하기

창업할 카페에 어울릴 만한
전통음악을 선정하고 이유 밝히기

개별적으로 조사해온 교과서 밖
전통음악 곡에 대한 선호도 조사하기

선호도 조사결과에 따라
아침, 점심, 저녁으로 나누어
카페(레스토랑)에서 들려주면
좋을 곡을 최종결정하여 발표하기

상호 평가

각 모둠의 발표를 듣고
한 줄 평과 나의 별점 부여하기

퀘스트Quest 1 우리 음악과 꽃준되에서 만들 없다 ★★★★★

고스닉어 스며든 은은한 색과 마음을 사로잡는 향, 그는 전통 차(茶)문화에도 오래전부터 관심을 기울여왔습니다. 특히 차를 정성스럽게 달여 손님에게 권하거나 마실 때의 예법, '다도(茶道)'에 우리 '차' 문화의 매력이 잘 드러나고 있는데요. 이러한 고유이 '차' 문화를 통해 내려온 선조의 정신이 창업할 카페에도, 고스란히 반영될 수 있길 기대하고 있습니다. 더불어 우리의 전통음악인 국악을 통해 사례의 분위기를 한껏 살릴 요령을 찾고 있는 중인데요. 피국인들 비롯해 요즘 젊은 세대도 오감을 가질만한 곡을 선정하고자 애쓰고 있습니다.

① [우리의 '차(茶)'문화를 공부해보고, 다도에 따라 차를 마셔 보도록 합시다.]

조사한 내용	체험후기

② [개별] 음악교과서와 교과서 밖에서 창업할 카페에 어울릴만한 전통음악을 찾아보고, 선정이유를 밝히시오.

구분	곡명	특징	선정이유
음악 교과서			
교과서 밖 (휴대폰이용 가능)			

교수학습과정설계3_수업설계안 완성하기

현장 교사라면 누구나 교과진도를 고려할 수밖에 없고, 실제 사용 가능한 정규수업시수를 따져서 시간운영계획을 세울 수밖에 없다. 시간에 따른 학습활동의 흐름을 일종의 '타임플로우(Timeflow)'방식으로 그려보는 것도 좋은 방법이 될 수 있다. 다음 제시한 예는 「설레는 수업, 프로젝트학습 PBL달인되기3: 확장」에 수록된 '9장. 한마당 축제의 마당, 지구촌 세계박람회'의 타임플로우이다.

아무튼 시간운영계획이 어느 정도 세워지면 구색을 갖춘 수업설계안 작성에 돌입할 수 있다. 일단 수업목표, 관련 단원, 학습주제, 학습시간 등의 정보가 반영된 수업개요와 과정별(단계별)로 정리한 중심활동내용이 있다면 수업설계안의 필수요소는 다 갖춘 셈이다. 이 정도만 해도 수업의 핵심이해를 돕는데 필요한 수준을 충족하며, 수업설계약안으로도 손색이 없다. 앞서 소개한 '내 집은 내가 디자인한다' 수업의 약안 사례를 참고한다면 좀 더 이해가 수월해질 것이다.

PBL수업 : 내 집은 내가 설계한다!

"내 집은 내가 설계한다" PBL 수업은 게임화 전략(Gamification)이 반영된 수업으로 4월 14일-18일 총 5일간 진행된다. 큰 틀에서는 PBL 수업의 일반적인 전개과정인 '문제>과제수행>발표 및 평가>성찰하기'의 일련의 문제해결과정을 따르지만, 과제수행 과정을 활동별로 구분하고 단계화하여 학습과정의 용이성을 제공하고 있다. 특히 게임의 강력한 피드백 시스템을 도입하여 학습의 재미와 몰입(flow)을 증대시키도록 하고 있다. 공개부분은 본 수업의 3번째 단계인 '[퀘스트3]벽면디자인에 당신의 감성을 담아라!'이다.

문제 명	내 집은 내가 설계한다!			대상학년 (인원/모둠)	6학년(27/7)
관련 교과	국 어	2. 정보의 이해 3. 다양한 주장	실 과	2. 생활 자원과 소비 4. 인터넷과 정보	
	사 회	1. 우리 경제의 성장과 과제			
	미 술	4. 선을 이용한 평면 표현 6. 미술 작품과의 만남	수 학	3. 각기둥과 각뿔 / 전개도 7. 비례식 / 축척	
학습 시간	학습기간	4/14-18(5일)	학습소요시간	온라인	4/14-18(5일)
				오프라인	160분(4차시)

구 분	수업 목표	중심교과
[퀘스트1] 공간스케치	- 우리 집만의 공간스케치를 통해 생활자원의 절약과 효율적인 관리에 대한 중요성을 인식할 수 있다. - 주거 공간에 대한 발상의 전환과 공간별 쓰임에 대한 다양한 생각을 동료와 공유할 수 있다.	실과/미술
[퀘스트2] 건축디자이너	- 건축디자이너로서 축척(비례식)을 반영하여 설계도면을 작성할 수 있다. - 입체 공간을 전개도 방식으로 도면에 나타내고, 각 공간별 넓이를 구할 수 있다. - 공간스케치를 바탕으로 정확한 설계도면을 완성할 수 있다.	수학
[퀘스트3] 벽면디자인	- 공간별 개성이 잘 드러나도록 선을 이용한 벽면디자인을 할 수 있다. - 벽면디자인 작품설명 UCC 동영상을 제작할 수 있다.	미술/실과
[퀘스트4] 마리스칼	- 다양한 입체도형을 이용하여 집 모형을 만들 수 있다. - 마리스카의 작품과 디자인 철학을 이해하고 창의적인 방식으로 표현할 수 있다.	수학/미술
공 통	- 모든 퀘스트가 건설회사로서 차별화된 경쟁력을 확보하기 위해 추진되는 사업이므로 자유와 경쟁에 대한 기본적인 이해를 바탕으로 문제를 해결할 수 있다. - 다양한 매체에서 조사한 내용을 정리하고 자신의 언어로 재구성하는 과정을 통해 정보를 효과적으로 활용하고 이를 바탕으로 창의적인 산출물을 만들어 내는 과정을 통해 지식을 생산하고 소비하는 **프로슈머**로서의 능력을 향상시킬 수 있다. - 토의의 기본적인 과정과 절차에 따라 문제해결방법을 도출하고, 온라인 커뮤니티 등의 양방향 매체를 활용한 지속적인 학습과정을 경험함으로써 의사소통능력을 신장시킬 수 있다.	국어/사회

※ 프로슈머 [Prosumer]: 앨빈 토플러 등 미래 학자들이 예견한 생산자(producer)와 소비자(consumer)를 합성한 말

			친환경적인 주택건설에서 높은 사업 실적을 올리고 있는 우정건설이 소비자의 참여를 극대화한 새로운 방식의 아파트 건설을 추진하고 있다. 소비자 스스로 자신의 집을 디자인하고 이를 건설회사에서 적극 반영하는 구조, 설계과정에서부터 완성까지 소비자가 집적 참여하는 형태로 4단계 절차에 따라 진행된다.

문제 개요

소비자가 직접 그린 공간 스케치 제출 → 건축디자이너를 통한 설계도면 완성 → 벽면디자인을 포함한 인테리어 방안 제시 → 우리 집 모형 제작

중심학습 활동

-[퀘스트1] 공간스케치
-[퀘스트2] 설계도면 그리기(축척과 전개도)
-[퀘스트3] 선으로 표현하는 벽면디자인 & UCC 제작
-[퀘스트4] 입체도형을 활용한 창의적인 집모형 만들기(마리스카의 디자인 철학 실천)

일정	단 계		중 심 활 동 내 용
4/14	문제의 출발		▪ 문제의 출발점을 제시하고 배경과 상황 안내하기 ▪ 문제의 조건과 주인공으로서의 관점 제시하기 ▪ 게임화 전략에 따른 피드백 방법에 맞게 게임규칙(과제수행규칙) 안내하기 ▪ 자기평가방법 공유, 온라인 학습커뮤니티 활용 기준 제시하기 ▪ 각 퀘스트의 활동 내용 일부 공개, 문제에서 제시한 아파트 설계절차에 따라 활동이 진행된다는 사실 공유하기
4/14 -18	과제 수행	[퀘스트1]	▪ 제시된 퀘스트에 따라 우리 집만의 개성을 담아낼 수 있는 공간스케치 활동 펼치기 ▪ 친환경적인 설계를 위해 생활자원의 절약과 효율적인 관리가 이루어질 수 있는 방향으로 촉진하기 ▪ 모둠구성원이 가상의 가족이 되어 공간별 역할분담, 개별적으로 테마 결정하기 ▪ 모둠구성원 각자가 정한 공간별 아이디어와 특성을 반영하여 그리기
		[퀘스트2]	▪ 우정건설의 건축디자이너로서 [퀘스트1]의 공간스케치를 바탕으로 설계도면 작성 ▪ 축척을 이용하여 방안지(전지)에 작성하고, 공간별 넓이 산출하기 ▪ 소비자의 이해를 돕기 위한 공간별 활용방법 제안하기
		[퀘스트3] 학부모 공개	▪ 공간별 테마에 부합하는 벽면디자인 구안하기 ▪ 모둠구성원 간의 협업을 통해 최종 디자인 결정하기 ▪ 교실 벽면에 디자인한 도안을 직접 표현하기(절연테이프를 활용한 시안 제작) - 참관하고 있는 부모님과 함께 활동하기 ▪ 완성된 벽면디자인 작품설명 UCC 동영상을 제작하고 온라인 발표공간에 올리기
4/18	결과 완성	[퀘스트4]	▪ [퀘스트1]의 공간스케치와 [퀘스트2]의 설계도면, 그리고 [퀘스트3]의 벽면디자인을 토대로 '집 모형(house miniature)' 만들기 ▪ 마리스칼의 작품과 디자인 철학을 접목하여 창의적으로 표현하기 ▪ 최종결과물을 활용한 우정건설의 30초 TV CF 만들기
4/18 -19	평가 및 성찰		▪ 각 퀘스트에 따른 수행점수(경험치) 집계하여 프로그램스바로 공개하기 ▪ 누적해 온 수행점수를 토대로 레벨 부여하기 ▪ PBL 스스로 점검(자기평가 & 상호평가) 내용을 토대로 능력점수(능력치) 집계하기 ▪ 성찰일기(reflective journal)를 작성해서 온라인 학습커뮤니티에 올리고 교사로부터 피드백 받기 ▪ Level Up 피드백 프로그램에 따른 개인별 레벨 선정과 리더보드 공개하기 - 결과에 따른 뱃지 수여

이처럼 '수업목표세우기'와 '단계별 중심활동 짜기'를 수행했다면 수업설계약안을 쉽게 완성할 수 있게 된다. 수업설계안 작성의 목적에 따라 중심활동내용을 좀 더 자세히 기술하는 것도 충분히 가능하다. 다음 제시한 예는 「설레는 수업, 프로젝트학습 PBL달인되기1: 입문(2016)」에 수록된 '8장. 꿀벌이 사라졌다'의 발표 및 평가 과정의 중심활동내용을 비교적 상세히 기록한 사례이다. 일반적인 장학수업에서 동료교사들의 이해를 돕는데 필요한 수준의 정보를 제공하고 있음을 알 수 있다.

단계		중심활동내용
[퀘스트4] 캠페인 활동으로 설득하라!	결과 완성	**문제 상황** 당신이 만든 미니다큐가 사람들의 마음을 움직이고 있습니다. 유투브 조회수가 급격히 증가하면서 '꿀벌 없는 세상'을 살아가는 우리에게 경종을 울리고 있습니다. 이제 거리로 나가 행동으로 보여줄 차례입니다. 환경부스를 꾸미고 사람들을 불러 모으세요. 그리고 면대면 캠페인 활동을 시작하는 겁니다. 한 사람이 모여 두 사람이 되고, 그렇게 모이다보면 환경에 소중함을 깨닫는 사람들이 점점 많아질 거에요. 뭐 하세요? 지금 당장 시작해야죠! Let's do it now!
		◆ [퀘스트4]의 문제를 파악하고 캠페인 활동을 위한 계획세우기 ◆ 역할분담을 통해 캠페인 활동에 필요한 슬로건, 피켓, 캠페인 송, 소품 등을 준비하기 / 다양한 방법의 실제 캠페인 활동 참고하기 ◆ 캠페인 활동의 거점이 되는 환경부스와 관련한 아이디어 교환하기 ◆ 설득력을 높일 수 있는 캠페인 이벤트를 고안하고, 적용할 준비하기

발표 및 평가	◆ 그룹별로 부스설치 공간을 배정하고 캠페인 활동을 위해 준비한 자료를 설치하기 ◆ 캠페인 활동은 1부와 2부로 나뉘며, 그룹별로 이미 구분한 A조와 B조가 역할을 바꿔가며 캠페인 활동 주도하기 ◆ 캠페인 활동 1부는 각 그룹 A조가 발표를 주도하며, B조는 청중으로서 자기 그룹을 제외한 캠페인 활동에 참여, 발표는 다른 그룹을 대상으로 2회 실시. 　1차 발표 [1그룹] A조 – 청중 [2그룹] B조　2차　[1그룹] A조 – 청중 [3그룹] B조 　　　　　　[2그룹] A조 –　　　[3그룹] B조 ▶　　[2그룹] A조 –　　　　[1그룹] B조 　　　　　　[3그룹] A조 –　　　[1그룹] B조　　　[3그룹] A조 –　　　　[2그룹] B조 ◆ 발표시간은 7~8분으로 제한되며, 2회 실시 총15분 간 발표 진행 ◆ 상호평가는 청중 역할을 하는 학습자에게 지급된 코인을 통해 이루어지며, 블랙칩(3점), 레드칩(2점), 화이트칩(1점)을 인상적인 캠페인 활동 여부에 따라 해당 그룹에 지급. ◆ 캠페인 활동 2부는 1부와 반대로 각 그룹 B조가 발표를 주도하며, A조는 청중으로서 자기 그룹을 제외한 캠페인 활동에 참여, 발표 역시 다른 그룹을 대상으로 2회 실시. 　1차 발표 [1그룹] B조 – 청중 [2그룹] A조　2차　[1그룹] B조 – 청중 [3그룹] A조 　　　　　　[2그룹] B조 –　　　[3그룹] A조 ▶　　[2그룹] B조 –　　　　[1그룹] A조 　　　　　　[3그룹] B조 –　　　[1그룹] A조　　　[3그룹] B조 –　　　　[2그룹] A조 ◆ 발표시간은 7~8분으로 제한되며, 타이머를 활용하여 정보 제공 (위의 순서에 따라 발표 2회 실시 총 15분 간 발표 진행) ◆ 상호평가는 청중 역할을 하는 학습자에게 지급된 코인을 통해 이루어지며, 블랙칩(3점), 레드칩(2점), 화이트칩(1점)을 인상적인 캠페인 활동 여부에 따라 해당 그룹에 지급하기, 특별히 참관하는 선생님들도 상호평가에 참여하여 그룹별로 우수한 팀에게 보너스 칩 주기 ◆ 교사는 관찰자로서 학생들의 활동 장면을 동영상과 사진으로 촬영하고 학급홈페이지에 올리기 ◆ 이후 온라인 활동 안내하기(덧글을 통한 온라인 평가와 성찰일기 작성 안내, 총평)
평가 및 성찰 [온라인]	◆ 각 퀘스트에 따른 수행점수(경험치)를 집계하여 프로그래스바로 공개하기 ◆ 누적해 온 수행점수를 토대로 레벨 부여하기 ◆ PBL 스스로 점검(자기평가 & 상호평가) 내용을 토대로 능력점수(능력치) 집계하기 ◆ 성찰일기(Reflective journal)를 작성해서 온라인 학습커뮤니티에 올리고 교사로부터 피드백 받기 ◆ Level Up 피드백 프로그램에 따른 개인별 레벨 선정과 리더보드 공개하기 　– 결과에 따른 뱃지 수여

PBL수업에 초보자인 경우 약안보다는 세안을 작성하는 것이 학습
흐름을 이해하고 불필요한 개입이나 오류방지에 도움이 될 수도 있다.
세안을 작성한다는 것은 일종의 모의수업을 머릿속에 그려보고 글로
나타내는 것과 같다. 세안 작성을 통한 시뮬레이션 행위는 교수학습
의 매우 세밀한 부분까지 들여다보고 적용할 수 있게 만든다. 특별한
공개수업이 아니더라도 PBL수업능력의 향상을 위해서 세안 작성에 도
전해 보길 바란다. 다음은 앞서 소개했던 '당신은 여행설계사: 다도해
해상국립공원 여행상품 만들기'의 중심활동을 교수자와 학습자로 나
누어 상세하게 작성한 예이다.

〈표 15〉 ※ PBL수업 문제제시단계 세부설계안 예

❶   문제제시 : 문제파악   ■ 학습소요기간(시간) : 4/12(교실40분)

	교수자	학습자
교수 학습 활동	◆ 외나로도에 위치한 나로우주센터와 다도해 해상국립공원 홍보동영상을 동기유발 자료로 제시한다. ◆ '당신은 여행설계사' PBL 문제지를 제공한다. 문제에 제시된 조건과 유의점을 종합적으로 안내한다. ◆ 아동과의 질의, 응답 시간을 통해 문제 파악을 위한 부가적인 설명을 한다. ◆ 문제해결에 도움을 주기 위해 핵심적인 과정인 이동거리 구하는 방법을 지도서비스를 이용해 확인시켜준다. 이때, 문제에서 기본적으로 제시하고 있는 '김포공항-여수공항 -여수항' 간의 이동거리를 확인시켜준다. 아울러, 이동수단의 속력을 고려해서 이동에 필요한 시간의 산출과정을 보여준다.	◆ 동기유발 자료를 확인하고 다도해 해상국립공원에 대한 관심을 갖도록 한다. ◆ 제시된 PBL 문제를 확인하고, 주어진 조건과 유의점에 대해 확인한다. 아울러, 질의, 응답 시간을 통해 문제에 제시된 핵심을 분명하게 이해하고 파악할 수 있도록 노력한다. ◆ 문제해결의 핵심적인 요소인 지도 서비스를 통한 이동거리 구하는 방법과 이동수단의 속력을 통한 각 코스 간 이동시간 산출방법을 배운다. ◆ 제시된 문제를 학습자 본인의 것으로 만들기 위해 모둠별로 자신의 상황에 부합할 수 있도록 수정한다(여행사 이름 바꾸기, 여행설계사를 본인의 이름으로 수정하기 등).

◆ 문제에 등장하는 주인공이 될 수 있도록 주어진 문제를 나만의 문제로 고칠 수 있도록 안내한다. 모둠별로 자신의 상황에 부합할 수 있도록 수정) ◆ 수업의 전체 일정과 학습흐름, 수업의 특징 소개, 특히 화상프로그램과 온라인 커뮤니티 활용에 대한 안내 제공한다.	◆ 제시된 문제에서 학습주제(Learning Issue)와 학습목표를 도출한다(물체의 속력과 관련된 교과지식, 다도해 해상국립공원에 대한 조사 등). ◆ 수업의 전체 일정과 학습 흐름을 파악하고 교사가 소개한 화상프로그램과 온라인 커뮤니티 활용에 대한 안내를 자세히 듣는다.

Tips	* 제시된 문제를 학생들이 충분히 이해할 수 있도록 관련 동영상을 제공하고 이에 대한 부가적인 설명을 구체적으로 충분히 한다.

---

❷   문제제시 : 과제수행계획수립   ■ 학습소요기간(시간) : 4/12–13(2일/교실40분)

	교수자	학습자
교수 학습 활동	◆ 모둠별 문제파악과 학습주제 및 학습목표 도출 이후 본격적인 과제수행계획 수립으로 이어질 수 있도록 안내한다. 과제수행계획 수립은 점심시간이나 방과후 시간 혹은 온라인 커뮤니티를 통해 이루어지도록 안내한다. ◆ 모둠별로 온라인 튜터(6학년 학생)와 교사를 통한 피드백이 가능할 수 있도록 한다. ◆ 교사는 과제해결을 위한 조사 방법, 문제해결 방법, 역할 분담, 모둠 학습일정에 대한 구체적인 설명 및 예시자료 제공 등 학습안내자와 촉진자 역할을 충실히 수행한다. ◆ 모둠별 과제수행 계획서에 대한 피드백을 제공한다. ◆ 역할분담 내용을 분명히 하고 모둠원 간에 중복되는 일이 없도록 또한 무임승차하는 일이 발생하지 않도록 충분한 협의를 유도한다. ◆ 완성된 과제수행계획서를 넷북을 활용하여 온라인 커뮤니티에 올리고 공유할 수 있도록 안내한다.	◆ 모둠별로 과제수행계획과 역할분담을 작성하고 실천을 위한 세부계획을 세운다. ◆ 과제수행계획서를 모둠별로 작성하는 과정에서 담임교사와 튜터의 피드백을 받는다. ◆ 문제해결을 위한 아이디어를 구체화하고 학습일정을 세우며, 역할분담을 정확하게 한다. ◆ 제시된 조건에 맞게 여행상품 개발 방향과 경영진을 설득하기 위한 발표자료 제작 방법을 정하도록 한다. ◆ 무임승차가 발생하지 않도록 역할을 분명히 하고, 한 사람에게 지나친 집중이 이루어지지 않도록 한다. ◆ 교사와 온라인 튜터의 최종 점검 확인 및 수정/보완한다. ◆ 완성된 과제수행계획서는 넷북을 활용하여 온라인 커뮤니티에 올리고 공유한다.

Tips	* 과제수행계획 수립 과정이 원활히 진행될 수 있도록 역할분담, 학습일정, 공부할 주제 분담 등을 체계적으로 점검하도록 한다.

프로젝트학습에서 수업설계안은 문제 못지않은 지적창작물에 해당한다. 일반적인 교과수업의 경우, 다른 수업설계안들을 모아서 짜깁기하거나 단순히 복사에서 붙이는 것만으로도 충분히 완성할 수 있지만, PBL수업은 여러모로 불가능하다. 세상에 없는 나만의 PBL문제를 만들었다는 것은 세상에 존재하지 않는 수업설계안을 작성해야 한다는 것을 의미하는 것이기 때문에 그렇다. 문제개발의 난관을 통과해놓고 수업설계안을 작성하지 못해 반쪽짜리에 그치는 경우도 많다. 약안 수준이더라도 문제개발과 더불어 수업설계안을 꼭 작성하길 바란다.

학습자원선정과 평가도구개발하기

수업설계안을 작성하면서 거의 동시에 학습자원 선정 작업을 진행한다. 대부분의 정보나 자료는 문제해결과정에서 필요에 따라 학생들에 의해 선정되고, 공유되는 경우가 많으므로, 교사가 모든 자료를 찾아서 제시해줄 필요는 없다. 다만, 문제 상황에 대한 이해를 높일 수 있는 자료나 학습의 효율성을 높일 수 있는 자료가 있다면 선별해서 학습자원으로 제시해 주는 것이 바람직하다. 다음은 방송컨텐츠를 학습자원으로 탐색하고, 분류해서 활용 가능한 형태로 만드는 과정을 나타낸 것이다. 아래 그림처럼 수업설계자 한 사람이 학습자원의 선정에서부터 가공까지 모든 작업을 진행한다면 너무 많은 시간과 노력이 소비될 수밖에 없다.

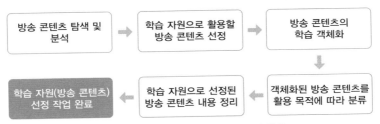

학습자원으로 활용할 방송컨텐츠 선정 과정(예)

　　다행히 요즘에는 유튜브(Youtube)를 비롯해 영상자료를 쉽게 찾을
수 있고 이를 충분히 학습자원으로 활용할 수 있는 온라인 환경이 조
성되어 있다. 유용한 동영상 자료를 얻기 위해 더 이상 방송콘텐츠의
내용을 분석하고 이를 바탕으로 소주제별, 작은 의미단위로 나누는
작업에 시간을 투자할 필요가 없어진 것이다. 뿐만 아니라 블로그, 인
스타그램, 유튜브 등의 각종 개인미디어를 통해 쏟아져 나오는 멀티미
디어 자료들만 해도 문제해결에 필요한 학습자원으로 충분한 가치를
지니고 있다. 학습자원이 주어진 문제를 해결하는데 결정적인 힌트 혹
은 방향을 제시하지 않도록 주의만 한다면 학습자원 선정에 특별한
제한점은 없다. 〈표 16〉과 같이 기술적인 측면에서 학습자원이 담고 있
는 주제와 내용에 따라 분류하고, 어떤 학습과정에 투입하면 좋을지
미리 결정해 놓는 정도가 적당하다.

문제명	자료 구분	주제	출처	필수○ 참고※
당신은 여행 설계사	동영상	외나로도 나로우주센터 홍보동영상	조선일보	○
		다도해 해상국립공원 홍보동영상	네이버 동영상	
		국립공원 UCC 경진대회 은상 : 다도해 해상국립공원	네이버 블로그	
	UCC	다도해 해상국립공원 관련 동영상 목록	다음, 네이버	※
	사이트	다도해 해상국립공원 홈페이지	http:// dadohae.knps. or.kr	○

　문제개발과 수업설계안 작성, 학습자원 선정까지 일련의 준비과정이 마무리되고, 평가방법의 윤곽이 드러날 무렵 평가도구 개발에 들어가는 것이 좋다. PBL에서 중요한 것은 문제를 파악하고 이를 해결하기 위한 시도, 다양한 접근과 활동을 통한 학습능력 향상 및 발전 가능성이다. 학생들은 PBL수업을 통해 미래에 직면하게 될 실제 문제에 유연하게 대처할 수 있는 능력을 향상시키거나, 학습하는 방법에 대한 자기만의 노하우 등을 쌓아갈 수 있다. 직접적으로 명확하게 드러나지 않더라도 PBL을 통해 얻을 수 있는 교육적인 효과는 다양하다.

　이런 측면에서 PBL에서 활용 가능한 평가방법은 지식의 습득 여부를 단순히 평가하기 위해 적용할 수 있는 객관식 문제로부터 고차적인 사고과정과 결과를 종합적으로 평가하기 위한 것까지 다양하게 적용할 수 있다. 포트폴리오평가, 자기평가, 동료평가, 관찰평가 등 과정 지향적인 평가방법을 주로 활용할지, 퀴즈, 개념지도, 논술, 산출물 평가 등 결과지향적인 평가방법을 도입할지는 수업을 준비하는 교사의 몫이다. 어떤 방식이 됐든 PBL 수업을 준비하는 과정에서 평가방법의 유형을 결정하고 이에 적합한 평가도구를 개발하는 것은 꼭 필요한 일이다.

가급적 PBL수업평가는 〈표 17〉와 같이 세 가지 영역인 과정, 내용, 일반화를 골고루 포함하는 방향으로 계획하는 것이 바람직하다.

〈표 17〉 PBL 평가의 영역

영역	세부항목	평가 방법
과정	◆ 문제해결능력 　－ 문제파악, 자료수집, 분석, 정리 ◆ 논리력, 판단력, 의사소통능력, 협동 학습력 ◆ 개별적 참여도, 기여도, 책임감 ◆ 팀원들의 협력적 지원태도	◆ 온라인/교실수업 　학습 활동 관찰평가 ◆ 성찰저널 ◆ 자기평가표, 동료평가표 ◆ 포트폴리오
내용	◆ 관련분야의 지식습득 ◆ 구체적인 학습결과물에 대한 창의성, 독창성, 　내용의 깊이도, 성실성 ◆ 발표자의 준비성, 성실성	◆ 상호(팀간)평가표 ◆ 성찰저널 ◆ 지필시험 ◆ 보고서평가
일반화	◆ 개별적 학습경험의 일반화 ◆ 학습자의 스스로의 학습과정, 결과에 대한 인식 ◆ 성찰적 사고	◆ 성찰저널

특히 PBL수업과정에서 학습자의 자기점검을 활성화시키기 위해 자기평가항목개발이 선행될 필요가 있다. 개발한 자기평가항목은 수업의 주제와 상관없이 평가의 목적을 달리하면 상호평가, 동료평가 등의 기준으로도 충분히 활용가능하다. 프로젝트 수업만의 고유한 학습패턴, 이를테면 '문제제시-과제수행-발표 및 평가'순으로 진행되는 일련의 PBL과정별 활동을 기준으로 자기점검 체크리스트를 개발한다면 여러모로 유용하다.

❶ PBL활동 체크리스트: 문제제시

N	평가항목	내용	나의 점수				
			1	2	3	4	5
1	PBL절차에 대한 이해	문제제시-과제수행-발표 및 평가의 단계로 이어지는 PBL의 절차를 이해합니다.					
2	문제인식	문제에 등장하는 주인공의 입장에서 문제 상황을 인식합니다.					
3	문제의 핵심파악	문제에서 요구하는 핵심내용을 정확히 이해합니다.					
4	문제파악을 위한 적극성	제시된 문제를 정확히 이해하기 위해 적극적인 질문과 관련 자료 탐색을 충분히 합니다.					
5	문제에 대한 깊이 있는 이해	문제에 대한 깊이 있는 이해를 위해 더 알아야 할 내용이 무엇인지 알고 있습니다.					
6	문제 해결방법	제시된 문제의 성격과 내용에 맞게 문제해결방법을 제시합니다.					
7	역할분담	효과적으로 문제를 해결하기 위해 필요한 역할이 무엇인지 알고, 모둠 구성원간에 역할을 나눕니다.					
8	학습계획 수립과정	토론활동을 통해 팀 구성원들의 의견이 골고루 반영된 학습 계획을 세웁니다.					
9	계획서 작성	문제를 정확히 파악하고 이를 바탕으로 과제 수행계획서를 작성합니다.					

❷ PBL활동 체크리스트: 과제수행

N	평가항목	내용	나의 점수				
			1	2	3	4	5
10	문제 해결태도	자신에게 주어진 역할을 정확하게 이해하고 책임감을 갖고 문제해결을 위해 노력합니다.					
11	개별문제 해결모색	문제해결을 위해 탐색한 정보나 자료를 바탕으로 자신의 생각을 잘 정리합니다.					
12	팀 문제 해결모색	친구들이 문제해결을 위해 제시한 다양한 아이디어와 정보를 파악하고, 이에 대한 자신의 의견을 제시합니다.					

N	평가항목	내용	1	2	3	4	5
13	토론결과 정리	문제해결을 위해 팀원 간에 최종 합의안을 도출하고, 토론결과를 정리합니다.					
14	학습결과 도출	문제해결과정을 통해 탐색하고 탐구한 정보를 바탕으로 문제에서 요구하는 다양한 형태의 학습결과를 만들어 낼 수 있습니다.					
15	학습자 수준의 맞는 재구성	친구들이 이해하기 쉬운 형태로 자료를 만들고 자신의 수준에 맞는 언어로 구성합니다.					
16	탐색한 정보의 반영도	문제해결모색 과정에서 수집한 정보 및 자료를 적절하게 반영하여 결과를 정리합니다.					
17	독창적인 방식의 결과정리	모둠의 개성이 잘 드러나도록 창의적인 방식으로 결과를 정리합니다.					
18	계획과 목표에 맞게 결과정리	문제해결을 위한 학습계획과 목표에 맞게 결과를 정리합니다.					

❸ PBL활동 체크리스트: 발표 및 평가

N	평가항목	내용	나의 점수				
			1	2	3	4	5
19	자신감 표현	자신감 넘치는 자세로 논리적이고 간결하게 발표하려고 노력합니다.					
20	참여 발표	모둠 구성원의 참여가 적극적으로 이루어지도록 발표를 진행합니다.					
21	발표의 명확성	문제 상황에 맞게 발표를 진행하고 해결안을 정확하게 제시합니다.					
22	자기 학습평가	자신이 경험한 학습과정을 되돌아보고, 자신이 세운 학습목표를 달성했는지 평가할 수 있습니다.					
23	팀 학습평가	문제해결과정에서 모둠 친구들의 기여도를 분석하고 이를 정확하게 평가할 수 있습니다.					
24	성찰저널	자신의 학습과정을 통해 배운 내용을 성찰하고 이를 정리할 수 있습니다.					

프로젝트 수업마다 자기점검 체크리스트를 제공하고자 한다면, 수업목표와 중심활동, 학습할 내용 등에 부합하는 평가항목을 개발해야 한다. 이때 효율적인 자기평가가 이루어지도록 하는 것이 중요하다. PBL의 활동단계별 활동지에 자기평가표를 제시하는 것도 효과적인 전략이 될 수 있다. 다음은 「설레는 수업, 프로젝트학습 PBL달인되기1: 입문(2016)」에 수록된 '6장. 인종차별! 코이코이족 사끼 바트만의 슬픔, 퀘스트2 마틴 루터 킹에게 묻다'의 스스로 평가 예이다. 단계별 활동지마다 스스로 평가항목을 제공해 학습과정을 하나씩 되짚어 보도록 하고 있다.

무엇보다 평가방법을 결정하거나 평가도구를 만들 때 문제의 내용
과 성격에 어울리도록 고안하는 것은 학습자의 적극적 참여를 기본전
제로 삼는 것만큼 필수적인 일이다. 아래 그림은 문제의 성격에 맞게
평가도구를 개발한 사례이다.

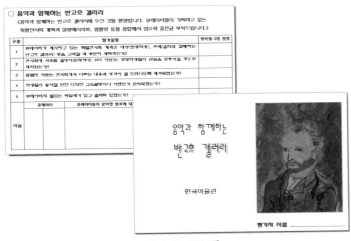

[평가도구 개발 예]

온라인 학습환경 만들기_언택트하게 구현하기

언택트 시대, 온라인 학습환경 구축은 필수가 되어버렸다. 온라인 학
습 환경을 어떻게 구축하느냐에 따라서 학습의 참여자 간에 만남과
소통, 연결이 자유로워지면서 재미있고 생동감 넘치는 학습환경을 연

출할 수 있다. 블로그나 카페, 밴드, e학습터, 구글클래스룸 등등 PBL에 활용될 수 있는 커뮤니케이션 환경은 다양하다. 게다가 온라인 공간은 정보를 탐색하고 공유하며, 지식구성과 창출과정을 촉진시켜주는 중요한 환경을 제공해 주기 때문에, PBL을 준비하는데 있어서 필수적인 학습환경이라고 볼 수 있다. 물론 문제의 내용에 따라 온라인을 배제한 학습활동이 있을 수는 있다. 그렇지만, 학습결과나 학습과정을 담은 사진과 동영상, 성찰저널 모두가 온라인 공간에 올려지거나 작성되므로 PBL수업을 준비하는 과정에서 이를 고려하지 않을 수가 없다.

필자의 경우, 네이버 '밴드(BAND)'를 학급커뮤니티로 즐겨 사용하는데, 학급의 상당수 부모와 학생들이 네이버 계정이 있고, 일상에서 네이버가 제공하는 인터넷 서비스를 즐겨 사용하고 있다는 것도 선정이유 중 하나다. 더욱이 '우리반 밴드'라는 이름의 학급커뮤니티 서비스가 제공되고 있다는 점도 선택을 쉽게 한다.

학생 개인별 출결과 진도, 성적 등을 관리하도록 도와주는 'LMS(Learning management system)', 로 e학습터도 주목해볼만하다. e학습터에서 교사인증만 받으면, LMS의 모든 기능을 사용할 수 있게 되는데, 학급개설부터 강좌관리, 신규콘텐츠 업로드, 학생계정관리(생성, 변경, 삭제)까지 체계적인 온라인 수업관리가 가능하다. e학습터를 통해 크게 힘들이지 않고, 학생들의 출결과 수업이수여부를 매일매일 확인할 수 있다.

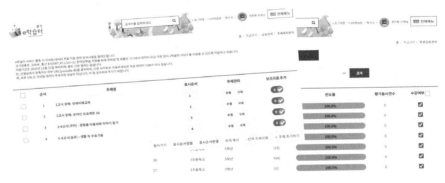

[e학습터의 차시별 강좌관리(좌)와 학생별 진도율을 확인할 수 있는 학생강좌관리(우) 화면]

네이버밴드의 커뮤니티 기능에 LMS로서의 탁월한 기능이 돋보인 e학습터를 더해 보완적으로 활용하면, 기대 이상의 콜라보도 연출할 수 있다. 학습자에게 보다 자율적이고 민주적인 온라인 학습환경을 제공해 주고 싶다면 블로그 등의 개인미디어에 시선을 돌리면 된다. 1인 미디어인 블로그를 PBL수업에 도입하고자 한다면 아래 그림과 같은 수평적 네트워크의 특성을 고려해서 학습환경을 구축해야 한다.

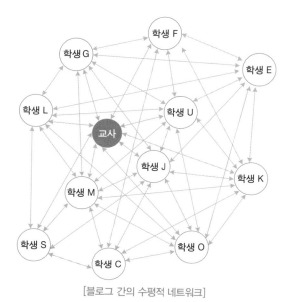

[블로그 간의 수평적 네트워크]

학급커뮤니티와 달리 블로그는 그 소유자가 학습자 개인이므로 개
성이 돋보이는 온라인 학습환경이 구현된다.

[블로그를 통해 개성 있는 학습공간 구축]

교실 속 즐거운 변화를 꿈꾸는 **프로젝트학습**

학급커뮤니티를 네이버 카페로 하면 학습자 개개인의 블로그에 손쉽게 접근할 수 있다. 학급커뮤니티는 팀별 토론 및 정보공유가 이루어지는 공간으로, 블로그는 학습자 개인의 학습공간으로 이원화해서 온라인 학습환경을 구축할 수도 있다.

[학급커뮤니티를 통해 블로그에 접근하기]

온라인 수업용 프로젝트 과제카드를 만들어야 하는 경우, 큰 노력을 기울이지 않더라도 누구나 수준 높은 디자인 결과물을 만들 수 있는 미리캔버스(miricanvas.com)를 활용하는 것이 좋다. 필자가 온라인 수업용으로 개발한 프로젝트 과제카드의 대부분이 미리캔버스로 제작된 이유 중 하나는 저작권 걱정 없이 상업적 사용까지 가능한 무료 디자인 도구이기 때문이다. 더욱이 전문가의 손길이 느껴지는 템플릿과 일러스트, 텍스트 스타일 등등 온라인 프로젝트 과제카드를 만드는 데 필요한 거의 모든 것이 제공되고 있어서 작은 노력에도 만족스런 결과를 얻을 수 있다.

[미리캔버스 편집화면과 접속QR코드]

　　온라인 학습환경에서 PBL수업을 실천하는데, 구글사이트를 이용하는 것을 추천한다. 구글사이트의 고유링크를 QR코드에 담아서 공유하면 학생들이 손쉽게 접속할 수 있다. 학습꾸러미로 제공되는 활동지에 QR코드를 인쇄해 제공하면 온라인 커뮤니티가 없더라도 해당 PBL 과제에 접근이 가능해진다. 특정 유튜브 영상이나 구글사이트 고유링크, 인터넷의 각종자료들을 QR코드로 만든다면, 학습지나 학급커뮤니티를 통해 학생들과 간단하게 공유할 수 있다.

실시간 영상과 음성 전달이 용이한 커뮤니케이션 환경을 구축하기 위해 화상프로그램을 활용하는 방법도 있다. 줌(zoom.us)이나 구글미트를 통해 면대면 상황과 유사한 환경을 만들어서 보다 생동감 넘치는 대화적 참여를 유도할 수 있다. 물론 일방적인 교과지식전달수업보다 상호토론, 발표와 평가가 이루어지는 환경으로 적합하다.

[줌(Zoom)을 활용한 커뮤니케이션 환경 구축]

　　인터넷으로 촘촘히 연결된 온라인 세상 속에서 학생들이 머무는 곳이 어디든 창의적이며 생산적인 PBL무대가 될 수 있다. 매력적인 프로젝트 과제만 있다면, 학생들 스스로 만들고 능동적으로 행동하며 다양하게 표현할 수 있다. 100% 온라인 상황일지라도 프로젝트 수업은 학생들에게 자기주도적인 학습환경을 제공해준다.

PBL은 성찰일기로 완성된다.

PBL의 오랜 친구인 '성찰저널(Reflective journal)'은 단연 자기평가의 백미라 할 수 있다. 학교현장에서 성찰일기라는 이름으로 불려 지곤 하는데, 학생들에게 친숙하고 익숙한 '일기'라는 용어가 복잡하고 어렵게 느껴지는 '성찰'이 주는 거리감을 완화시켜준다. 성찰저널이 PBL에서 가장 자주 이용되는 평가방법으로 자리매김할 수 있었던 것은 근본적으로 그 목적과 용도, 의도 등이 PBL의 관점(이론 및 철학)에 철저히 부합하기 때문이다. 이러한 성찰저널을 통해 교사는 학생들의 학습과정과 결과를 들여다볼 수 있으며, 크게 4가지 사항을 평가할 수 있다.

첫째, 학습자들의 자기학습과정에 대한 평가가 이루어집니다. 학습과정에 대한 자기평가와 관찰은 학습효과를 증진하는 데 매우 중요하다. 학습자들의 자기학습에 대한 평가를 통해 교사는 학습자의 분석적, 탐구적, 비판적, 그리고 자기주도적 학습능력을 파악할 수 있다.

둘째, 학습자들이 학습한 내용을 얼마만큼 구체적으로 깊이 있고, 정확하게 이해했는지에 대해 평가가 가능하다. 더불어 제시한 학습자원을 얼마만큼 참고하고 활용했는지를 알 수 있다.

셋째, 학습한 것과 실제 생활과의 연결이나 적용을 얼마만큼 하고 있는지를 알 수도 있다. 제시된 '문제'를 해결하는 동안 새롭게 익힌 것을 이전의 경험과 얼마만큼 잘 연결시키고, 혹은 새롭게 경험한 것의 일반화를 얼마나 잘하고 있는지를 점검할 수 있다.

넷째, 모둠학습에서 팀원들의 활동에 대한 평가가 가능하다. 각 팀원들이 얼마나 적극적이고 효율적으로 팀 활동에 참여하고 있는지를 파악할 수 있다.

이와 같은 평가 영역은 성찰일기의 필요성 및 의미와도 직접 연결된다. 성찰일기의 필요성과 의미 중 가장 중요한 것은 학습자들의 학습과정, 그들의 경험과 관심에 대한 이해를 증진시킬 수 있다는 점이다. 학습자들의 부족한 부분이 무엇이며, 그것을 어떻게 개선하려고 노력하는 지에 대한 평가를 명확하게 할 수 있으며, PBL에 의한 교과 과정 및 학습환경, 그리고 교사 자신에 대한 전반적인 피드백을 얻을 수 있다. 이는 PBL을 설계하는 과정 개발자에게 매우 유익한 정보를 제공해 주는 역할을 한다.

성찰일기는 자신의 경험과 학습한 내용에 대한 성찰, 팀원들과의 토론 과정을 통해 이루어지는 성찰적 활동과 사고를 객관화하고 의식화하는 방법으로 활용할 수 있는 매우 적합한 평가도구이다. 성찰일기를 통해 학습과정을 되새겨보고, 자아성찰, 분석, 반성의 기회를 갖는 것은 물론, 학생 자신의 부족한 부분과 개선 부분에 대해 명확하게 인식하고, 학습에 대한 책임감도 증진시킬 수 있다. 따라서 성찰일기 작성은 학습이 잘 이루어지도록 함은 물론 그것의 확인에도 매우 유익한 도구이다. 따라서 교사는 PBL 수업을 시작할 때, 성찰일기의 사용, 의미, 필요성, 작성 내용 등을 자세히 설명해 주는 것이 필요하다. 그렇지 않으면 학습자들이 이것을 소홀히 하거나 귀찮은 것으로 여길 수 있고, 그만큼 성찰일기의 교육적 효과를 기대하기 어려워지기 때문이다.

PBL수업을 처음 접하는 학습자의 경우, 성찰일기를 어떻게 써야 할지 모르는 경우가 많다. 성찰저널에 들어가야 할 기본내용이 무엇인지 알려주고 다음과 같이 제시된 질문항목에 따라 작성할 수 있도록 안내해 줄 필요가 있다.

◆ 본 문제해결을 통해 무엇을 배우고 느끼셨습니까? (학습내용 및 과정 포함)
◆ 본 문제해결 과정을 통해 배운 점을 나의 삶이나 직장(학교)에서 적용한다면…
◆ 이번 문제해결안에 대한 대안이나 더 나은 방향이 있다면 무엇입니까?
◆ 본 문제해결 시 팀에 대한 나의 기여도는 무엇입니까?
◆ 학습참여 태도에 대한 반성과 앞으로의 각오

더불어 또래 학생이 작성한 모범적인 예를 들어 성찰저널의 작성방법을 설명한다면, 학습자의 이해수준을 좀 더 높일 수 있을 것이다.

내용	성찰저널 작성의 적절한 예시자료
무엇을 알게 되었는가? (내용)	문화관광부에서 특산물 박람회 개최에 대한 공고가 내려와 우리도의 홍보팀은 전라도 특산물 중에서 보성의 녹차와 영과의 굴비를 홍보했다. 각 지역마다 자연환경이 다르고 그것을 이용하여 지역 주민들은 예로부터 전해 내려오는 특산물을 더욱 발전시켜 상품화 하고 있다는 것을 알게 되었다.

어떻게 그것을 배웠는가? (과정)	보성의 녹차와 영광굴비를 홍보하기 위해 인터넷을 통해 셋콩이 힘을 합쳐 좋은 자료를 많이 구할 수 있었다. 그리고 때 맞춰서 녹차의 좋은 점들이 TV 건강 다큐멘터리에서 나와 동영상으로 보여주고 녹차가 좋은 점과 특히 자연환경 즉 비가 많이 내리고 토양이 녹차를 재배하기에 최고라는 이유를 들어 보성녹차가 좋은 이유를 홍보했던 점이 가장 훌륭했다고 생각한다. 그리고 발표할 때 승흔이가 보성녹차를 끓여 와서 얼음과 함께 뒤에 계시는 부모님과 교감선생님께 직접 시음을 하셔서 우리 홍보팀이 일등을 한 것 같다.
학습의 개선점은 (대안적 접근)	아쉽다면 우리 조 발표팀장 백승흔과 팜플렛 홍보담당인 내가 더 크게.. 더듬지 않게 했으면 더 좋았을텐데.... 라는 생각이 든다. 그리고 컴퓨터 작성과 자료담당 지현이와 희영이가 잘 했지만 출력을 해오지 않아서 좀 불편했었다. 그러나 무엇보다 우리 전라도 특산물 홍보팀이 1등을 했다는 게 넘 기쁘다. 그리구 이렇게 가끔씩 부모님들이 오셔서 발표하는 기회가 있으면 좋겠다는 생각이 들었다.
실생활과 어떤 연관성 (일반화 작업)	발표하기 6일전 우리가족은 연휴를 맞이하여 보성에 갔다. 물론 내가 마구 졸라서 가게 되었다. 직접 가서 현장체험을 해보고 싶었다. 담양 죽제품 마을도 갔고 돌아오는 길에 알밤으로 유명한 공주를 거쳐서 왔다. 사회시간에 들었던 지역들을 직접 가보니까 마음이 예전과는 달랐다. 그냥 지나쳐버리고 관심도 두지 않았던 지역들이었을 것이다.
무엇을 알게 되었는가? (내용)	이번 특산물 홍보를 하며, 새로 안 것들이 많다. 이름으로만 들었던 영광 굴비,보성녹차,공주밤,한산모시,제주한라봉,제주옥돔,울릉도 오징어, 호박엿.. 이천 쌀 이천 도자기 등......... 정말 많다. 정말 이름만 알았지... 좋은점.. 그런 것들이 왜 좋은지는 하나도 몰랐었다. 우리 조발표는 우리가 조사하면서 거의 다 알아냈지만 다른 조의 발표를 듣고 다른 특산물의 특징.. 좋은점... 그런 것들을 많이 알게 되었다.
학습을 위해 내가 기여한 것은? (기여도)	나는 전라북도 홈페이지와 전라남도 홈페이지에 들어가 보성 녹차와 영광굴비에 대한 자료를 수집하면서 홍보할 방법을 찾았다 그리고 주로 팜플렛을 만드는데 주력을 하였다. 또한 발표할 때 팜플렛을 통해 홍보하는 일을 맡았다. 승연이는 홍보팀장으로 발표 할 때 파워포인트로 홍보를 했고 나는 옆에서 보조역할을 하였다. 웅현이랑 은영이는 자료를 수집하여 정리하고 홍보에 필요한 학습준비물을 담당하였다. 그리고 우리 팀은 합심하여 홍보노래 등을 만들어 열심히 연습해서 모두 외어 부를 수 있었다. 작곡가가 된 것 같았고 다른 홍보팀들도 정말 훌륭했다. 특히 이천 쌀을 홍보하는 팀이 정말 재미있게 잘 만들었다고 생각한다.

어린 학생일수록 대부분 글쓰기 자체에 대한 부담을 갖고 있다. 학생들의 연령과 수준을 고려해서 일기와 같은 형식으로 자연스럽게 글을 쓰도록 안내하는 것이 좋다. 고학년 학생의 경우엔 학급홈페이지

나 자신의 블로그와 같은 온라인 커뮤니티에 성찰일기를 남기도록 해도 된다. 온라인 공간에서 성찰저널은 자기평가 이상의 의미를 지닐 수 있다. 성찰저널에 대한 긍정적인 피드백과 칭찬과 격려는 서로에 대한 신뢰와 깊은 이해를 도모해 줄 수 있기 때문이다. 특히, 교사의 피드백은 학생들에게 PBL수업에 대한 만족감과 자신감을 심어줄 수 있으므로 성찰저널을 꼼꼼히 읽어보고 내용에 부합하는 긍정적인 피드백을 반드시 제공해 주어야 한다. 더불어 학생들이 작성한 성찰저널을 모둠 구성원 간에 상호 공유할 수 있도록 하고, 서로에 대한 칭찬과 격려, 진심어린 충고가 이루어질 수 있도록 지도하는 것이 중요하다.

점점 더, 아주 조금씩 우리 4모둠이 발전이 되고 있는 느낌입니다. 솔직히 발표하기 몇 시간 전, 저는 우리 모둠 아이들과 말싸움을 크게 하였었어요. 왜냐하면, 매일 시나리오도 나만 짜고, 그냥 복사를 하여서 정보를 올리는 그럼 아이들 때문이죠. 그러나 계속 생각을 해 보니 그 아이들도 각자 자기가 맡은 구역을 다 하였더군요. 그래서 저도 그냥 마음을 풀기로 하고, 서로 반성을 한 뒤 얼마 남지 않은 발표를 위해 창민이와 동욱이의 연기지도, 그리고 해진이의 발표 까지 제가 모두 지도를 해 주고, 그 속에서 아주 잘 따라주고 웃어주었던 해진이와 동욱이, 새암이, 창민이 세린이에게 아주 고마웠습니다.

- 중략 -

처음에 이것을 받았을 때의 머리아픔.. 그리고 정보를 찾는 데의 어려움. 그리고 서로 의견이 맞지 않아서 다투었던 것. 결국 이것이 이 좋은 결과를 만들었다고, 저는 생각합니다. 사람은 노력하는 것에 따라 얻는 결과가 달라진대요.

- 초등학교 5학년 임○○

글쓰기 부담이 큰 어린 학생의 경우, 성찰저널을 쓰라는 것 자체가 무리한 요구일 수 있다. 이럴 경우, 그림을 활용하는 방법이 있다. 예를 들어 PBL수업 전과 후의 모습을 그림으로 나타냄으로써 학습과정을 통해 자신이 배운 것과 변화된 모습을 문자가 아닌 그림으로 표현하게 된다. 또한 학습자 개인에 초점을 맞춘 성찰저널을 보완하기 위한 평가방법으로 개념지도를 활용할 수도 있다.

개념지도는 문제해결 과정을 통해 습득한 지식이나 기술 등을 상호 관계성에 초점을 맞춰서 계열화하고 시각화하는 방법이다. 개념지도 안에는 제시된 문제를 해결하기 위해 공부한 주제와 내용, 팀원의 역할, 의견, 산출물 등 PBL의 전 과정을 담아낼 수 있다. 개념지도를 모둠 단위로 협동해서 완성하도록 요구한다면 사회적 성찰과정을 통해 드러난 일종의 집단지성의 결과물이 된다. 물론, 개념지도는 교사의 판단에 따라 다양하게 활용될 수 있다. PBL이 시작되기 전에 학생들의 기존 지식이나 이해를 살펴보기 위해 적용할 수 있으며, 문제해결 과정 중에 학생들의 사고를 촉진시키기 위한 도구로 활용할 수도 있다.

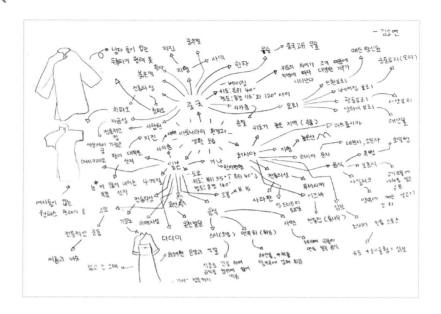

　　다음 「셀프 프로젝트 학습」의 'The Big Idea' 학습지와 같이 다양한
형태로 성찰저널의 정신을 담아낼 수 있다. 전체 학습과정을 되짚어보
며 기록하는 공간인 빅아이디어는 글과 그림의 모든 표현방식을 수용
하는 것이 특징이다. 성찰저널의 전형적인 형태가 글로 표현하는 것이
라면 빅아이디어 공간은 마인드맵을 비롯해 글과 그림의 경계 없이 학
습자가 원하는 방식대로 표현할 수 있다.

셀프 프로젝트학습을 수행하는 과정에서 배우고 느낀 점은 무엇입니까? 머릿속에 담겨진 그대로 꺼내어 마인드맵으로 표현해 봅시다. 더불어 학습과정에서 얻게 된 빅아이디어, 창의적인 생각을 정리하는 것도 잊지 마세요.

Big Idea! Creative Thinking!

나의 지식사전

셀프프로젝트를 수행하는 과정에서 알게 된 중요한 지식을 '나의 지식사전'에 남기도록 합니다. 특히 해당 지식의 소멸시점을 예상하고 그 이유를 함께 기록해 보세요.

핵심용어	중심내용	내가 생각하는 지식유효기한과 이유

★나에게 보내는 칭찬 한 마디

성공적인
프로젝트학습의 실천
노하우를 배우다

주어진 조건 속에서 독수리를
어떻게 구출해낼 수 있을까?
제시된 단서를 하나라도
놓치면 안 되겠군.

아프게따.

벤더빌트 그룹(Cognition and Technology Group at Vanderbilt:CTGV)이 개발한 제스퍼 시리즈의 '독수리 구출작전' 문제사례를 접한 적이 있다. 학습자에겐 영상 속 이야기에 등장하는 제스퍼를 비롯해 에밀리, 래리, 힐다 등의 인물정보와 지역 간의 거리, 이동수단(비행기, 자동차)의 연료소모량과 최고속도(제한속도), 페이로드(운반 가능한 무게) 등의 조건들을 종합적으로 고려해 다친 독수리를 무사히 수의사에게 데려와야 하는 임무가 부여된다. 당시 필자는 실감나는 이야기에 담긴 복잡한 문제 상황에 닻을 내리고 푹 빠져들었던 경험을 하게 된다, 바로 '도전! 유라시아대륙횡단'은 '독수리 구출작전'에 영감을 받아 개발한 문제로서 며칠 밤을 공들이며 만들었던 열정의 결과물이기도 하다.

'도전! 유라시아 대륙횡단'은 수학의 '비와 비율', '비례식'과 사회의 세계지리 단원을 중심으로 통합교과적으로 재구성된 PBL수업이다. 이 장에서는 '도전! 유라시아 대륙횡단' 사례를 중심으로 PBL 문제개발에서부터 실천까지 자세히 살펴보고자 한다.

문제개발

:

당시 PBL수업에 참여한 N초등학교 6학년 학생들은 1-2년간 프로젝트 수업을 경험해 왔다. 이 수업은 학생들에게 마지막 PBL수업이었고, 유종의 미를 거두고자 남다른 열정을 보였다. 이런 학생들의 열정과 의지에 부합하면서 성취감을 높일 수 있는, 난이도가 있는 복잡하고 어려운 PBL문제를 개발하고자 했다.

'도전! 유라시아 대륙횡단' PBL문제개발은 교육과정 분석에서부터 시작했다. 학년 말에 적용될 수업이었기 때문에 교과진도에 대한 부담이 적은 상태였다. 먼저 아래 그림과 같이 학생들의 흥미와 요구를 최대한 반영하여 PBL문제 개발에 돌입했다.

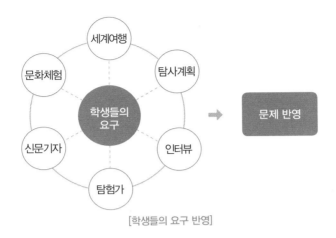

[학생들의 요구 반영]

(Step1) **교육과정 분석**

문제개발을 위해 교육과정을 분석하는 과정에서 여러 가지 아이디어가 도출된다. 학생들의 요구가 세계여행, 문화체험, 탐사계획 등 세계지리 영역과 관련이 깊은 것이었기 때문에, 세계지리 영역과 관련이 깊은 당시 초등사회 6학년 2학기 '2.함께 살아가는 세계'를 핵심단원으로 선정했다. 개정된 교과서(2020년 기준)는 '1단원 세계 여러 나라의 자연과 문화', '2단원 통일 한국의 미래와 지구촌의 문화', '3단원 세계 여러 지역의 자원과 문화'와 관련이 깊다.

단원목표 및 내용을 분석하는 과정에서 역사적 의미가 있는 실크로드와 몽골리안 루트와 관련지어 여행계획을 세워보는 활동을 한다면 아시아와 유럽의 여러 나라에 대해 많은 것을 배울 수 있겠다는 생각이 들었다. 더욱이 세계 지도와 지구본을 이용하여 여행 계획을 세운다면 더욱 재미있는 학습활동이 될 수 있을 것이다. 핵심단원으로 선정한 '함께 살아가는 세계'의 단원 목표를 살펴보면 다음과 같다.

〈표 18〉 '함께 살아가는 세계' 단원 목표

구 분	단원 목표
지식 · 이해	◆ 우리나라는 정치적, 경제적, 지리적 측면에서 세계 여러 지역과 밀접한 관계 속에 있음을 파악할 수 있다. ◆ 세계 여러 나라의 자연 환경과 생활 모습을 설명할 수 있다. ◆ 5대양 6대주의 위치를 알고 우리나라가 아시아에 속한 나라임을 알 수 있다.
기능	◆ 여러 곳의 모습을 알아보는 다양한 방법을 찾아볼 수 있다. ◆ 세계 지도와 지구본을 이용하여 세계 지형의 모습과 특징을 알 수 있다. ◆ 각 나라에 대한 다양한 자료를 수집하여 정리할 수 있다.
가치 · 태도	◆ 세계 여러 나라에 대하여 관심을 가진다. ◆ 문화의 다양성을 인정하고 존중하는 태도를 가진다.

단원분석을 통해 문제개발의 기본적인 방향을 아시아와 유럽 대륙 횡단 계획 세우기로 정했다. 아울러 세계 지도와 지구본을 이용하여 지형의 모습과 특징뿐만 아니라 각 나라간 혹은 도시 간 실제 거리를 구할 수 있어야 문제를 해결할 수 있도록 방향을 잡았다. 이를 위해서는 학생들이 지도의 축적에 대해서 정확하게 알고 있어야 하는데, 이와 관련해 당시 초등수학 6학년 1학기 6단원 '비와 비율', 7단원 '비례식'의 내용과 연계를 지었다.

구 분	단원 목표
비와 비율	◆ 두 양의 크기를 비교하는 방법으로 비를 도입하여 그 뜻을 알게 한다. ◆ 비의 값이 기준량을 1로 볼 때의 비율임을 알게 한다. ◆ 비교하는 양, 기준량, 비율의 뜻을 알게 한다.
비례식	◆ 비의 성질을 이용하여 주어진 비를 가장 간단한 자연수의 비로 나타내게 한다. ◆ 비의 전항과 후항, 비례식의 외항과 내항을 알게 한다.

문제개발의 기본방향은 '아시아에서 유럽으로 이어지는 대륙횡단', '세계 지도와 지구본을 이용한 코스 간 이동거리 산출'로 정했다. 또한 교육과정 분석 과정에서 여행일정을 세우기 위한 조건으로 각 코스 간 이동거리와 주어진 이동수단의 속력을 통해 소요시간을 산출하도록 요구한다면 보다 통합교과적인 문제가 완성될 수 있으리라 생각했다. 실제로 이러한 아이디어들은 문제개발 과정에 적극 반영됐다. 2020년 개정교과서 기준으로 관련 교과 및 단원을 정리하면 다음과 같다.

〈표 20〉 핵심단원과 관련 교과

중심 교과	핵심단원	관련교과		관련단원
사회 [6-2]	1. 세계 여러 나라의 자연과 문화 2. 통일 한국의 미래와 지구촌의 문화 3. 세계 여러 지역의 자원과 문화	과학 [5-2]		4. 물체의 운동
		수학 [5-2]		2. 분수의 곱셈 4. 소수의 곱셈
수학 [6-1]	4. 비와 비율	국어	[6-1]	11. 뉴스의 관점
			[6-2]	4. 매체 자료를 활용한 발표
		실과(미래엔) [6]		3. 생활과 소프트웨어

　제스퍼 시리즈의 '독수리 구출작전' 수업사례를 통해 얻은 영감과 교육과정 분석을 통해 문제개발을 위한 기본적인 방향을 잡을 수 있었다. 이제, 교사의 참신한 아이디어와 문제개발에 필요한 자료수집이 필요하다. 우선, 문제개발을 위한 기초적인 아이디어를 나열하고, 아이디어를 뒷받침할 수 있는 자료들을 수집했다. 다음은 문제개발을 위한 아이디어를 목록화한 것이다.

◆ 유럽과 아시아의 여러 나라 문화탐험
◆ 우리나라에서부터 유럽까지 의미 있는 대륙횡단 계획 수립
◆ 독수리 구출작전 사례처럼 이동수단을 선택하고, 선택한 이동수단의 속력을 고려한 횡단계획 수립
◆ 세계지도와 지구본을 활용하여 코스 간 이동거리 산출(지도의 축적)
◆ 기자회견 방식의 발표
　　　　　　　　　　　　…

[문제개발을 위한 아이디어]

　문제개발을 위한 아이디어를 구체화시키기 위해서는 무엇보다 상황과 배경, 현실감이 잘 드러난 자료를 수집하는 것이 필요하다. 이를테면, 시베리아 횡단철도(TSR)와 한반도 종단철도(TKR) 연결 사업이라는 현실적 이슈는 유럽과 아시아의 대륙횡단에 배경적 의미를 부여할 수 있다고 판단했다. 시베리아 횡단철도와 한반도 종단철도 연결 사업과 관련한 자료는 인터넷을 통해 쉽게 찾아볼 수 있다. 특히, 상황과 배경이 현실감 있게 잘 드러난 뉴스자료의 경우 아이디어를 구체화시킬 수

있는 내용이 풍부하다.

[키워드 검색을 통해 확인 가능한 관련 뉴스목록]

(Step3) 문제 초안 작성

문제개발을 위한 아이디어와 이를 구체화시킬 수 있는 자료를 바탕으로 문제 시나리오 초안을 작성했다. 문제에 들어갈 기본 항목, 즉 배경, 상황, 주인공의 과제, 제한점 등을 기준으로 정리할 수 있다.

기본 항목	내용
배경	◆ 시베리아 횡단철도(TSR)와 한반도 종단철도(TKR) 연결 사업에 대한 활발한 논의 ◆ 이를 통한 한반도 평화정착과 경제효과 기대
상황	◆ 주인공인 젊은 대학생들이 자체 제작한 자동차와 소형비행기를 이용하여 유라시아 대륙횡단을 계획하고 있음 ◆ 언론에 집중적인 관심을 받으며 다음 주 기자회견을 통한 유라시아 대륙횡단 계획 발표 예정
주인공의 과제	◆ 서울을 출발점으로 아시아와 유럽을 잇는 횡단 계획 수립 ◆ 코스와 식량과 연료 보급 계획 수립
제한점	◆ 주인공이 제작한 자동차와 소형비행기의 이동속도/제한시간/연료소모량 고려, 지형에 따라 이동속도의 차이 ◆ 숙박과 식량 현지 보급, 실크로드와 몽골리안 루트 참고

(Step4) 문제 시나리오 완성

배경, 상황, 주인공의 과제, 제한점을 기준으로 정리된 초안을 바탕으로 '도전! 유라시아 대륙횡단' 문제 시나리오를 완성하였다. 현장감 있는 문제 상황 연출을 위해 인터뷰 방식으로 시나리오를 전개하였는데, 유라시아 대륙횡단 계획을 세워야 하는 주인공의 입장과 역할, 과제를 분명히 하고, 교사의 의도가 담긴 여러 가지 단서와 조건 등을 문제 속에 녹아들게 하였다. 완성한 문제는 다음과 같다.

최근들어 시베리아 횡단철도(TSR)와 한반도 종단철도(TKR)와의 연결이 활발하게 논의되고 있습니다. 대한민국을 시작으로 한 유라시아 철도횡단의 꿈이 현실로 다가오고 있는 것입니다. 철도를 통한 유라시아 대륙으로의 진출은 한반도의 평화정착은 물론, 막대한 경제적 효과를 가져 올 것으로 예상되고 있습니다.

— 이상 DSB의 노거리 기자였습니다.

"대한민국이 유라시아대륙의 새로운 주인공으로서 자리매김하고 있다는 반가운 소식이었습니다. 이러한 시점에 우리들의 젊은 대학생들이 자체 제작한 자동차와 소형비행기를 이용하여 유라시아 대륙 횡단에 도전한다고 해서 관심이 집중되고 있는데요. 그 현장에 한별 기자가 나가있습니다. 한별 기자 나오세요."

▶한별 기자입니다. 우리들의 젊은 대학생들이 자체적으로 제작한 자동차와 지원받은 소형비행기를 이용해서 유라시아대륙횡단에 도전한다고 합니다. 우선 이들이 제작한 자동차와 소형비행기를 가영 대원이 간단히 소개하도록 하겠습니다.

"먼저, 자동차는 어떠한 지형조건에서도 탁월한 성능을 발휘할 수 있도록 개발되었습니다. 보통 평지에서는 시속 80km, 산악지형에서는 시속 40km 정도의 속도를 유지할 수 있는데요. 연료탱크의 크기는 100L이며, 1L의 연료로 평균 10km를 달릴 수 있습니다. 게다가 하이브리드 자동차라서 전기를 이용한 주행도 가능하다고 합니다. 하루 3시간 정도는 연료 소모 없이 달릴 수 있습니다."

실전가이드 2 _체험을 통해 PBL 과정 이해하기 139

[도전! 유라시아 대륙횡단 최종 문제 시나리오]

수업과정설계

:

　문제개발을 완료한 후, 성공적인 PBL 수업을 위한 교수학습과정 설계에 들어갔다. 교수학습과정 설계는 시간운영 계획을 세우고, 교수학습설계안을 간략하게 정리하는 순으로 진행됐다.

（Step5） 시간운영계획 세우기

　　시간운영 계획은 아래와 같이 PBL의 전개과정과 중심활동 순으로 정리했다. 학년 말이라서 비교적 교과진도에 대한 부담이 적었기 때문에 다른 PBL수업에 비해 오프라인 수업에 대한 비중을 높였다. 온라인 공간을 중심으로 전개되는 학습활동은 개인과 팀 자율로 이루어지기 때문에, 이를 고려하여 소요시간이 아닌 학습기간으로 제시했다.

〈표 22〉 도전! 유라시아 대륙횡단 PBL수업시간 운영계획

활동 단계	장소(공간)		시간		일정
	오프라인	온라인	예상 소요시간	학습기간	
사전 과제 부여		○		(1일)	(12/18)
문제파악하기	○		20분		12/19
과제수행계획서 작성하기	○		20분		
과제수행계획서 제출시기		○			12/19
개별 문제해결 모색하기		○		1일	12/19
팀 문제해결 모색하기		○		1일	12/20
문제해결책 고안하기		○			
학습결과물 완성하기		○		1일	12/21
학습결과물 제출시기		○			
발표 준비하기	○	○	40분		

발표하기	○	40분	12/22
평가하기	○	40분	
성찰일기 작성하기	○	1일	12/22

(Step6) **수업설계안 작성하기**

PBL수업설계안 작성은 개요 정리와 각 과정별 중심활동 정리로 나눠서 이루어졌다. 이미 개발한 문제 안에 학습자가 수행해야 할 과제가 분명하기 때문에 수업을 어떻게 운영하고 전개할 것인지에 대해서는 간략하게 정리하였다. 먼저, 기존 교육과정 분석을 바탕으로 교수학습 설계안에 들어갈 학습개요 부분을 정리하였다.

〈표 23〉 수업설계안 학습개요 작성

문제명	도전! 유라시아 대륙 횡단			**대상학년 (인원/팀)**	6학년(36/6)
교과 정보	**중심교과**	수학 · 사회	**중심단원**	수학 [6–1] 4. 비와 비율/ 7. 비례식 사회 [6–2] 2. 함께 살아가는 세계	
	관련교과	과학	**관련단원**	수학 [5–2] 1. 소수의 곱셈 2. 분수의 곱셈 과학 [5–1] 4. 물체의 속력	
학습 시간	**학습기간**	12/19–23(5일)	**예상소요시간 (기간)**	온라인	12/19–22(4일)
				오프라인	160분(4차시)

학습목표	◆ 문제에서 제시한 조건에 맞게 유라시아 대륙 횡단 계획을 세울 수 있다. ◆ 수학적 · 과학적 사고를 통해 최적의 문제해결안을 도출할 수 있다. ◆ 문제해결과정에서 유럽과 아시아의 지리적 특징을 알고 해당 지역에 대해 이해할 수 있다. ◆ 온라인 학습과정에서 협업 토의활동친구들과의 협업학습을 통해 의사소통 능력을 신장시킬 수 있다. ◆ 유용한 정보를 탐색 · 파악하고 자신의 언어로 재구성하는 과정을 통해 정보를 효과적으로 활용하고 이를 바탕으로 창의적인 산출물을 만들어 낼 수 있다.
문제개요	탐험대원으로서 자동차와 소형비행기를 이용해 유라시아 대륙 횡단에 도전한다. 다음 주까지 유라시아 대륙 횡단을 위한 세부 계획을 세워야 한다. 유라시아 대륙횡단 계획은 기자회견을 통해 발표하게 된다.
중심 학습활동	유라시아 대륙 횡단 코스, 일정을 포함한 계획 세우기

교과정보, 학습목표, 문제개요 등이 포함된 학습개요를 작성하고 나서, 각 과정별로 중심활동을 정리하였다. 앞서 세웠던 시간운영계획을 토대로 간략하게 작성했다.

〈표 24〉 PBL과정별 중심활동 정리

일정	단계	활동 내용
12/19	문제제시	◆ 온라인커뮤니티에서 사전에 문제와 관련된 과제를 부여하여, 문제에 대한 이해기반 형성 ◆ 사전에 제작한 문제 관련 동영상 자료로 문제 제시 ◆ 문제 해결에 필요한 기본 개념(지도의 축적, 지구본 사용법 등) 이해하기 ◆ 과제수행계획과 역할분담 내용이 포함된 세부학습계획 세우기 ◆ 회의결과 내용과 모둠별 세부학습계획을 온라인 모둠토론방에 올리기

12/19~12/21	과제수행	◆ 과제수행계획에 따라 개별 역할에 맞게 문제해결을 위해 모색하고 필요한 정보와 자료를 탐색하여 공유 ◆ 탐색한 정보와 의견에 대한 아이디어를 교환하고 이를 바탕으로 유라시아 대륙 횡단 코스 및 일정을 정하고, 각 지역의 기본정보 정리 ◆ 주어진 조건에 맞게 자동차와 비행기 운행 계획(활용시기, 연료보급 계획 등 포함)을 세우기 ◆ 유라시아 대륙 횡단 계획을 최종 정리하고 발표를 위한 시나리오와 보조자료 제작하기
12/22	발표 및 평가	◆ 방송을 통해 발표하는 형식으로 유라시아 대륙 횡단 계획 발표하기 ◆ 유라시아 대륙 횡단 계획에 대해 기자(모둠별로 한 명 선정) 로서 질문하기 ◆ 모둠별로 발표한 유라시아 대륙 횡단 계획에 대한 평가 내용을 바탕으로 한 비판적인 기사문 작성 ◆ 학급게시판에 기사문 공고 ◆ 기사문 하단 독자란에 개별 평가하기
12/23	성찰하기	◆ 성찰노트 작성하기 ◆ 발표 동영상 보고 시청소감 쓰기

Step7 평가도구 선정

문제개발과 교수학습과정 설계에 이어서 평가도구 개발이 이루어졌다. 앞서 배운 바와 같이 PBL 수업에서 활용 가능한 평가방법은 매우 다양하다. '도전! 유라시아 대륙횡단' PBL 수업에서는 이들 평가도구 중 학습자의 참여를 극대화할 수 있는 방법을 선정하고 적용하기로 방향을 정했다. 학습자 중심의 평가참여를 기본 전제로 하면서 문제 상황과 과제에 적합한 평가가 이루어지기 위해서는 그것에 맞는 평가도구 개발이 필요했다. 학습결과 발표를 기자회견 형식으로 해야 하는 만큼, 평가자인 학생들이 기자입장에서 평가에 참여하도록 고안했다. 이를 위해 다음과 같이 평가양식을 개발했다.

도전! 유라시아 대륙횡단 계획 발표회

기자이름[　　　　]

탐험대원들이 기자회견을 열어서 유라시아 대륙횡단 계획을 발표합니다. 여러분들은 ○○일보의 기자이며 유라시아 대륙횡단 계획 소식을 독자들에게 전달할 책임이 있습니다.

탐험대명	기사문 작성하기
블루베리 탐험대	
맹꽁이 탐험대	
클로바 탐험대	
레인보우 탐험대	
으악새 탐험대	
곰탱이 탐험대	

　'도전! 유라시아 대륙횡단' PBL수업은 문제의 난이도가 높기 때문에 평가로 인한 학습자의 부담을 줄이는 데 초점을 맞췄다. 이 때문에 온라인을 통해 이루어지는 평가는 특별한 양식을 준비하지는 않았다. 지금까지 익숙하게 활용해 왔던 학급커뮤니티의 성찰일기 공간을 그대로 사용하고, 발표 동영상에 대한 시청소감을 댓글기능을 이용해 쓰도록 계획했다.

PBL수업 실천1_ 문제제시 단계

‘도전! 유라시아 대륙횡단’으로 명명된 PBL 수업이 N초등학교 6학년 학생들을 대상으로 적용됐다. 이들은 이미 최소 40여회 이상의 PBL수업을 경험해왔던 터라 ‘문제제시-과제수행-발표 및 평가’ 순으로 진행되는 일련의 PBL과정과 세부 활동이 익숙한 상태였다. 더욱이 마지막 프로젝트 학습이라는 사실만으로도 수업에 임하는 학생들의 마음을 사뭇 진지하게 만들었다.

학생들은 PBL수업이 시작되기 전, ‘실크로드’에 대한 조사활동을 사전 과제로 수행했다. 사전과제는 제시될 문제와 관련해서 아시아와 유럽을 잇는 대륙횡단의 역사적 의미를 되새겨보고 베일에 싸인 PBL문제에 대한 호기심을 유발하는 데 목적이 있었다. 아울러, 학생들이 문제를 쉽게 이해할 수 있도록 몇몇 학생들과 함께 문제 상황을 재연한 동영상도 제작했다.

[문제 상황을 재연한 동영상 자료화면]

사전과제로 제시된 '실크로드'에 대한 이야기를 시작으로 본격적인 PBL수업이 시작됐다. 학생들은 '실크로드'에 대한 논의과정을 통해 아시아와 유럽이 갖는 역사적, 지정학적 의미를 알게 되었다.

★ 교사 : 이번 시간까지 '실크로드'에 대해 공부해 오라고 했죠. 여러분들이 공부한 내용을 바탕으로 '실크로드'에 대해서 얘기해 보도록 하죠. 어떤 친구가 먼저 실크로드에 대해 얘기해 보겠어요?

◈ 학생 : 실크로드는 중국에서 이슬람 국가를 거쳐 유럽으로 이어지는 동서교역로라고 할 수 있어요. 요즘에는 비행기나 배타고 무역하지만 그 때는 실크로드를 통해 무역했다고 하더라고요.

★ 교사 : 실크로드는 우리나라와 어떤 관련이 있을까요?

◈ 학생 : 선생님 그건 잘 모르겠어요. 인터넷에는 그런 정보가 없었던 것 같은데..., 제 생각에는 우리나라와 중국이 밀접한 관계를 맺고 있었기 때문에 어느 정도 관련이 있을 것 같아요.

◈ 학생 : 제가 역사책에서 본 기억이 있는데요. 고려 시대에는 아라비아 상인들이 우리나라에도 왔었다고 하더라고요. 그 사람들이 어디서 왔겠어요.

학생들에게 부여된 사전과제는 동기유발 측면이 강한 것이었다. 앞으로 주어질 문제와 관련성이 깊은 주제를 사전에 학습하고 논의함으로써 관련 주제에 대한 의미부여가 이루어질 수 있도록 한 것이다. '실크로드' 대한 이야기는 문제의 배경이 되는 최근 이슈로 자연스럽게 이어지도록 했다.

★ 교사 : '실크로드'를 개척한 국가가 당시 초강대국이 될 수 있었죠. 동서양의 영향을 받은 찬란한 문화를 꽃피우기도 했고요. 최근 우리에게 실크로드와 같은 역할을 해 줄 정말 중요한 일이 진행되고 있는데요. 혹시 여러분들은 알고 있나요?

◈ 학생 : 우와, 우리나라에 실크로드와 같은 것을 만드나요. 전 들어 본 적이 없어요. 선생님, 어떤 일이죠? 너무 궁금해요.

★ 교사 : 다음 선생님이 보여주는 뉴스 동영상을 보세요.

문제의 배경이 되는 시베리아 횡단 철도(TSR)와 한반도 종단 철도(TKR)연결 사업과 관련된 뉴스 동영상을 사전과제와 연결 지어서 제시했다. 제시될 문제의 배경이 되는 최근 이슈를 공유함으로써 궁극적으로 문제에 대한 흥미와 관심, 배경에 대한 기본적인 이해를 이끌어낼 수 있었다.

(Step2) 문제파악하기

드디어, 학생들에게 '도전! 유라시아 대륙횡단' 문제가 제시됐다. '도전! 유라시아 대륙횡단' 문제는 텍스트 자료와 이를 재연한 동영상 자료를 통해 다음 그림과 같이 제시됐다.

[문제제시 단계의 수업모습]

학생들이 주어진 문제의 핵심을 정확하게 파악할 수 있도록 교사의 부연설명이 이루어졌다.

★ 교사 : 주어진 문제의 핵심이 뭔가요?

◈ 학생 : 유라시아 대륙횡단 계획을 세우는 거예요.

★ 교사 : 그렇죠. 자, 그럼 유라시아 대륙 횡단을 무작정 도보로 할 수는 없겠죠? 이 문제에서는 어떤 교통수단을 이용한다고 했나요?

　　학생 : 자동차와 소형비행기요.

★ 교사 : 그렇지요. 자동차와 소형비행기를 활용해서 대륙횡단을 한다고 했어요. 여기에는 여러 가지 조건이 있는데요. 예를 들어 자동차의 경우 산악지형에서의 평균속도가 60km라고 되어 있어요. 여러분들은 문제 속의 여러 가지 단서나 조건들을 고려하면서 유라시아 대륙횡단 계획을 세워야 해요.

학생들에게 주어진 문제가 매우 복잡하고 어렵기 때문에 문제 속의 조건이 무엇인지 꼼꼼히 살펴보았다. 세계지도와 지구본을 이용하여

횡단 코스를 정하고 코스간 실제 거리를 산출해 내야 하기 때문에 지도의 축적이나 위도, 경도에 대한 설명, 그리고 지구본 사용법 등 문제해결에 필요한 기본개념을 자세히 설명해 주었다. 이때 학생들의 이해를 돕기 위해 멀티미디어 자료가 활용되기도 했다.

[개념 설명을 위해 활용된 멀티미디어 자료]

이어서, 팀별 토의 과정을 통해 문제의 핵심 내용을 공유하고 문제해결에 반드시 필요한 개념에 대한 설명이 이루어졌다. 팀별로 학습목표를 도출하고 문제해결전략을 나름대로 제안하기도 하면서 '과제수행계획 세우기'로 자연스럽게 이어졌다.

[Step3] 과제수행계획세우기

문제의 핵심공유와 기본개념에 대한 이해가 이루어진 팀부터 문제를 해결하기 위한 계획수립 과정으로 넘어갔다. 학생들이 과제수행계획서 작성을 상대적으로 어려워하기 때문에 기본요소인 '가설/해결안(Ideas)', '알고 있는 사실들(Facts)', '더 알아야 할 사항들(Learning issues)'을 좀 더 쉬운 용어로 바꿔서 제시했다. '도전! 유라시아 대륙횡단' 문제를 해결하기 위해 학생들이 작성한 과제수행계획서는 다음과 같다.

〈표 26〉 학생들이 작성한 과제수행계획서 내용

문제명	도전! 유라시아 대륙횡단	모둠명	블루베리
어떤 방법으로 문제를 해결할 것인가요?	◆ 세계지도와 지구본, 사회과 부도를 이용하여 일단 지역을 선정하고 거리와 시간을 대략적으로 측정합니다. ◆ 인터넷을 이용해 그 지역의 특산물 등 특징을 조사하고 일정을 짭니다.		
문제를 통해 알게 된 사실은 무엇인가요?	◆ 시베리아 횡단 철도와 한반도 종단 철도와 연결 사업이 가시화 되고 있다는 것 ◆ 자동차로 보통 평지를 가는데 시속 120km , 산악지형에서는 시속 60km 정도의 속도를 유지할 수 있다는 것 ◆ 연료 탱크는 꽉 채우고 가면 150L에 3000km를 갈 수 있다는 것. 태양열을 이용한 주행도 가능하기 때문에, 4시간 정도는 연료 소모 없이 달릴 수 있다는 것. ◆ 소형비행기 반디로는 평균 240km, 탱크의 크기는 240L 라서 꽉 채우면 2400km를 갈 수 있고, 중간점검에서 필요한 시간은 2시간 이라는 것. ◆ 탐험대원 입장에서 유라시아 대륙횡단 계획 발표를 기자회견 형식으로 해야 한다는 것		
문제해결을 위해서 알아야 할 것은 무엇인가요?	◆ 착륙이 가능한 공항, 각 지역(나라)의 특산물과 특징, 휴식을 취할 숙소 등을 알아야 한다. ◆ 세계지도와 지구본을 이용하여 거리와 시간 구하는 방법을 알아야 한다. ◆ 지형, 코스별 이동거리 각 나라의 수도, 숙영지(쉴곳), 우리가 갖고 있는 지도의 축적, 착륙 지역에 대해 알아야 한다. ◆ 실크로드와 몽골리아 루트가 거쳐 가는 지역에 대해 알아야 한다.		

역할분담	이 름	과제수행 내용
	노○○	실크로드에 대해서 조사(시간계산, 시나리오, 파포)
	주○○	각 나라 간 거리와 지형
	이○○	몽골리안 루트에 대해서 조사(시간계산, 시나리오, 파포)
	신○○	숙영지(쉴곳)조사, 각 나라의 식량 보급 계획 (음식, 특산물)

팀 토의 과정을 통해 완성한 과제수행계획서는 문제해결 과정에서 일종의 지침서로 활용될 수 있도록 언제 어디서나 접근이 용이한 학급 커뮤니티의 모둠공간에 올려서 공유하도록 하였다. 더불어 온라인 커뮤니티에서 제시된 문제의 핵심을 다시 정리하여 올리기도 하고, 문제해결을 위해 어떤 활동을 전개해야 하는지 팀 구성원 전체가 이해할 수 있도록 다시 정리해 보는 시간을 갖기도 하였다. 팀별로 주어진 문제의 핵심을 파악하고 과제수행계획을 수립한 후, 문제해결을 위한 과제수행 과정으로 자연스럽게 넘어갔다.

문제제시 단계에서의 교사역할!

◆ 문제에 대한 이해와 흥미를 유발할 수 있는 다양한 자료 준비
PBL의 '문제도입' 단계에서 교사의 역할 중 하나는 문제에 대한 이해를 높일 수 있고, 문제에 대한 흥미와 관심을 이끌어낼 수 있는 신문기사 또는 비디오 자료, 혹은 문제 상황을 재연한 연극이나 동영상 자료 등 다양한 자료를 준비하여 활용하면 효과적입니다.

◆ 자율적이며 민주적인 학습 분위기 조성
자율적이며 민주적인 학습분위기 조성은 시작부터 마지막에 이르기까지 전체 PBL 과정에서 요구되는 가장 기본적인 학습환경입니다. 교사는 첫 단추에 해당하는 민주적인 학습분위기가 조성될 수 있도록 애써야 하며, 학생들의 능동적인 참여를 이끌어내야 합니다. 자율적이며 민주적인 학습분위기 속에서 문제를 이해하고 공유하기 위한 팀원 간의 토의, 토론과정이 활발하게 이루어질 수 있습니다.

◆ 과제수행계획수립과 관련하여 적극적인 안내
학생들은 주어진 문제를 충분히 파악한 이후, 과제수행계획을 수립하도록 해야 합니다. PBL 수업이 처음인 학생들의 경우에는 과제수행계획수

립 과정을 무척 어려워하는 경우가 많습니다. 더욱이 연령이 낮을수록 계획수립 단계에서 흥미를 잃어버리기도 합니다. 과제수행계획 과정을 적용할 때는 일반적으로 포함되는 '가설/해결안(Ideas)', '이미 알고 있는 사실들(Facts)', '더 알아야 할 사항들(Learning issues)'에 대한 기본개념을 학생들이 충분히 이해할 수 있도록 교사의 적극적인 안내가 필요합니다.

PBL수업 실천2_ 과제수행 단계

PBL 수업에서는 제시된 문제의 성격에 따라 학생들이 수행하는 활동의 성격도 달라질 수 밖에 없다. 일반적으로 인터넷을 활용한 정보의 탐색과 재구성을 통해 문제해결안을 도출할 수 있는 경우, 과제수행 과정은 컴퓨터를 매개로 온라인 환경에서 진행될 수 있다. 하지만, '도전! 유라시아 대륙횡단'과 같은 문제의 경우, 세계지도와 지구본을 이용해 실제 거리를 산출하고 지도상의 나타난 지형을 고려해야 하는 활동이 있는 만큼 이를 감안한 수업 운영이 필요했다. 그래서 과제수행 과정의 첫 활동은 온라인이 아닌 오프라인 학습환경에서 진행됐다.

(Step4) 문제해결모색하기

◈ 학생1 : 선생님 저희가 베이징에서 우르무치로 가려고 하는데요.(지도의 해당지역을 가리키며) 여기서 여기까지 그냥 직선으로 길이 재도 되요?

★ 교사 : 우리가 실제 그 곳에 가서 길이 어떻게 연결됐는지 확인하기 어려우

니까 각 지역의 거리를 직선으로 연결하는 것도 좋은 것 같아. 다만 지형적 특징은 고려해야겠지? 너무 높은 산이나 강, 호수 등은 그대로 통과할 수는 없잖아.

◎ 학생2 : 안 그래도, ○○가 사회과부도에 있는 지형 특성을 살펴보고 있어요. 근데 선생님 너무 어려워요.

유라시아 대륙횡단 계획을 세우기 위한 학생들의 탐구와 모색은 학습계획이 공유된 이후 본격적으로 이어졌다. 먼저, 학생들은 준비한 세계지도와 지구본을 활용하여 유라시아 대륙횡단 코스를 정했다. 문제에는 이미 서울에서 베이징까지의 코스를 제시해 놓았기 때문에 서울을 출발지점으로 해서 유라시아 대륙횡단 코스를 구체화했다. 아래 모습처럼 학생들은 30cm 자를 이용하여 지역과 지역 간의 직선거리를 구하고 지도의 축적을 이용하여 실제 거리를 구하였다. 지도의 축적을 이용한 실제거리 구하기는 초기에 우려했던 것보다 수월하게 진행됐으며, 정확한 계산을 위해 계산기가 사용되기도 했다.

[지도의 축적을 이용한 실제거리 구하는 장면]

또한 학생들은 지구본의 위도와 경도를 참고하여 대략적인 거리를 구하기도 하였는데, 구면인 지구본의 특성에 맞게 실을 이용하여 길이를 측정하고 축적을 이용하여 실제거리를 산출하기도 했다.

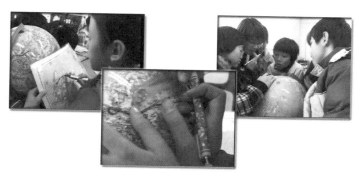

[지구본을 이용한 활동 장면]

더불어 학생들은 문제해결에 필요한 각 코스의 지형이 어떤 특성을 가지고 있는지 사회과 부도를 통해 파악했다. 초등학생들에게 배부된 사회과 부도에는 여러 대륙의 지도뿐만 아니라 각 지역의 지형적 특성도 함께 표시되어 있기 때문에 유용하게 활용할 수 있었다. 방과 후까지 계속 진행된 학생들의 활동은 유라시아 대륙횡단 코스를 정하면서 서서히 마무리 되어갔다.

이어서 학생들은 팀별로 결정한 유라시아 대륙횡단 코스에 따라 해당되는 국가와 도시 등에 대한 다양한 정보를 탐색하고 자료를 수집했다. 정보 탐색과 자료 수집은 인터넷을 통해 주로 이루어졌으며, 때로는 학교 도서관에 비치된 관련 도서를 이용하기도 했다. 이렇게 학생들은 자신에게 주어진 역할에 맞게 개별적으로 유용한 정보와 자료를 수집하고, 온라인과 오프라인을 넘나들며 끊임없이 토론을 벌이면서 문제해결을 위한 실마리를 하나하나 풀어나갔다. 학생들의 토론활동은 학습기간 내내 온라인 학급커뮤니티뿐만 아니라 쉬는 시간과 점심시간, 방과 후 시간을 가리지 않고 매우 활발하게 이루어졌다. 모둠 구성원 간의 활발한 상호작용은 적극적인 참여를 이끌어냈고, 환상적인 팀워크를 발휘하는 밑거름이 되었다.

이런 학습과정을 통해 학생들은 유라시아 대륙횡단 코스, 각 코스 간 실제 거리, 코스 지형 분석, 이동수단에 따른 소요시간 산출, 이동수단의 연료소모량, 일정별 숙영지, 소형비행기 운영을 위한 착륙 가능한 공항 조사, 현지 식량과 물자 보급을 위한 관련 지역의 특산물 조사 등 유라시아 대륙횡단 계획을 구체화시키기 위한 활동을 적극적으로 전개해 나갔다. 그리고 이러한 학습활동의 결과를 학급커뮤니티의 모둠 토론방에 정리하여 올렸다.

[모둠 활동 결과 정리]

Step5 결과정리하기

학생들은 '문제해결모색하기' 과정을 통해 유라시아 대륙횡단 계획을 세우기 위한 학습자원을 어느 정도 수집하고 나서 정보와 자료를 문제 상황에 맞게 재구성하고 종합하는 과정으로 넘어갔다. 이제 제시된 문제가 요구하는 형태의 유라시아 대륙횡단 계획을 완성하고 정리하는 일만 남은 것이다.

◈ 학생1 : 유라시아 대륙횡단 계획을 어떤 방법으로 정리하면 좋을까?

◎ 학생2 : 일정표 형식으로 정리하면 좋을 것 같아. 우리 수학여행 갔을 때 2박3일 동안 어디를 가고 무엇을 하는지 일정표를 통해 확인했었잖아.

☒ 학생3 : 맞아, 맞아 그거 좋은 방법이다. 그렇게 하면 다른 사람들이 우리 계
획을 쉽게 알 수 있을 것 같아. 연료나 식량 보급 계획도 식단표 같이 만들어
서 제시해도 좋을 것 같고... 암튼 표로 작성해서 간단하게 정리해 보자.

학생들은 최종 결과물을 완성하기 위해 나름대로의 해결책을 고안
하고 다양한 방법으로 유라시아 대륙횡단 계획을 정리하였다. 실과수
업에서 다룬 소프트웨어를 활용해 유라시아 대륙횡단 일정표를 짜기
도 했는데, 저마다 자신이 잘 다룰 수 있는 IT도구를 선정해 결과를 정
리했다.

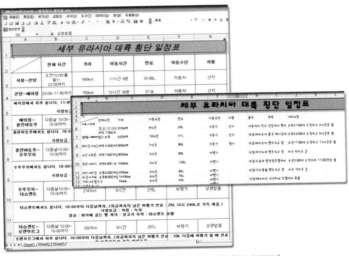

[스프레드시트로 작성한 유라시아 대륙횡단 일정표]

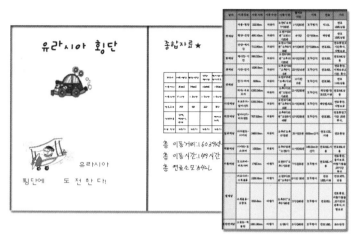

[워드프로세서로 작성한 유라시아 대륙횡단 일정표]

주어진 문제가 기자회견 방식으로 유라시아 대륙횡단 계획을 제시해야 하기 때문에 이러한 요구 상황에 적합한 결과물을 만드는 것이 필요했다. 학생들은 유라시아 대륙횡단 일정표뿐만 창의적인 아이디어를 발휘하여 문제 상황에 부합하는 결과물을 만들어냈다. 아래 그림은 유라시아 대륙횡단 계획을 설명하기 위해 학생들이 제작한 동영상의 주요장면이다.

[유라시아 대륙횡단 계획 설명 동영상 자료]

유라시아 대륙횡단 계획을 기자회견이라는 특수한 상황에 맞게 제시해야 하기 때문에 이를 재연한 시나리오도 만들어졌다. 결과적으로 발표의 질을 높이기 위해 준비과정에서 미리 작성되는 발표시나리오와 그 성격이 다르진 않았다. 문제에서 요구하는 것이 기자회견에 적합한 형태의 결과물이었기 때문에, 학생들은 이를 반영한 기자회견 시나리오를 작성했다.

주제 : 유라시아 대륙횡단 계획

안녕하십니까. 탐험대장 ○○○입니다. 먼저 저희 기자회견에 참석해 주신 모든 여러분들께 감사합니다. 저희가 완벽한 유라시아 대륙 횡단을 하기 위해 연료와 식량을 감안 ,자동차와 소형비행기의 운행계획을 포함하여 유라시아 대륙횡단의 구체적인 계획을 세웠습니다.

(기자 질문) 코스의 실제거리는 어떻게 구하였죠? 네. 지도의 축적 즉 1:446km를 이용해 지도의 코스와 코스와의 거리와 곱해서 실제거리를 나타내었습니다.

(기자 질문) 자세한 코스를 설명해 주시겠습니까?
네 설명해드리겠습니다. 유라시아 대륙횡단을 여행하려면 나라를 많이 거칠수록 힘들기 때문에 저희는 최대한 코스를 단축시키고 쉬는 곳을 많이 정하였습니다.
먼저 저희의 코스는 서울에서 선양 베이징 울란바토루 우루무치 타슈켄트 오렌부르그 사마라 모스크바 바르샤바 베를린 순으로 탐험할 계획입니다.

(기자 질문) 일정을 알려주세요.
먼저 서울에서 선양까지 11시간 2분에 걸쳐 자동차를 이용해 갑니다. 자세한 내용은 지금 나누어 드리고 있는 일정표를 참고하세요! 그 다음은 선양에서 베이징까지 12시간 6분에 걸쳐 자동차를 이용해 갑니다. 그리고선 베이징에서 쉬는데요 모자란 자동차 연료도 넣고 아침 점심 저녁으로 깐풍기 라조기 샥스핀을 먹습니다. 숙소는 텐트! 그 다음은 바로 울란바토루로 비행기를 타고 6시간동안 간 다음에 울란바토루에서 쉬고 갈거에요, 다음날까지 쉴 것인데요, 식사는 호쇼르 골라쉬 고릴타이 썰르로 해결합니다. 숙소는 한 번 더 텐트! 텐트에서 자는 이유는 주위가 산지여서에요. 조금 있으면 호텔에서 자게 될 테니 걱정 마세요. 그 다음에는 우루무치로 고고! 우루무치는 실크로드랍니다. 우루무치까지는 비행기를 타고 8시간이 걸리구요, 우루무치에서 또 쉴 것인데요. 우루무치에서는 탕수육과 난자완스 라조육을 먹고, 숙박은 베이징과 동일! 다음은 타슈켄트로 갑니다~타슈켄트까지는 비행기를 타고 8시간이 걸리구요, 식량으로 화덕에 구운 빵과, 양고기!

-이하 생략-

[기자회견 시나리오]

PBL의 다른 과정과 마찬가지로 이렇게 완성한 학습결과물은 온라인 학급커뮤니티에 올려서 다시 공유하게 된다. 이때 학생들은 학습결과물의 최종본을 올리기보다 초안에서부터 시작한 전체 과정을 공개해 모둠구성원들의 참여로 학습결과물이 완성될 수 있도록 했다

과제수행 단계에서의 교사역할

◆ 온라인 튜터(Tutor)로서 학습을 촉진하는 역할 수행

과제수행과정의 상당시간이 온라인 커뮤니티를 통해 이루어질 때가 많습니다. 온라인이라는 공간은 개인과 개인이 만나는 대화적 참여공간으로서 가치를 지니고 있는데, 이때 교사는 온라인 튜터로서 역할을 수행할 필요가 있습니다. 기본적으로 학생들이 자신의 역할에 맞게 자기주도적 학습이 이루어질 수 있도록 독려하고, 학생들이 올린 정보나 의견을 면밀히 점검하고 피드백해야 한다. 때로는 문제해결에 도움이 될 수 있는 학습자원을 제공하면서 학습이 제대로 진행될 수 있도록 지원하고, 학습을 촉진하는 역할을 수행해야 합니다.

◆ 학생들이 적응할 때까지 인내하고 또 인내하기

PBL은 학습자가 중심이 되는 학습환경이며 또한 협동학습 환경입니다. 기존에 우리가 흔히 접하던 '조용하고 정돈된' 분위기의 학습환경과는 판이하게 다를 수밖에 없습니다. 지금껏 교사의 지시에 따라 수동적으로 학습에 임하던 학생들은 초기 PBL 수업에서 엄청난 자율성이 주어짐에 따라 오히려 우왕좌왕 하는 경우가 많았습니다. 이는 모두 PBL에서 제공하는 학습환경에 익숙하지 않기 때문에 벌어지는 일입니다. 새로운 PBL환경에 학생들이 잘 적응할 수 있도록 자율적이며 허용적인 분위기를 조성하고 기다려야 합니다. PBL에서 교사의 '기다림'은 정말 중요한 미덕입니다.

◆ 학생들에 대해 확신 갖기

PBL에서 익숙하지 못한 학생들의 모습이나 학생들이 겪는 여러 가지 혼란은 학습자 나름의 인지적 혼란, 갈등, 그것을 해결하고자 하는 부단한 노력에서 비롯되는 경우가 많습니다. 교사는 학생들이 이러한 과정을 거쳐 문제를 해결할 수 있을 것이라는 '확신'을 가지고 기다릴 필요가 있습니다. 학생들에 대한 교사의 확신은 자기 확신으로 이어져서 자기효능감이 높은 학습자로 참여하도록 만듭니다.

◆ 학생들의 문제해결과정이 제대로 진행될 수 있도록 적극적인 조언자 역할 수행

교사는 학생들이 독립적으로 사고하고 학습해 갈 수 있도록 직접적인 질문보다는 '좀 더 명확하게 설명해줄래?' '왜 그렇게 생각하지?' '무슨 뜻이지?' 등의 간접적인 질문을 이용해서 학습을 진행하는 것이 필요합니다. 정답을 요구하는 닫힌 질문이 아닌 확산적 대화로 이어질 수 있는 열린 질문을 하는 것이 중요합니다. 교사가 모든 팀 활동에 참여할 수 없기 때문에 모둠 구성원 각자가 토론한 것을 정리하도록 하고, 토론과정을 성찰해볼 수 있는 기회를 제공해야 합니다. 이때 교사는 팀 내에서 구성원들이 나눈 의견을 여러 각도에서 살펴보고 피드백을 주며, 필요에 따라 문제해결에 필요한 중요한 개념을 설명해 주는 등 학습의 조언자 역할을 수행해야 합니다.

PBL수업 실천3_ 발표 및 평가 단계

⋮

유라시아 대륙횡단 계획을 발표하기 하루 전, 학생들은 성공적인 발표를 위한 역할극 형식의 시나리오와 보조 자료, 소품 등을 제작하였다. 발표 준비는 교실에서 진행됐으며, 창의적 체험활동 시간과 방과후 시간을 통해 발표에 필요한 자료와 소품을 완성했다. 다음 그림은 학생들이 발표를 위한 자료와 소품을 제작하는 모습이다.

[발표 자료 및 소품 제작]

Step6) 발표하기

◈ 학생1 : 안녕하십니까? 유라시아 횡단 탐험대장을 맡은 김○○입니다. 먼저 간단히 코스를 설명해 드리겠습니다. 서울에서 평양으로 평양에서 선양으로 그 다음은 베이징으로 갑니다. 최고급 자동차가 있습니다.   …

◎ 학생2 : 유라시아 횡단의 중점인 횡단코스를 말씀드리겠습니다. 우선 저희는 오전 6시에 서울에서 오는 이틀을 지내게 해줄 김밥과 떡볶이 순대를 보급합

니다. 그럼 이틀은 걱정 없습니다. 그다음 자동차중행으로 9시간가량 달려서 평양으로 갑니다. 그리고 평양에서는...

　유라시아 대륙횡단 계획에 대한 학생들의 발표가 시작됐다. 다음 수업모습처럼 학생들은 그동안 준비해온 다양한 자료들과 자신들의 숨은 끼를 유감없이 발휘하며 유라시아 대륙횡단 계획을 발표했다. 책상 배치와 여러 가지 소품을 통해 한껏 기자회견장의 모습을 갖춘 교실은 학생들이 주어진 문제 상황에 몰입할 수 있도록 도와주었다.

[유라시아 대륙횡단 계획 발표 장면]

　발표 상황이 기자회견처럼 제공되면서 발표자를 제외한 나머지 학생들이 기자로서 참여할 수 있었다. 각 팀의 탐험계획 발표가 끝날 때마다 기자들의 충분한 질의응답 시간이 주어졌으며, 학생들은 기자로서 각 팀별로 발표한 유라시아 대륙횡단 계획에 대한 날카로운 질문을 쏟아냈다.

♣ 질문자 : 단순히 울란바토르와 베이징에서 숙박한다고 하였는데 어느 곳에서 숙박할 것인지 알려주세요.

♧ 발표자 : 울란바토르는 샤인샤트라는 넓은 초원에서 텐트를 치고 잠을 잡니다. 그리고 샤인샤트라는 고원에는 마을이 있는데 그곳에서 식량도 조달합니다.

♣ 질문자 : 이착륙과 숙박에 관한 시간에 대해서도 말하지 않았고 여기서 계산한 연료와 이동거리는 어떻게 계산한 것인지 말하여 주지 않았습니다.

♧ 발표자 : 이착륙과 숙박에 관해서는 타빌리시에 있는 공항에서 중간 중간 급유에 대해 설명을 했고요. 타빌리시에 있는 호텔에서 7시간을 쉬면 오전 7시가 되면 다시 출발합니다.

학생들의 질문은 실제 기자들 못지않게 날카로웠다. 미처 생각하지 못한 부분에서 다소 당혹스런 일도 있었지만 학생들은 침착한 태도로 답변을 이어갔다. 학생들 간의 질의응답으로 해소되지 못하는 문제의 경우, 교사의 보충설명이 곧바로 제공됐다. 학습의 성취감과 직결되는 발표에서 교사의 역할은 매우 중요하기 때문에 팀별로 발표가 끝나면 학생들의 미흡했던 부분이나 미처 생각하지 못한 부분에 대해 짚어주고, 잘한 부분에 대해서는 칭찬과 격려를 아끼지 않았다. 관찰자의 입장에서 발표장면을 기록하면서 필요할 때면 언제든지 동료학습자 혹은 촉진자의 역할을 수행했다.

★ 교사 : 문제 속에 10시간 이상 비행하지 말라고 되어 있죠? 게다가 평균시

속 240km, 240L의 연료탱크 용량, 결정적으로 1L에 10km를 간다는 조건은 절대 10시간을 초과할 수 없음을 의미합니다. 그렇다면 분명히 비행을 10시간 이상 했다면 큰 문제가 생길 수밖에 없겠죠? 이 비행기에는 어떤 문제가 발생할까요?

◈ 학생 : 이런, 연료가 떨어지니까 추락할 수밖에 없을 것 같아요. 저희가 잘못 계산한 것 같네요.

★ 교사 : 맞아, 그 부분이 좀 잘못 계산된 것 같지? 하지만 그런 실수를 감안하더라도 나머지는 너무 잘한 것 같아. 상당히 어려운 과제인데 이렇게 멋지게 해결할 줄이야 선생님도 놀랐다!

(Step7) 평가하기

학생들은 발표와 동시에 각 팀별로 제안한 유라시아 대륙횡단 계획을 평가했다. 물론 이번 PBL 수업에서는 발표자를 제외한 나머지 학생들이 기자로서 참여하기 때문에 그 역할에 적합한 방식의 평가가 필요했다. 평가에 참여하는 학생들은 유라시아 대륙횡단 계획 발표를 취재하러 온 기자로서 비판적인 기사문을 작성해 나갔다. 이를 위해 수업 설계과정에서 개발한 평가지가 활용됐으며, 그림과 같이 평가활동이 진행됐다.

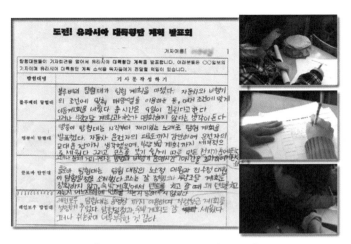

[도전! 유라시아 대륙횡단 평가활동 장면]

★ 교사 : 여러분들이 평가한 것을 다 모아서 이제 기사문을 완성시키는 거예요. 예를 들어서 여기 4모둠에 ○○이랑 ○○이가 똑같이 블루베리 모둠을 평가했다면, 그럼 그 블루베리 모둠에 대한 개인 평가 글을 모아서 하나의 기사문으로 완성하면 되는 거예요. 알겠지요? 여러분들이 만드는 신문에 평가란을 만들어 주세요. 그리고 평가란에 친구들이 구독평을 남길 수 있도록 합니다.

기자회견이 마지막이 아니다. 학생들이 기자로서 열심히 작성했던 평가들을 모아서 하나의 비판적인 기사문으로 작성해야 하며 신문으로 완성해야 한다. 학생들은 각 팀별로 기사문을 종합하고 그림과 같이 유라시아 대륙횡단 계획발표소식을 알리는 신문을 제작하기에 이른다.

[평가 내용을 종합하여 신문 완성]

◈ 학생 : 홀가분해요. 정말 처음에는요. 남자들만 해서 어려울 거라고 생각
했는데요. 끝나고 나니까 홀가분해요. 시나리오 만들 때요. 일정표도 오차가
있고 정보도 별로 없어서 힘들었는데요. 친구들이 도와줘서 해냈어요.

학생들은 4일이라는 긴 시간동안 탐험대원으로서 유라시아 대륙횡
단 계획을 세웠고, 기자로서 신문을 만드는 활동까지 참여했다. 실수
도 많았고 어려움도 많았지만 이러한 모든 과정을 동료들과 조율하고
협력하면서 해결해 나갔다. 마치 문제 속의 등장하는 주인공이 된 것처
럼 학생들은 주어진 문제를 해결하기 위해 마지막 과정까지 최선을 다
하였다. 이들에게 마지막 PBL수업이기도 했던, '도전! 유라시아 대륙횡
단'은 이렇게 소중한 추억으로 남았다. 학생들의 남다른 소회는 다음

성찰일기를 통해 살짝 엿볼 수 있다.

정환이의 성찰일기 ✏️

제목 : 나의 마지막 PBL 수업

이 PBL은 정말 고난이도의 PBL이라고 해도 과언이 아니었다. 우리에게는 마지막 PBL 수업이기도 했다. 이 PBL은 말 그대로 우리가 유라시아 횡단 계획을 짜는 것이었다. 우리나라에서 북한을 거쳐 중국의 베이징까지 간 후 그 다음부터는 우리가 코스를 정해서 유럽에 도착하면 되는 것이었다. 그런데 여러 가지 비행기의 연료 뭐 공항이 있어야 하고 몇 시간 운행밖에 못하고 아무튼 조건이 너무 많아서 그런 점들을 고려해야 했기 때문에 코스를 정해놓고도 수정을 하거나 덧붙이기가 일쑤였다. 또 언제는 계산을 잘못해 거리를 다시 측정할 때도 있었고, 지형도를 빌려와 지형을 살펴볼 때도 많았다. 그 덕에 우리 반 책상에는 지구본과, 지도가 수업기간 내내 한 두 개씩은 있었을 것이다. 지구본과 지도를 볼 때 축적을 봐오긴 봐왔지만 축적이 뭔지, 어떻게 축적을 이용해서 실제 거리를 재는지도 몰랐다. 그렇기에 이번 PBL문제가 어려웠을 수밖에 축적을 이용해 지도나 사회과탐구에서 코스마다 거리를 구하고 또 조건에 맞춰서 막 계산을 하고....식량 조사에다가...어휴~지금 생각해도 할게 참 많았구나 하고 생각한다. 그 때는 이걸 다 어떻게 해야할까..정말 눈앞이 캄캄하고 막막하기만 했는데 역시 불가능이란 없듯이 모두 문제를 해결했고, 우리는 해낼 수 있었다. 나는 발표 후 쏟아지는 아이들의 질문이 좀 무서웠지만, 그래서 더욱이 기억에 남는 PBL 수업인 것 같다. 다른 PBL보다 어렵고 또 마지막 PBL이었기에 기억에 남는 나에겐 너무나 소중한 수업이었다.

발표 및 평가 과정에서의 교사역할

◆ 발표 분위기 조성 및 기술적인 지원

발표과정은 문제해결과정을 통해 도출한 결과물을 학급 구성원들 앞에서 발표하고 공유하는 시간으로서 '문제'에 대한 다양한 접근 방식에 대해 직·간접적으로 경험해 보고 검증하는 PBL의 마지막 과정입니다. 교사는 발표가 제대로 진행될 수 있도록 제시된 '문제'의 성격에 맞게 발표 분위기를 조성하고 발표에 필요한 기술적인 지원을 할 필요가 있습니다.

◆ 동료학습자로서 평가 참여

PBL 수업의 전 과정에서 교사에게 요구하는 역할 중 하나가 '동료학습자'로서의 역할입니다. '발표 및 평가' 단계에서 교사는 교사만의 절대적인 평가가 아닌, 학생들과 함께 참여하는 평가 활동을 전개하는 것이 필요합니다. 동료학습자로서의 역할을 수행함으로써 수평적인 평가 문항을 형성하도록 노력해야 합니다.

◆ 문제의 성격과 학습한 내용을 고려한 다양한 평가방법 적용

교사는 다양한 평가방법 중에서 문제의 성격과 학습한 내용 등을 고려하여 평가방법을 결정하고 적용해야 합니다. PBL 수업에는 기본적으로 모든 평가방법을 적용해 볼 수 있습니다. 다만 학습자의 자존감을 낮추는 방식의 운영은 오히려 역효과를 불러올 수 있습니다. 포트폴리오(Portfolio), 에세이(Essay), 퀴즈(Quiz), 지필평가, 성찰저널(Reflective Journal) 등 상황에 맞게 타당한 평가방법을 선택하여 적용하도록 합니다.

◆ 학습결과를 공유하고 평가할 수 있는 공간으로 온라인 학습커뮤니티 활용

학생들이 PBL 수업의 최종 산출물이나 발표장면 등을 다시 확인하고 피드백할 수 있는 공간으로 온라인 학습커뮤니티를 활용합니다. 학습과정과 결과를 멀티미디어로 기록하고, 이를 교사, 학생, 학부모 모두 공유함

으로써 좀 더 타당한 결과를 도출하도록 합니다. 온라인 학습커뮤니티는 팀 토론 공간이면서 학습결과를 공유하고 평가하는 공간으로 손색이 없도록 구현하는 것이 중요합니다.

◆ 학생들이 정성스럽게 작성한 성찰저널에 대해 피드백 제공
학생들은 PBL의 전 과정을 되새기며 마지막으로 성찰저널을 작성하게 됩니다. 학생들이 작성하는 성찰저널에는 PBL 과정에서 배운 내용이나 느낀 점, 팀 활동 내용과 자신의 기여도, 학습과정에 대한 반성 등이 담겨져 있습니다. 일종의 자기평가이기도 한 성찰저널에 대해 교사는 정성을 다해 피드백을 제공해 주어야 합니다.

:: CHAPTER 10 ::

PBL 실천노하우 II
- 나는야 인터넷 지킴이

'나는야 인터넷 지킴이'는 초등 사회 5학년 2학기 2단원 '정보화 시대의 생활'을 중심으로 통합 교과적으로 재구성된 PBL 수업이다. 이는 PBL 수업의 일반적인 전개 과정인 '문제 제시 → 과제 수행 → 발표 및 평가 → 성찰하기'의 일련의 문제 해결 과정을 거쳐 최종 산출물을 발표하고 평가하는 과정으로 이어지며, 특별히 발표 및 평가 과정에서 경기도 남양주 ○○초등학교 6학년 학생들이 평가단으로 참가하여 교실 간 양방향 네트워크를 구현하였다. 이 장에서는 '나는야 인터넷 지킴이' 사례를 중심으로 PBL 문제 개발에서부터 실천까지의 자세한 과정을 살펴볼 것이다. 여기에서는 앞서 살펴본 PBL 설계와 실천에 대한 이해를 바탕으로 수업 사례를 탐구하는 것이 중요하다. 제시된 사례를 통해 아이디어에만 머물고 있는 자신만의 PBL을 끄집어내어 좀 더 구체화하고 다듬어 나가기를 바란다. '나는야 인터넷 지킴이'의 설계와 실천 과정은 다음과 같은 순서로 이루어졌다. 지금부터 진행된 순서에 맞게 하나하나 살펴보도록 하자.

PBL 설계

문제 개발하기
↓
교수·학습 과정 설계
↓
평가 도구 선정
↓
학습 환경 설계

PBL 실천

문제 제시
↓
과제 수행
↓
발표 및 평가
↓
교사의 정리와
학생성찰

['나는야 인터넷 지킴이' 수업의 설계와 실천 과정]

프로젝트 수업 설계하기

'나는야 인터넷 지킴이' 설계는 문제 개발, 교수·학습 과정 설계, 평가 도구 선정, 학습 환경 설계순으로 진행되었다. PBL 수업에 참여할 D 초등학교 5학년 4반 학생들은 한 학기 동안 PBL 수업을 수차례 경험한 바 있다. 교사와 학부모들에게 공개되는 수업이기 때문에 잘해 보고자 하는 마음가짐이 남다를 수밖에 없다.

가장 먼저 학생들의 관심을 끌 수 있는 실질적인 주제와 만족감을 얻을 수 있는 도전적인 문제가 필요했다.

문제 개발하기

:

 '나는야 인터넷 지킴이' PBL 문제 개발은 교육 과정 분석에서부터 시작되었다. 10월 중에 적용될 수업이라는 것을 감안하여 교과 진도와의 조율이 필요했다. 문제 개발을 위해 교육과정을 분석하는 과정에서 여러 가지 아이디어가 도출되었다.

 중심 단원으로 선정한 초등 사회 5학년 2학기 2단원 '정보화 시대의 생활'에서는 정보를 함께 나누는 까닭, 인터넷 예절, 바람직한 인터넷 문화 등에 대해서 다루고 있다.

 중심 단원에서 다루고 있는 내용은 인터넷 지킴이로서의 활동과 연결하기에 충분하다. 악성 댓글, 온라인 게임 중독, 불법 다운로드 등 잘못된 인터넷 이용 습관에 대한 사회적 쟁점을 통해 학생들이 직접 탐구하고, 올바른 인터넷 문화를 직접 고민하고 실천한다는 것이 상당히 매력적으로 다가왔다.

 문제 개발의 기본 방향은 '올바른 인터넷 이용 습관을 정착시키기 위한 아이디어 제안', '인터넷 지킴이로서 실천 활동', '설득력 있는 자료 제작'으로 정했다.

 학생들이 관심을 가질 만한 실질적인 쟁점을 찾아보고, 이를 반영한다면 교과서의 틀을 벗어난 통합 교과적인 문제가 완성될 수 있으리라 생각했다. 실제로 다양한 아이디어들이 수정과 보완을 반복하면서 문제 개발 과정에 적극 반영되었다.

 문제 개발을 위한 다양한 아이디어들은 이를 구체화시킬 수 있는 적절한 자료가 확보되었을 때 비로소 문제로 완성될 수 있다. 우선, 문제 개발을 위한 기초적인 아이디어를 나열하고 아이디어를 뒷받침할 수 있는 자료를 수집하는 것이 중요하다. 〈표 27〉은 문제 개발을 위한 아이디어를 나열한 것이다.

〈표 27〉 문제 개발을 위한 아이디어

◆ 인터넷 지킴이로서 사이버 캠페인 활동 전개
◆ 인터넷 문화와 관련지어 어린 학생들이 관심을 가질 만한 사회적 쟁점
◆ 어린이 네티즌들을 대상으로 한 UCC 자료 제작
◆ 인터넷 지킴이 보고 대회 형식의 발표 진행
◆ 사이버(온라인) 활동이 강조된 문제 상황 연출

문제 개발을 위한 아이디어를 구체화시키기 위해서 다양한 자료를 찾아보았다. 악성 댓글, 온라인 게임 중독, 불법 다운로드와 관련된 피해 사례를 찾아보고 문제에 반영할 수 있는 내용도 간추려 보았다. 잘못된 인터넷 문화의 실상을 확인하는 데 필요한 사례들은 충분히 찾을 수 있었다. 제시할 문제의 배경을 학습자가 인식하고 심각성을 공유할 수 있도록 〈표 28〉과 같은 자료를 확보하였다.

다양한 아이디어와 자료를 바탕으로 문제 시나리오를 작성하였다. 문제에 들어갈 기본 항목, 즉 배경, 상황, 주인공의 과제, 제한점 등을 기준으로 〈표 29〉과 같이 정리하고 학생들을 고려하여 문제의 정교화 정도를 결정하였다.

〈표 28〉 문제 개발을 위한 자료 목록

구분	주제	출처	필수 ○ 참고 ※
동영상	지식 채널e '대삼이의 일기'	EBS	○
	뉴스 보도 '영화 해운대 유출 관련'	연합뉴스(미디어 다음)	
	지식 프라임 '왜 아이들은 게임에 중독될까'	EBS	
공익 CF	악성 댓글—흉기편(2009)	한국공익광고협의회	※
	악성 댓글은 영혼까지 파괴(2007)		
	인터넷 예절 당신의 얼굴(2007)		
신문	최진실, 정다빈, 유니, 개똥녀, … 공인이든 일반인이든 순식간 마녀 사냥	세계일보, 2009. 4. 16.	○
	[게임 중독 상담] 학교 끊는 지환이	중앙일보, 2009. 9. 30.	
	영화 '해운대' 손실 160억 넘어	문화저널 21, 2009. 9. 26.	
UCC	인터넷 이용 문화 관련 자작 동영상 목록	다음, 네이버	※

〈표 29〉 '나는야 인터넷 지킴이' 항목별 문제 정리

기본 항목	내용
배경	◆ 인터넷 세상에 살고 있는 우리들, 인터넷은 선택이 아닌 필수 ◆ 잘못된 인터넷 이용 문화가 타인에게 돌이킬 수 없는 상처와 고통, 경제적 피해로 이어지면서 부작용이 속출 ◆ 악성 댓글, 온라인 게임 중독, 불법 다운로드 등 잘못된 인터넷 이용 습관으로 인해 범죄자가 되고 있는 청소년들이 해마다 증가
상황	◆ 잘못된 인터넷 이용 습관이 개인적으로 큰 불행이 될 수 있기 때문에 이대로 방치할 수 없는 상황 ◆ 같은 또래 친구들이 잘못된 인터넷 이용 문화에 빠지지 않도록 적극적인 활동이 필요 ◆ 인터넷 지킴이로서의 적극적인 활약이 요구됨 ◆ 2주 후에 있을 인터넷 지킴이 보고 대회를 준비해야 함.
주인공의 과제	◆ 올바른 인터넷 이용 습관의 중요성을 알리기 위한 자료 제작 ◆ 바람직한 인터넷 문화와 관련된 사이버 캠페인 실천
제한점	◆ 어린이 네티즌들을 대상으로 사이버 캠페인 활동 전개 ◆ 어린이들에게 설득력 있는 UCC(동영상) 자료 제작 배포

배경, 상황, 주인공의 과제, 제한점을 기준으로 하여 항목별로 정리한 내용을 바탕으로 문제 작성에 들어갔다. 글을 읽고 파악하는 능력이 현저히 떨어지는 학생들과 문제 상황 파악에 어려움을 겪는 학생들을 위해 문제의 정교화 수준을 달리했으며, 이를 기준으로 문제의 수준을 결정했다. 완성한 문제는 정교화 정도에 따라 〈표 30〉과 같이 완성하였다.

〈표 30〉 PBL 문제 '나는야 인터넷 지킴이' 완성

정교화 수준	O		

요즘 나쁜 글을 올리거나, 게임에 빠져서 다른 것들을 하지 못하는 친구들이 많아졌어요. 여러분들은 친구들이 잘못된 길로 가지 않도록 인터넷 지킴이 활동을 해야 해요. 모둠 친구들과 함께 심각성을 알릴 수 있는 자료를 만들거나 알리는 활동을 실천해 보세요.

정교화 수준	O	O	

당신은 '인터넷 지킴이'로서 또래 친구들이 악성 댓글이나 온라인 게임, 불법 다운로드 등에 빠지지 않도록 해야 해요. 친구들이 올바른 인터넷 이용 습관을 가질 수 있도록 동영상 자료를 만들고, 이를 활용하여 사이버 캠페인 활동도 실천해 보세요. 그리고 2주 후에 있을 '덕소초등학교 인터넷 지킴이 대회'에서 지금까지 준비한 내용을 발표해 보세요. 당신의 활약이 기대됩니다.

정교화 수준	O	O	O

길거리의 모습이 달라졌다. 넷북이나 핸드폰을 비롯한 다양한 디지털 단말기를 통해 인터넷에 접속하고, 장소와 시간에 구애받지 않고 화상 채팅, 영화 감상, 온라인 게임 등을 즐기는 모습은 더 이상 낯선 풍경이 아니다. 인터넷을 통해 언제 어디서나 필요한 정보를 찾아보고, 원하는 공부를 하며 메신저를 통해 친구들과 수없이 많은 만남을 가지게 된다. 인터넷 공간은 우리에게 공부방이면서 놀이터이고, 또 대화방인 것이다. 인터넷은 이처럼 많은 장점을 갖고 있지만 부작용도 만만치 않다. 잘못된 인터넷 이용 문화가 타인에게 돌이킬 수 없는 상처와 고통, 경제적 피해로 이어지면서 부작용이 속출하고 있다. 다음은 이러한 심각성이 드러난 대표적인 사례이다.

◆ 악성 댓글(악플)
사이버 폭력은 이미 도를 넘은 상태이다. 확인되지 않은 사실들이 인터넷을 타고 급속히 퍼지면서 피해자가 스스로 목숨을 끊기도 한다. 16일 경찰청 사이버 테러 대응 센터에 따르면 명예 훼손 등을 포함한 사이버 폭력 범죄 발생 건수는 지난해 1만 3,814건으로 2006년 9,436건, 2007년 1만 2,905건에 이어 지속적으로 증가하고 있다. 공인이든 일반인이든 누구나 사이버 폭력의 피해자가 될 수 있다. 지난해 국민에게 충격을 준 배우 최진실 씨의 자살도 확인되지 않은 사실이 유포된 것이 한 원인이 됐다. 앞서 2007년 초 스스로 목숨을 끊은 가수 유니와 탤런트 정다빈 씨의 죽음도 안티 팬들의 악플이 적잖은 영향을 미친 것으로 전해지고 있다.

2006년 지하철에서 애완견의 배설물을 치우지 않은 일명 개똥녀 사건도 사이버 폭력의 심각성을 보여 준 사례이다. — 세계일보, 2009. 4. 16.

◆ 온라인 게임 중독
지환이는 중3 때 과학고 진학을 생각할 정도로 공부를 잘하는 학생이었다. 그러나 중3 때 게임을 하기 시작하여 점점 그 시간이 늘어났다. 고1 때 처음 게임을 말리는 어머니 이 씨에게 주먹질을 했다. 기숙형 학교에 다닌 지환이는 주말에 집에 오면 밤새워 게임을 했다. "친구들 사이에서는 말을 잘하고, 유머가 있어 인기 있는 편"이라는 것이 이 씨의 이야기이다. 고2 겨울 방학 시기에 '사건'이 터졌다. 방학 내내 밤새워 게임을 하는 아들을 보다 못한 이 씨가 게임 중인 컴퓨터의 전원을 뽑아 버린 것이다. 지환이는 집안 유리를 깨고 닥치는 대로 때려 부쉈다. 이 씨는 도망쳤다. "밤이 되어 119의 도움을 받아 집 현관문을 따고 들어갔더니 지환이가 방 안에서 깨진 유리를 밟고 운동화를 신은 채 게임을 하고 있었어요." 이 씨가 전하는 말이다. — 중앙일보, 2009. 9. 30.

◆ 불법 다운로드(저작권 침해)
"장난삼아 인터넷에 올린 파일 때문에 영화 '해운대'의 투자자들이 입은 피해액이 160억 원 이상으로 추산됩니다." 엊그제 서울 세종문화회관에서 열린 저작권 클린 포럼 토론회에서 해운대를 연출한 윤제균 감독은 모두 5년의 제작 기간이 걸린 작품이 한 네티즌의 무심한 업로딩(파일 전송) 행위로 엄청난 경제적 손실을 입고 있다며 안타까워했다. 또 이날 토론회에서는 만화, 음악, 소설 등도 인터넷에 마구잡이로 유출되면서 저작권이 훼손되고 있다는 지적이 이어졌다. — 문화저널 21, 2009. 9. 26.

최근 들어 악성 댓글, 온라인 게임 중독, 불법 다운로드 등 잘못된 인터넷 이용 습관으로 인해 범죄자가 되고 있는 청소년들이 해마다 증가하고 있다. 사회에 첫발을 내딛지도 못한 청소년들에게 붙은 범죄자라는 가혹한 꼬리표는 그들이 꿈꾸고 있는 미래를 무너뜨릴 정도로 엄청난 것이다. 죄의식 없이 장난처럼 너무나도 쉽게 행동하고 있는 잘못된 인터넷 이용 습관은 개인적으로도 큰 불행이 될 수 있기 때문에 이대로 방치할 수는 없다.
'인터넷 지킴이'로서 당신의 활약이 필요한 것은 바로 이 때문이다. 여러분들과 같은 또래 친구들이 잘못된 인터넷 이용 문화에 빠지지 않도록 적극적인 활동이 필요하다. 오늘 당신에게 첫 번째 임무가 주어졌다. 당신의 임무는 어린이 네티즌들을 대상으로 올바른 인터넷

이용 문화 정착을 위한 UCC 자료를 제작하고 배포하는 것과 지속적으로 사이버 캠페인 활동을 실천하는 것이다. 2주 후에 있을 '덕소초등학교 인터넷 지킴이 대회'에서는 지금까지 활약한 내용을 정리하여 발표하는 시간도 가질 예정이다. 주어진 임무를 성공적으로 완수하는 그날까지 인터넷 지킴이인 당신의 활약은 계속된다.

① 여러분은 덕소초등학교 인터넷 지킴이로서 올바른 인터넷 이용 문화를 위한 UCC 자료를 제작하고, 이를 활용하여 사이버 캠페인 활동을 펼쳐 나가야 합니다.
② 인터넷 지킴이 대회(발표)에서 2주 동안 활동한 내용을 보고해야 하며, 주어진 시간은 5분 정도입니다.
③ 사회 교과서 62~68쪽, 사회과탐구 57~61쪽을 참고하면 문제 해결에 도움이 될 것입니다.

ⓒ 정준환

교수·학습 과정 설계하기

교수·학습 과정 설계는 시간 운영 계획을 세우고, 교수·학습 설계 안을 간략하게 정리하는 순서로 진행된다. 교과 진도를 고려하여 시간 운영 계획을 세우게 되며, 현실적으로 허용된 오프라인 수업 시간을 먼저 조정하고 확보하는 것이 효율적이다. 온라인 공간을 중심으로 전개되는 학습 활동은 시간 운영이 개인과 모둠 자율로 이루어지기 때문에, 이를 고려하여 소요 시간이 아닌 학습 기간으로 산정하여 제시하는 것이 타당하다고 본다. 수업 시간 운영 계획이 수립되면, 본격적으로 교수·학습 설계안 작성이 이루어진다. 먼저 수업 목표와 관련 단원, 학습 주제가 포함된 수업 개요 작성이 이루어지며, 각 과정별 중심 활동의 흐름을 정하고 작성하는 활동도 아울러 이루어진다. 〈표 31〉와 같이 기존 교육과정 분석을 바탕으로 교수·학습 설계안에 포함될 수업 개요 부분을 정리하였다.

〈표 31〉 수업 개요 작성하기

문제명	나는야 인터넷 지킴이		대상 학년 (인원/모둠)	5학년(33/5)
교과 정보	중심 교과	사회	중심 단원	[사회 5-2] 2. 정보화 시대의 생활 2 더불어 사는 정보화 세상
	관련 교과	국어, 실과	관련 단원	[국어 5-2] 4. 말과 실천 2 곧은 생각 좋은 세상 [실과 5] 4. 컴퓨터는 내 친구
학습 시간	학습 기간	10/08~21 (14일)	학습 소요 시간	온라인 10/8~20(13일) 오프라인 160분(4차시)

수업 목표	◆ 인터넷 지킴이가 되어 올바른 인터넷 이용 문화 정착을 위한 사이버 캠페인 활동을 실천할 수 있다. ◆ 잘못된 인터넷 이용 습관이 무엇인지 구체적으로 알고, 이를 개선하기 위한 노력이 무엇인지 체득할 수 있다. ◆ 다양한 형태의 UCC 자료를 제작하는 과정에서 여러 가지 콘텐츠를 파악하고 이해하며 활용할 수 있는 능력을 기를 수 있다. ◆ 유용한 정보를 탐색, 파악하고 자신의 언어로 재구성하는 과정을 통해 정보를 효과적으로 활용하고 이를 바탕으로 창의적인 산출물을 만들어 내는 과정을 통해 '정보 지식 리터러시' 능력을 향상시킬 수 있다. ◆ 화상 시스템이나 온라인 커뮤니티 등의 양방향 매체를 활용하여 지속적인 학습 과정을 경험하고, 협업과 토의 활동을 통해 '사회 문화 리터러시'를 신장시킬 수 있다. ◆ 잘못된 인터넷 이용 문화(악성 댓글, 온라인 게임 중독, 불법 다운로드 등)에 대한 심각성을 부각시키고 이를 개선하기 위한 UCC 자료를 제작하거나 배포할 수 있다. 또 이러한 과정을 통해 '기술 환경 리터러시'를 향상시킬 수 있다.
문제 개요	'인터넷 지킴이'로서 또래 친구들이 잘못된 인터넷 이용 문화에 빠지지 않도록 특별한 임무가 주어졌다. 어린이 네티즌들을 대상으로 '올바른 인터넷 이용 문화' 정착을 위한 UCC 자료를 제작하고 배포하는 것과 지속적인 사이버 캠페인 활동을 실천해야 한다.
중심 학습 활동	◆ 올바른 인터넷 이용 문화의 중요성을 홍보하기 위한 UCC 자료 제작 ◆ 어린이 네티즌들을 대상으로 인터넷 문화와 관련된 사이버 캠페인 실천

교과 정보, 학습 목표, 문제 개요 등이 포함된 학습 개요를 작성하고, 각 과정별로 중심 활동을 정리하였다. 과정별 중심 활동은 〈표 32〉과 같이 간략하게 작성되었다.

〈표 32〉 학습 과정별 중심 활동 정리

수업 일정	단계		중심 활동 내용
10/8 ~9	문제 제시		◆ 문제의 핵심 내용을 정리하고 공유하면서 이해 기반 다지기 ◆ 문제의 이해와 동기 유발을 위한 동영상 시청 : 지식 채널e '대삼이의 일기' ◆ 문제를 정확하게 파악하고 이해할 수 있도록 나만의 문제로 만들기 활동 진행 ◆ 학습 주제(Learning Issue) 도출하기 ◆ 모둠별로 과제 수행 계획과 역할 분담을 작성하고 실천을 위한 세부 계획안 짜기 ◆ 토의 결과를 정리하여 모둠별 온라인 커뮤니티에 과제 수행 계획서 올리기
10/9 ~20	과제 수행	문제 해결 모색	◆ 과제 수행 계획에 따라 개별 역할에 맞게 문제 해결을 위해 모색하고 필요한 정보와 자료를 탐색하여 공유하기 ◆ 탐색한 정보와 의견에 대한 아이디어를 교환하고, 이를 바탕으로 인터넷 지킴이 활동 계획 세우기 ◆ 평내초등학교 6학년 학생들이 온라인 커뮤니티와 화상 프로그램을 통해 각 모둠의 도우미로 참여하여 적절한 피드백 제공하기
		결과 정리	◆ 다양한 방식으로 UCC 자료를 제작하고 배포 방법 결정하기 ◆ 올바른 인터넷 이용 문화 정착을 위한 사이버 캠페인 활동 전개하기 ◆ 인터넷 지킴이 보고회(발표)에 활용할 발표문 작성하기 ◆ 캠페인 활동에 활용한 UCC 자료를 수정, 보완하고 완성도 높이기 ◆ 발표에 필요한 보조 자료(파워포인트 자료)나 소품 제작하기
10/21	발표 및 평가		◆ 덕소초등학교와 평내초등학교를 화상 시스템으로 연결하여 실시간 양방향 네트워크 구축하기 ◆ 평내초등학교의 어린이 평가단(교사 1명, 학생 6명)과 덕소초등학교의 사이버 교사로 발표 평가에 참여하기 ◆ 모둠별로 인터넷 지킴이로서 제작한 UCC 자료 공개와 사이버 캠페인 활동 내용을 중심으로 발표하기 ◆ 모둠별 발표가 진행됨과 동시에 넷북을 활용한 온라인 평가 진행, 화상을 통해 평내초등학교 어린이 평가단의 평가 결과를 확인하기 ◆ 5개 모둠의 발표가 끝나면 화상을 통해 사이버 교사의 총평 듣기 ◆ 어린이 평가단에서 으뜸 인터넷 지킴이 모둠 선정하기
	성찰 하기		◆ 성찰 일기(Reflective journal) 작성하기 ◆ 발표 동영상 보고 시청 소감 쓰기

수업 개요 작성과 과정별 중심 활동 정리가 마무리되면 이를 기준으로 좀 더 치밀하고 구체화된 설계안을 완성할 수 있다. 물론, 모든 PBL

수업에 교수 학습 과정 세부 설계안을 작성할 수는 없을 것이다. 따라서 주어진 상황에 맞게 선택적으로 활용하면 좋을 것으로 판단된다. 〈표 33〉은 PBL의 전개 과정 중 발표 및 평가에 해당하는 세부적인 설계 내용이다.

〈표 33〉 발표 및 평가 세부 설계안

	발표 및 평가하기	학습 소요 기간(시간) : 10/21(80분)
	교수자	학습자
교수 · 학습 활동	◆ 덕소초등학교와 평내초등학교(어린이 평가단)를 화상 시스템으로 연결하여 실시간 교실 네트워크를 구축한다. ◆ 넷북을 활용한 온라인 평가가 진행되어야 하므로, 이에 적합한 교실 환경을 구축한다. ◆ 평내초등학교의 어린이 평가단과 온라인 튜터는 발표 평가에 참여한다. ◆ 발표 전(20분), 화상 회의 툴을 활용하여 발표를 위한 최종 협의회와 리허설을 진행한다.	◆ 발표 전 화상을 통해 발표를 위한 최종 협의회와 리허설을 한다. ◆ 발표에서 각자의 역할을 재확인하고 효과적인 홍보가 이루어질 수 있도록 최종 점검한다. ◆ 넷북의 전원을 켜고, 와이브로 모뎀을 연결한다. 그리고 인터넷 접속 여부를 점검한다. ◆ 어린이 평가단과 온라인 튜터를 화상을 통해 만나고 평가 기준을 듣는다.
	◆ 학생들과의 협의를 통해 발표 순서를 정한 후 모둠별로 5분 정도의 시간으로 제한하여 발표하도록 안내한다. ◆ 발표 전에 학생 개개인에게 모둠 상호 평가지를 나누어 주고, 모둠별로 어떤 관점에서 평가해야 하는지 안내해 준다. 평가 내용은 넷북을 활용하여 온라인 커뮤니티에 올리도록 한다(온라인 평가 안내). ◆ 발표 중, 교사는 관찰자이면서 동료 평가자의 입장에서 참여하고, 발표 장면을 동영상으로 담는다(발표 동영상은 이후에 학습 갤러리 동영상 자료실에 탑재되며, 학생들 스스로 피드백할 수 있는 자료로 활용된다.) ◆ 각 모둠별 발표 후 이에 대한 평가는 넷북을 활용하여 온라인 커뮤니티의 평가 공간에 올리도록 한다.	◆ 자신이 속한 모둠의 발표 순서를 숙지하고, 교사가 안내해 준 평가 관점에 대해 이해한다. ◆ 학생 개개인이 작성해야 하는 평가지를 받고 제시된 기준에 맞게 넷북을 활용하여 평가 내용을 온라인 커뮤니티 평가 공간에 올린다. ◆ 인터넷 지킴이로서 제작한 UCC 자료에 대한 평가와 사이버 캠페인 활동에 대한 냉철하고 비판적인 평가 및 긍정적인 평가를 올릴 수 있도록 한다. ◆ 다른 모둠 발표 시, 정숙함과 질서를 유지하고, 매끄러운 진행을 위해 적극적으로 협조한다. ◆ 발표를 해야 하는 모둠에서는 발표자와 발표 도우미의 긴밀한 협조를 통해 미리 준비하고, 성공적인 발표가 이루어질 수 있도록 최선을 다해 노력한다.

교수·학습활동	◆ 각 모둠별 발표와 온라인 평가가 끝난 후에는 화상을 통해 어린이 평가단의 평가가 이루어질 수 있도록 한다. 10점 만점을 기준으로 점수를 쓰고, 6명의 어린이 평가단이 이를 공개하는 형식이다. ◆ 화상을 통한 발표와 평가가 원활히 진행될 수 있도록 덕소초등학교와 평내초등학교 교사 간의 긴밀한 협조 체계를 구축한다. ◆ 온라인 튜터는 발표 전체에 대해 면밀히 평가하고 총평을 준비하여, 발표가 끝나면 이를 화상을 통해 발표한다. ◆ 어린이 평가단의 지도 교사는 평가 결과를 정리하여 으뜸 인터넷 지킴이 모둠을 선정하고 선정 이유를 어린이 평가단의 대표가 발표한다. ◆ 담임 선생님은 성찰 일기 작성을 안내하고, 발표에 대한 긍정적인 면을 부각하여 PBL 활동을 통해 학생들의 성취감을 높여 준다.	◆ UCC 자료 공개와 사이버 캠페인 활동에 대한 결과 보고 형식으로 발표를 진행한다. ◆ 각 모둠별 발표가 끝난 후 온라인 평가를 진행하며, 평내초등학교 어린이 평가단의 평가 결과를 화상을 통해 듣는다. ◆ 5개 모둠의 발표 이후 온라인 튜터의 총평을 화상을 통해 듣는다. ◆ 평내초등학교 어린이 평가단에서 선정한 최고의 인터넷 지킴이 모둠을 듣고 축하해 준다. ◆ 성찰 일기, 발표 동영상 시청에 대한 안내를 듣고 실천한다.
팁	◆ 덕소초등학교, 평내초등학교의 2개 학급의 온라인 네트워크 구축이 전제된 수업이므로, 기술적인 오류나 착오가 생기지 않도록 사전에 충분한 테스트 과정이 있어야 한다. ◆ 화상 시스템을 이용한 양방향 실시간 발표라는 익숙하지 않은 학습 환경 속에서 발표해야 하는 어려움이 있으므로, 학생들이 침착하게 준비하고, 발표할 수 있는 분위기를 조성하고 지원한다. ◆ 발표의 진행이 다소 느슨해질 수 있으므로 2개 학급의 긴밀한 쌍방향 통신 체계(핸드폰, 채팅 등)를 확립하여 수업이 원활하게 진행될 수 있도록 한다.	

평가 도구 선정하기

문제 개발과 교수 학습 과정 설계에 이어서 평가 도구 선정이 이루어졌다. 앞서 배운 바와 같이 PBL 수업에서 활용 가능한 평가 방법은 매우 다양하다.

'나는야 인터넷 지킴이'에서는 이들 평가 도구 중 학습자의 참여를 극대화할 수 있는 방법을 선정하여 적용하기로 하였다. 학습자 중심의 평가 참여를 기본 전제로 하면서 문제 상황과 과제에 적합한 평가가 이루어지기 위해서는 그에 알맞은 평가 도구의 개발이 필요하였다. 인터넷 지킴이 보고 대회 형식으로 발표가 진행되는 만큼, 평가 활동은 개인 넷북을 이용해 학급 홈페이지 공간에서 이루어질 계획이다. 평가 도구는 〈표 34〉과 같은 형식으로 개발되었다.

〈표 34〉 평가 도구 개발

문제	나는야 인터넷 지킴이	평가 (각 항목별 5점 만점)				
번호	평가 항목	1	2	3	4	5
1	문제에서 요구하는 핵심 내용을 잘 이해하고 문제에 등장하는 인터넷 지킴이의 입장에서 문제를 해결하였는가?					
2	잘못된 인터넷 이용 문화(악성 댓글, 불법 다운로드, 온라인 게임 중독 등)의 문제점이 잘 드러나도록 발표하였는가?					
3	사이버 캠페인 활동을 위해 제작된 UCC 동영상 자료는 설득력이 있는가?					
4	카페, 블로그, 아고라 게시판 등을 활용한 사이버 캠페인 활동은 적극적으로 이루어졌는가?					
5	모둠원 간의 배려와 협력 속에 모두가 참여하는 발표가 이루어졌는가?					
6	발표자의 발표 태도는 적절하였는가?(억양, 발음, 속도, 시선, 자세 등)					
7	동영상, 파워포인트 등 발표를 위해 준비된 자료는 시선을 집중시키기에 충분하였는가?					
합계						
서술 평가	제시된 항목에 맞게 점수로 평가하고 자신이 공부했던 내용과 비교하여 댓글을 올려 주세요.					

온라인 학습 환경 구축하기

온라인 학습 환경은 이미 구축되어 있는 학급 홈페이지를 활용하기로 하였다. 학급 홈페이지는 학습 공간이면서 동시에 생활 공간으로서 설계되었는데, 문제 해결을 위한 개별적, 협력적 학습 활동 외에 학급 구성원 간의 지속적인 교류와 협력이 이루어질 수 있도록 온라인 학습 환경이 구축되었다.

수업의 특성상 동시적, 비동시적 커뮤니케이션이 활발히 이루어질 수 있도록 학생과 교사 간의 지속적이며 생동감 넘치는 만남이 가능한 화상 통신 환경을 구축하였다.

[화상 통신 환경 구축]

프로젝트 수업 적용하기

⠇

'나는야 인터넷 지킴이' PBL 수업은 D 초등학교 5학년 학생들을 대상으로 적용되었다. 이미 아이들은 1학기에 다양한 PBL 수업을 경험했기 때문에 PBL의 학습 흐름과 대강의 활동을 비교적 잘 이해하고 있는 상태였다. 언제나 그렇듯 이번 PBL 수업도 문제로부터 시작되었다.

문제의 배경 공유하기

⠇

학생들은 사전에 제시된 악성 댓글, 온라인 게임 중독, 불법 다운로드, 음란 채팅 등의 잘못된 인터넷 이용 문화와 관련된 사례를 살펴보았으며, 서로 충분한 시간을 갖고 공유하였다. 아이들이 실제 사회적 쟁점이 되었던 사례들을 접함으로써 그 심각성을 공감하고, PBL 과제에 대한 단순한 이해를 넘어 주어진 상황에 자연스럽게 빠져들기를 원했다. 문제의 배경에 해당하는 사례들이 일종의 예고편처럼 아직 베일에 감춰진 학습 내용에 대한 호기심을 자극하고 기대감을 가지도록 만들 것이라 믿었다.

이제 본격적인 수업이 시작되었다. 학생들의 관심이 집중되고 있는 게임에 대한 이야기를 꺼냈다. 게임이 요즘 학생들의 절대적인 놀이 문화이므로 학생들의 이목을 집중시키는 소재로 안성맞춤이라는 생각이 들었다. 예상은 적중하였다. 항상 주춤거리며 이야기하기를 꺼리던 학생들까지 아는 게임 이름이 나오자 거리낌 없이 대화에 참여하였다.

★ 교사 : 요즘 온라인 게임 많이 하지요? 주로 어떤 게임을 많이 하나요?

◈ 학생 : 저는 메이플 스토리를 많이 해요. 근데 동수는 서든어택을 한데요.

★ 교사 : 서든어택? 그 게임은 초등학생은 못하게 되어 있는 걸로 알고 있는데
    ……·.

◈ 학생 : 선생님, 그래도 재미있어요. 요즘 PC방에서 얼마나 많이 하는데요.

★ 교사 : 그래도 청소년 이용 불가라고 하는 데는 그만한 이유가 있어요. 선생
    님도 실제 해 본 적이 있는데 너무 잔인하던데 …….

◈ 학생 : 에이! 선생님, 게임은 실제하고 다르다는 것쯤은 저희도 잘 알아요.
    다 하는데요. 뭐! 스스로 적당히 하면 아무 문제없어요.

★ 교사 : 선생님 생각인데, 게임을 적당히 하는 것은 참 어려운 일이에요. 재
    미있게 한창 축구 경기를 하고 있는데 중간에 누가 못하게 하면 짜증나잖
    아요. 게임이 끝나지도 않았는데 시간되었다고 해서 종료 버튼을 누를 수 있
    을까요?

◈ 학생 : 그렇기는 해요. 한창 게임하고 있는데 누가 하지 말라고 하면 짜증
    이 나죠. 그래도 전 게임에 중독되지 않았어요.

★ 교사 : 여러분들은 게임을 잘 조절할 수 있을 거예요. 선생님이 얼마 전 자
    료를 찾다가 온라인 게임 중독과 관련된 다큐를 보았는데 심각한 문제들
    이 생각보다 많았어요. 선생님이 홈페이지에 올린 동영상들 다시 한 번 살
    펴보세요.

게임 중독, 악성 댓글과 관련된 미니 다큐를 비롯해서 최근 쟁점이 되고 있는 저작권 문제, 음란 채팅 문제 등 인터넷 문화의 부정적인 측면들을 상기시켰다. 아이들이 직접 경험했던 상황들과도 연결해 보면서 제기된 문제들이 더 이상 미루지 말아야 할 시급한 과제임을 부각시켰다.

[악성 댓글 및 온라인 게임 중독과 관련된 다큐]

문제의 닻을 내리다

⋮

드디어 학생들이 기다렸던 '나는야 인터넷 지킴이' 문제가 공개되었다. 문제의 내용은 보통 글을 통해 전달된다. 문해력이 부족한 학생들의 경우 주어진 문제를 제대로 이해하지 못한다. 글에 대한 해석 능력은 같은 학년이라는 것이 무색할 정도로 학생들마다 많은 차이를 보인다. 이 때문에 글을 읽고 해석하는 수준 차를 고려해서 같은 주제의 과제이지만 〈표 35〉와 같이 정교화를 달리 한 세 가지 수준의 문제를 개발하고 제시하였다.

<표 35> 문제 : 나는야 인터넷 지킴이

| 정교화 수준 | O | | |

요즘 나쁜 글을 올리거나 게임에 빠져서 다른 것들을 하지 못하는 친구들이 많아졌어요. 여러분들은 친구들이 잘못된 길로 가지 않도록 인터넷 지킴이 활동을 해야 해요. 모둠 친구들과 함께 심각성을 알릴 수 있는 자료를 만들고 알리는 활동을 실천해 보세요.

| 정교화 수준 | O | O | |

당신은 '인터넷 지킴이'로서 또래 친구들이 악성 댓글이나 온라인 게임, 불법 다운로드 등에 빠지지 않도록 해야 해요. 친구들이 올바른 인터넷 이용 습관을 가질 수 있도록 동영상 자료를 만들고, 이를 활용하여 사이버 캠페인 활동도 실천해 보려고 합니다. 2주 후에 있을 '덕소초등학교 인터넷 지킴이 대회'에서 지금까지 준비한 내용을 발표해 봅시다. 당신의 활약이 기대됩니다.

| 정교화 수준 | O | O | O |

길거리의 모습이 달라졌다. 넷북이나 핸드폰을 비롯한 다양한 디지털 단말기를 통해 인터넷에 접속하고 화상 채팅, 영화 감상, 온라인 게임 등을 장소와 시간에 구애받지 않고 하는 모습은 더 이상 낯선 풍경이 아니다. 인터넷을 통해 언제 어디서나 필요한 정보를 찾아보고 원하는 공부를 하며, 메신저를 통해 친구들과 수없이 많은 만남을 갖는다. 인터넷 공간은 우리에게 공부방이고 놀이터이면서 또 대화방인 것이다. 서로 연결된 인터넷 세상, 하지만 부작용도 만만치 않다. 잘못된 인터넷 이용 문화가 타인에게 돌이킬 수 없는 상처와 고통, 경제적 피해로 이어지면서 부작용이 속출하고 있다. 다음은 이러한 심각성이 드러난 대표적인 사례이다.

… (중략) …

'인터넷 지킴이'로서 당신의 활약이 필요한 것은 이 때문이다. 여러분들과 같은 또래 친구들이 잘못된 인터넷 이용 문화에 빠지지 않도록 적극적인 활동이 필요하다. 오늘 당신에게 첫 번째 임무가 주어졌다. 당신의 임무는 어린이 네티즌들을 대상으로 '올바른 인터넷 이용 문화' 정착을 위한 UCC 자료를 제작하고 배포하는 것과 지속적인 사이버 캠페인 활동을 실천하는 것이다. 2주 후에 있을 '덕소초등학교 인터넷 지킴이 대회'에서는 지금까지 활약한 내용을 정리해서 발표하는 시간도 가질 예정이다. 주어진 임무를 성공적으로 완수하는 그날까지 인터넷 지킴이인 당신의 활약은 쭉~ 계속된다.

다른 수업과 비교해 볼 때, 대체로 학생들이 주어진 문제의 배경을 이해하고 핵심 활동을 파악하는 데는 오랜 시간이 걸리지 않았다. 문제에 대한 간단한 설명과 질문만으로도 대다수의 학생들은 충분히 이해하는 눈치였다.

★ 교사 : 선생님이 제시한 문제의 내용이 무엇인가요?

◈ 학생 : 악성 댓글이나 온라인 게임 중독과 같은 잘못된 인터넷 문화에 대한 내용을 담고 있어요.

★ 교사 : 그렇죠. 인터넷이 우리에게 꼭 필요한 것이지만 부작용도 정말 많은 것 같아요. 이런 심각한 문제를 우리가 해결해 보자는 것이 중심 과제인데, 문제에 맞춰서 여러분들은 어떤 입장이 되어야 할까요?

◈ 학생 : 지킴이요. 인터넷 지킴이. 올바른 인터넷 이용 문화를 알리기 위한 활동을 해야 해요.

★ 교사 : 잘 이해하고 있네요. 그렇다면 인터넷 지킴이로서 어떤 활동을 해야 한다고 했나요?

◈ 학생 : 우리들에게 주어진 임무가 또래 어린이들을 대상으로 한 사이버 캠페인 활동이에요. UCC 동영상을 만들어서 배포하고 관련된 댓글도 달아 주면 될 것 같아요.

★ 교사 : 훌륭하네요. 이제 본격적인 실천만이 남아 있어요. 문제에 대한 이해를 바탕으로 계획도 세우고 관련 정보나 사례도 많이 찾아봅시다. 무엇보다 어린이를 대상으로 하니까 여러분들의 눈높이에 맞게 준비해야 해요. 멋진 활약을 기대하겠습니다.

문제에 대한 선생님의 설명과 질문 시간이 끝나자 문제의 핵심 내용을 공유하기 위한 모둠별 토의 과정이 진행되었다. 학생들은 자신들의 경험과 사전에 접했던 관련 사례들에 대해 주어진 문제 상황과 연결지어 가면서 점차 문제 속의 상황에 동화되어 갔다. 문제의 닻을 내린 순간, 이제 아이들은 더 이상 단순한 학생이 아니다. 문제의 주인공, 바로

'인터넷 지킴이'가 된 것이다. 자신의 일처럼 절실하게 다가온 과제를 해결하기 위해서 열띤 토론이 팀 안에서 이루어졌다. 문제 해결을 위한 궁극적인 목표도 도출하고 문제 해결 방법을 나름대로 제안하기도 하면서 자연스럽게 과제를 해결하기 위한 계획 수립 과정으로 이어졌다.

문제 해결을 위한 계획 세우기

주어진 과제를 해결하기 위한 계획 세우기는 문제 해결 과정의 기본 틀을 정하는 매우 중요한 과정이다. 학생들이 어렵게 느끼는 과정임에도 불구하고 대부분의 PBL 수업에서 빼놓지 않고 하는 이유는 그 중요성 때문일 것이다. 모둠원 모두가 합심하여 문제 해결을 위한 큰 밑그림을 완성하는 과정은 학생들의 대화적 참여를 전제로 이루어진다. 문제 속에서 공부할 주제를 도출하고 시행착오를 줄이기 위한 다양한 방법이 제안된다. 또 팀 안에서 효과적인 활동 전개와 무임승차를 예방하기 위한 역할 분담도 필요하다.

한 학기 동안의 PBL 수업 경험 덕분인지, 계획 수립 과정의 중요성을 학생들 역시 충분히 공감하고 있었다. 문제 파악이 제대로 진행된 모둠부터 자신들에게 익숙한 방식대로 과제 수행 계획서를 작성해 나가기 시작했다. 학생들에게 제공된 과제 수행 계획서 양식에는 기본 요소인 '가설/해결안(Ideas), 알고 있는 사실들(Facts), 더 알아야 할 사항들(Learning issues)' 등이 포함되어 있었다. 다만, 어려운 용어는 초등학생들이 이해하기 쉬운 형태로 고친 후에 제시되었다. '나는야 인터넷 지킴이'

문제를 해결하기 위해 학생들이 작성한 과제 수행 계획서는 〈표 36〉과 같다.

〈표 36〉 학생들이 작성한 과제 수행 계획서 내용

PBL 문제	나는야 인터넷 지킴이		
문제의 핵심 정리	◆ 잘못된 인터넷 이용 문화가 타인에게 돌이킬 수 없는 상처와 고통, 경제적 피해로 이어지면서 부작용이 속출하고 있음. ◆ 악성 댓글, 온라인 게임 중독, 불법 다운로드 등 잘못된 인터넷 이용 습관으로 인해 범죄자가 되고 있는 청소년들이 해마다 증가하고 있음. ◆ 또래 친구들이 잘못된 인터넷 이용 문화에 빠지지 않도록 적극적인 활동이 필요함. ◆ 어린이 네티즌들을 대상으로 UCC 자료를 제작하고 배포해야 함. ◆ 다양한 방법으로 사이버 캠페인 활동을 실천해야 함. ◆ 2주 후에 있을 '덕소초등학교 인터넷 지킴이 대회'에서 활약한 내용을 소개하고 발표해야 함.		
문제 해결을 위해 공부할 주제는 무엇입니까?	① 잘못된 인터넷 이용 문화로 인한 구체적인 피해 사례 ② 악성 댓글, 온라인 게임 중독, 불법 다운로드와 관련된 범죄 ③ 바람직한 인터넷 문화 정착을 위한 실제 캠페인 활동 ④ UCC 동영상 자료를 만드는 방법 ⑤ 초등학생들의 잘못된 인터넷 이용 습관		
문제 해결을 위한 방법을 제안해 보세요.	◆ 참고할 만한 각종 캠페인 운동 사례 조사하여 적용하기 ◆ 주제와 관련된 UCC 동영상 자료 찾아보고 아이디어 반영하기 ◆ 악성 댓글, 온라인 게임 중독, 불법 다운로드 등으로 구분하여 내용 만들기 ◆ 공익 광고와 각종 동영상 자료들을 활용하여 UCC 동영상 만들기 ◆ 또래 친구들이 흥미를 끌기 위한 최신 노래와 그림 등을 이용하기		
역할 분담	이름	핵심 역할	공부할 주제
	이○연	발표 시나리오	⑤
	김○영	사이버 캠페인 활동 진행	①
	김○연	사이버 캠페인 활동 진행	②
	권○진	UCC 동영상 제작	④
	박○철	발표 소품 준비	③

처음부터 완벽한 계획은 없다. 활발한 논의를 통해 완성한 과제 수행 계획서는 활동이 진행됨에 따라 수정되거나 보완되면서 문제 해결 과정에 없어서는 안 될 지침서가 완성되었다. 제한된 시간으로 인해 미처 작성되지 못한 부분은 학급 홈페이지의 모둠 토론 게시판에서 작성될 수 있도록 안내하였다.

[학급 홈페이지를 통해 작성된 과제 수행 계획서]

아울러 이번 수업에서는 화상 프로그램을 이용하여 모둠별로 온라인 튜터(사이버 교사)를 통한 피드백이 가능하도록 하였다. 담임 선생님과 튜터는 화상 시스템을 통해 과제 해결을 위한 조사 방법, 문제 해결 방법, 역할 분담, 모둠 학습 일정 등이 정해질 수 있도록 관리해 주고, 동시에 학습 안내자와 촉진자 역할을 충실히 수행하였다. 온라인에서 작성되고 있는 과제 수행 계획서에 대해서 역할 분담 내용은 분명히 하고 있는지, 혹시 모둠원 간에 중복되는 일이 없도록 했는지, 무임승차가 발생하지 않도록 충분한 협의가 이루어졌는지 등을 수시로 피드백하였다. 이 과정에서 학생들은 문제 해결을 위한 아이디어를 구체화하고, 학습 일정을 세우며, 역할 분담을 정확하게 하기 위해 노력하였고, 올바른 인터넷 이용 문화 정착을 위한 UCC 자료 제작 방향과 사이버 캠페인을 어떤 방법으로 수행할 것인지도 분명히 하였다. 특히, 이번 수업이 학생들의 온라인 활동을 많이 요구하는 만큼 개인별로 넷북을 수시로 활용할 수 있도록 하였다. 학생들의 의지에 따라 수업 시간 외에도 쉬는 시간이나 방과 후 시간에 넷북을 활용한 활동이 가능하며, 과제 수행 계획서의 완성도 이를 활용하여 온라인 커뮤니티에 올렸다.

[넷북을 활용한 과제 수행 계획서 작성하기]

교사의 역할 상기하기

어떤 일이든 계획을 세웠다면 실천해야 한다. 학생들은 제시된 문제를 파악하고 과제를 해결하기 위한 계획을 세우면서 머릿속에 대강의 밑그림을 넣어 둔 상태이다. 이제 남은 것은 모둠원 각자가 자신에게 주어진 책임에 충실하면서 본격적인 탐구와 탐색을 통해 '문제'에서 요구하는 결과물을 고안하기 위한 다양한 활동을 전개하는 일이다. 이

때, 교사는 습관처럼 학습이 진행되는 전체 과정을 빠짐없이 살피려 하거나 아이들이 시행착오를 겪지 않도록 명확한 방향을 제시하려고 한다. 교사의 섣부른 개입은 학습 목표를 설정하고 계획을 수립했던 학생들의 노력을 수포로 만들 수 있다. 답답하겠지만 참고 기다려야 한다. 느리고, 방법이 서로 다르며, 일부 시행착오도 겪겠지만 아이들은 충분히 해낼 수 있다는 믿음을 가져야 한다. 학습의 주도권을 아이들이 제대로 가져갈 수 있도록 교사는 학습의 촉진자(Facilitator), 친절한 안내자(Tutor) 또는 동료 학습자(Co-learner)로서 학습 활동을 독려하고, 민주적인 학습 환경을 조성하는 데 초점을 맞추어 수업을 진행해야 한다. 학생들의 주도적인 참여와 책임 있는 실천이 요구되는 PBL의 과제 수행 과정에서 교사의 역할은 매우 중요하다.

이번 '나는야 인터넷 지킴이' 수업을 진행하면서 교사로서의 역할을 다시 한 번 상기해 보았다. 학생들이 머리를 맞대고 짜낸 계획에 따라 적극적으로 실천하고, 이를 통해 멋진 학습 결과가 완성될 수 있도록 PBL 교사의 역할에 충실하기 위해 노력하였다.

인터넷 지킴이로서 문제 해결 모색하기

모색하기는 말 그대로 주어진 과제를 해결하기 위한 방법이나 실마리를 더듬어 찾아가는 과정이다. PBL 수업에서는 제시된 문제의 성격에 따라 학생들이 모색하는 활동의 성격도 달라질 수밖에 없다. '나는야 인터넷 지킴이' 문제는 주요 무대가 온라인 환경이라서 인터넷을 활용한 정보의 탐색과 재구성을 통해 결과를 완성하는 것이 자연스러웠다. 문제를 해결하기 위한 모색하기는 컴퓨터를 매개로 온라인 학습 환경에서 진행되었다.

학생들은 자신에게 주어진 역할에 맞게 개별적으로 유용한 정보와 자료를 수집하고, 온라인과 오프라인에 걸쳐 끊임없이 이루어지는 모둠원들과의 토론을 통해 문제 해결을 위한 실마리를 하나하나 풀어나갔다. 학생들의 토론 활동은 학습 기간 내내 온라인 학습 커뮤니티에서 뿐만 아니라 교실에서도 쉬는 시간과 점심시간, 방과 후 시간을 가리지 않고 매우 활발하게 이루어졌으며, 모둠원 간의 적극적이며 활발한 상호 작용은 학습에 대한 진정한 몰입을 가능하게 했다. 다음은 학생들이 온라인 모둠 커뮤니티에 올린 의견과 정보이다.

[온라인 모둠 커뮤니티에 정보 올리기 및 의견 공유하기]

학생들의 정보 탐색 과정은 정보 탐색, 정보 파악, 정보 재구성, 정보 활용순으로 이루어졌다. 자신의 역할에 맞게 정보 탐색 및 자료 수집을 진행했으며, 교사와 온라인 튜터의 안내 및 피드백을 확인했다. 학생들은 자신에게 주어진 역할에 맞게 자료를 탐색하고 재구성하여 활용 방안을 제시하였다. 악성 댓글, 온라인 게임 중독, 불법 다운로드(저작권 위반 사례), 음란 채팅 등 실제 사례를 수집하고 이에 대한 자신의 의견을 올렸다. 모둠원과 교사의 피드백 내용을 다시 한 번 확인하고, 이에 적합한 정보나 의견을 제시하기도 하였다. 학생들은 이렇게 탐색한 정보 및 수집한 자료를 통해 서로의 생각과 의견을 교환하고, 공유된 정보와 의견을 바탕으로 '올바른 인터넷 이용 문화'를 위한 사이버 캠페인 활동을 기획하였다. 학생들은 문제의 주인공인 인터넷 지킴이로서 효과적인 활동 방법을 선택하고 이에 어울리는 UCC 자료를 기획하려고 노력하였다. 모둠별로 제작할 UCC 자료 초안(아이디어가 반영된 정도) 작성하기도 하고, 이를 모둠 토론 게시판에 공유하기도 하였다. 다소 어색하지만 화상 시스템을 활용한 토의 활동도 진행하였다. 이 과정에서 교사와 온라인 튜터는 다양한 형태의 UCC 자료 제작을 위한 아이디어가 충분히 공유되고 있는지, 타당한 합의안을 도출하고 있는지 등을 잊지 않고 점검하였다.

◈ 학생 1 : 설문판을 만들어서 온라인 게임에 대한 친구들의 의견을 조사해 보는 것은 어떨까?

◎ 학생 2 : 인터넷에 올라온 내용도 좋지만 같은 학년 친구들의 생각을 알아본

다면 더 좋을 것 같아.

▨ 학생 3 : 게임에 대한 내용이니까 내가 한 번 해 볼게. PC방에서 자주 만나는 아이들이 있어. 게임에 대한 의견 만큼은 확실할 거야.

◈ 학생 1 : 그래 좋았어. 설문 내용은 내가 대강 정해서 올게. 스티커판을 만들어서 조사하는 것도 좋을 것 같은데……

✿ 학생 4 : 그건 내가 준비할게. 집에 남는 스티커가 있어. 그럼 내일 모여서 준비하도록 하자.

문제 해결을 위한 모색 과정이 온라인에서만 이루어진 것은 아니다. 다양한 실제 사례와 통계 자료, 전문가 의견 등에 만족하지 않고, 자기 주변 사람들의 의견을 담아내기 위한 활동도 눈에 들어왔다. 준비한 설문판을 활용하여 각 반을 돌며 의견을 모았으며, 온라인 모둠 커뮤니티에 올려서 공유하였다.

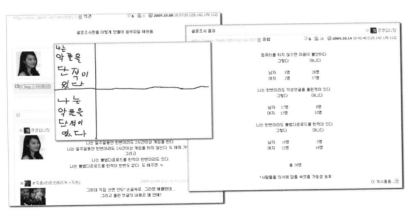

[설문 조사 관련 글]

UCC 제작과 사이버 캠페인 활동 실천하기

학생들은 주어진 문제를 해결하기 위해 과제 수행 계획을 세우고, 역할에 따른 모색 과정을 통해 '올바른 인터넷 이용 문화'를 위한 사이버 캠페인 활동과 캠페인 활동에 필요한 UCC 자료 제작에 관련된 아이디어를 교환하였다.

이제 지금까지 수행한 내용을 바탕으로 준비하고 실천하는 일만 남았다. 다양한 방식으로 UCC 자료를 제작하고 배포할 방법을 결정하도록 안내하였다.

효과적인 자료 제작을 위해 악성 댓글, 인터넷 예절과 관련된 공익 CF를 제시하고 참고하도록 하였다. 올바른 인터넷 이용 문화 정착을 위한 사이버 캠페인 활동을 전개할 수 있도록 최종적으로 점검하고 확인하였다.

결과 정리 과정에서는 특별히 다른 학교 6학년 학생들을 각 모둠의 도우미로 참여시켜 적절한 피드백을 제공할 수 있도록 하였다. 불특정 다수를 대상으로 한 캠페인 활동인 만큼 효과성 여부를 다른 시각에서 점검할 필요가 있다고 보았다.

마지막 과정에서는 어린이 평가단이 단순한 도우미에 머무르지 않고 참신함과 효과성을 검토하여 평가 기준과 방법을 준비할 수 있도록 하였다. 학생들은 다른 학교 6학년 선배들이 제공한 피드백을 참고하여 수정, 보완하였다. UCC 자료 제작에 있어서 기술적으로 필요한 부분은 교사에게 도움을 요청하여 해결하기도 하였다. 드디어 본격적인 사이버 캠페인 활동에 앞서서 UCC 자료가 완성되었다.

[사이버 캠페인 활동에 활용할 동영상 완성]

모둠별로 완성된 UCC 자료는 내용과 구성에 있어서 전혀 다른 색깔을 보여 주었다. 학생들이 제작한 동영상 중에는 직접 설문을 통해 종합한 내용을 활용해 설득력 있는 자료를 제작하기도 하였다.

[설문 결과를 활용하여 만든 UCC 자료]

학생들이 만든 UCC 자료 중에는 전문가의 손길이 느껴질 정도로 인상적인 작품도 있었다. 그동안 쌓아 둔 실력으로 공익 광고 자료와 다큐멘터리, 각종 사례를 활용하여 짜임새 있는 동영상을 완성하였다.

[수준 높은 동영상 제작]

이어서 UCC 자료를 활용한 사이버 캠페인 활동이 시작되었다. 학생들은 모둠별로 제작한 동영상 자료를 포털 사이트에 등록시키고 카페나 블로그 개설을 통해 잘못된 인터넷 문화에 대한 문제점을 알려 나갔다.

방법은 조금씩 다르지만, 인터넷 지킴이로서 올바른 인터넷 이용 문화의 중요성을 알려야겠다는 마음은 하나였다. 학생들은 사이버 캠페인 활동을 위한 블로그, 카페 및 아고라 등을 개설하여 사이버 캠페인 활동을 확대해 나갔다.

[온라인 공간에서 사이버 캠페인 활동 실천]

4일 정도의 짧은 시간 동안 진행된 사이버 캠페인 활동은 기대한 만큼의 만족스러운 결과를 얻지는 못하였다. 사실, 이번 과제가 단기간에 걸쳐 해결할 수 있는 문제가 아니라는 점은 학생들도 잘 알고 있었다. 학생들이 올린 동영상은 포털 사이트에서 쉽게 만날 수 있다.

[포털 사이트에서 쉽게 만날 수 있는 UCC 자료]

차근차근 빈틈없이 발표 준비하기

학생들은 UCC 자료 제작과 이를 활용한 사이버 캠페인 활동을 멋지게 실천했다. 이제 그동안 실천했던 내용을 바탕으로 인터넷 지킴이 보고 대회(발표)를 준비해야 한다. 문제의 성격상 인터넷 지킴이로서 학생들의 잘못된 인터넷 이용 문화를 개선하기 위한 목적을 분명히 가지고 있어야 한다. 설득력 있는 발표 시나리오가 작성될 수 있도록 학생들에게 이러한 상황을 충분히 설명하였다. 아울러 모둠별로 제작한 UCC 자료가 발표를 통해 좀 더 효과적으로 제시될 수 있도록 수정 및 보완하고, 사이버 캠페인 활동 결과 보고에 초점이 맞춰질 수 있도록 안내하였다. 학생들은 모둠 토의 과정을 거친 후 대회를 위한 발표 시나리오를 완성하였다.

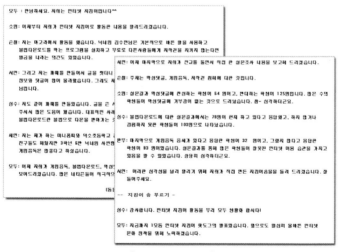

[발표 시나리오 완성]

발표 시나리오에는 인터넷 지킴이로서 실천한 다양한 활동이 마지막 발표 과정에서 잘 드러날 수 있도록 다양한 아이디어가 반영되었다. 인상적인 발표를 위해 구호나 개사한 노래를 준비하는 모둠도 있었다.

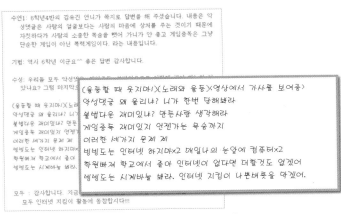

[주제에 맞게 노래 개사하기]

학생들은 인터넷 지킴이로서 보고 대회를 차근차근 충실하게 준비해 나갔다. 발표 시나리오를 완성하고 발표에 활용할 파워포인트 자료와 소품을 제작하였다. 이렇게 완성한 학습 결과물들은 모둠 토론 게시판에 올려 공유하였으며, 모둠원 간의 피드백을 통해 최종 완성하였다.

[학습 결과물 공유하기]

인터넷 지킴이 보고 대회가 열리다

학생들은 UCC 자료 제작과 이를 활용한 사이버 캠페인 활동을 멋지게 실천하였다. 이제 그동안 실천하였던 내용을 바탕으로 인터넷 지킴이로서 보고 대회(발표)에 참가해야 한다. 보고 대회가 있을 발표장과 어린이 평가단이 있는 ○○초등학교 6학년 교실이 화상 시스템으로 연결되었다. 발표가 진행되는 가운데 상호 평가는 넷북을 활용하여 이루어지기 때문에 이에 적합한 교실 환경을 구축하였다. 어린이 평가단과 온라인 튜터에게 발표 화면이 잘 전달되는지 최종 조율한 후 리허설을 진행하였다. 발표 20분 전에 보고 대회에서 각자의 역할을 다시 확인하고 효과적인 발표가 이루어질 수 있도록 최종 점검이 이루어졌다. 넷북의 전원을 켜고 와이브로 모뎀을 연결한 후 인터넷 접속 여부도 확인하였다.

[개인별 넷북 준비]

발표 순서는 사전에 학생들과의 협의를 통해 정하였고, 모둠별로 5분 정도의 시간으로 제한하여 발표하도록 안내하였다. 학생 개개인에게는 모둠 상호 평가지를 나누어 주고, 모둠별로 어떤 관점에서 평가해야 하는지 안내해 주었다. 평가 내용은 넷북을 활용하여 온라인 커뮤니티에 올리도록 하였다. 발표를 위한 준비 과정이 마무리되자마자 인터넷 지킴이 보고 대회가 시작되었다.

◈ 학생 1 : 안녕하세요. 저희는 인터넷 지킴이 은행나무입니다.

◎ 학생 2 : 저희는 그동안 게임 중독과 불법 다운로드, 악성 댓글을 예방하기
위해 사이버 캠페인 활동을 하였습니다. 주로 네이버 카페, 아고라, ○○초

등학교 홈페이지에서 활동을 전개하였습니다.

▨ 학생 3 : 먼저 저희가 사이버 캠페인 활동을 위해 제작, 배포한 UCC 동영상을 시청해 보도록 하겠습니다. 자! 보시죠.

학생들은 발표자와 발표 도우미의 긴밀한 협조를 통해 미리 준비한 대로 만족스런 보고 대회가 될 수 있도록 최선을 다해 노력했다. UCC 자료 공개와 사이버 캠페인 활동에 대한 결과 보고 형식의 기본 틀은 유지하면서 각 모둠의 색깔이 잘 드러나는 인상적인 발표가 이어졌다.

[인터넷 지킴이 보고 대회(발표 장면)]

학생들은 제시된 기준에 맞게 평가 내용을 온라인 커뮤니티 평가 공간에 올렸다. 인터넷 지킴이로서 제작한 UCC 자료에 대한 평가, 사이버 캠페인 활동에 대한 냉철하고 비판적인 평가, 아울러 칭찬과 격려가 포함된 긍정적인 평가가 이루어졌다. 다른 모둠 발표 시 정숙함과 질서를 유지하고, 매끄러운 진행을 위해 적극적으로 협조하는 모습도 보였다. 각 모둠별 발표가 끝날 때마다 학생들은 넷북을 활용한 온라인 평가뿐만 아니라 어린이 평가단의 평가 결과가 화상을 통해 발표되었다. 어린이 평가단의 평가는 각자 10점 만점을 기준으로 하여 점수를 쓰고 이를 공개하는 형식이었다.

[화상을 통한 어린이 평가단의 평가 장면]

발표가 진행되는 과정에서 교사는 관찰자이면서 동료 평가자의 입장에서 참여하고, 발표 장면을 동영상으로 담았다. 발표 동영상은 이후에 학습 갤러리 동영상 자료실에 탑재하여 학생들 스스로 피드백할수 있는 자료로 활용하였다. 발표에는 준비한 UCC 자료 외에 사이버 캠페인 활동과 설문 결과를 담은 파워포인트 자료도 다음과 같이 활용되었다.

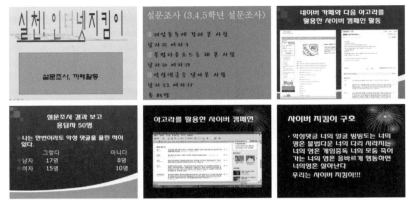

[발표를 위한 파워포인트 자료

　　모든 모둠의 발표가 끝난 후 사이버 선생님(온라인 튜터)의 총평이 화상을 통해 이루어졌다. 그리고 마지막으로 어린이 평가단의 평가 결과를 바탕으로 최고의 인터넷 지킴이가 선정되었다.

　　학생들은 2주 동안 인터넷 지킴이가 되어 악성 댓글, 불법 다운로드, 온라인 게임 중독, 음란 채팅 등 잘못된 인터넷 문화의 심각성을 알려 나갔다. 과제 수행 계획을 세우고, 문제 해결을 위한 모색, UCC 자료 제작과 사이버 캠페인 활동에 이르기까지 실수도 많았고, 어려움도 있었지만 이러한 모든 과정을 동료들과 조율하고 협력하면서 해결해 나갔다.

　　학생들은 마치 문제 속의 등장하는 주인공이 된 것처럼 주어진 문제를 해결하기 위해 모색하고 탐구하면서, 그리고 열정을 쏟아부으면서 마지막 순간까지 최선을 다하였다. PBL 수업을 통해 끝까지 모든 활동을 성공적으로 수행하였다는 만족감과 어려운 과정을 극복하였다는 성취감, 그리고 이를 통해 소중한 자신감을 얻을 수 있었다. 학생들은 모둠 게시판에 글을 남겨 서로 격려하고, 응원하였다.

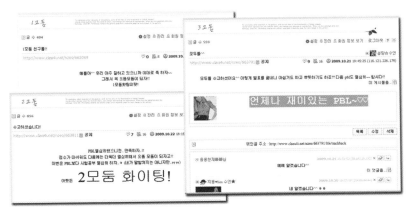

[모둠 토론 게시판에 남긴 격려와 응원 글]

배움의 과정 되돌아보기

PBL 수업의 발표 과정까지 모두 진행된 후 학생들은 익숙한 순서대로 성찰 일기를 작성하였다. 성찰 일기를 통해 배움의 과정을 천천히 곱씹어 보고 자신이 얻은 것과 부족한 부분에 대해서 되짚어 보는 일종의 자기 평가가 이루어진다.

성찰 일기는 학습자 개개인에게 유의미한 경험을 내면화시킬 수 있는 기회를 제공해 주기도 한다. 2주간의 활동이 다소 길게 느껴진 학생들도 있었지만, 문제를 해결하는 과정에서 많은 것을 배우고 느꼈음을 성찰 일기를 통해 확인할 수 있었다. 학생들은 성찰 일기를 작성하여 학급 홈페이지에 올렸다.

[학급 홈페이지에 올린 성찰 일기]

이번 PBL 수업에 적극적으로 참여한 학생일수록 악성 댓글, 불법 다운로드, 게임 중독 등 잘못된 인터넷 문화의 심각성을 제대로 인식하고 있었다. 이들이 쓴 성찰 일기 속에는 문제 해결 과정에서 배운 점과 느낀 점을 비롯하여 배려와 협력의 중요성, 다음 수업에 대한 도전과 각오를 다지는 모습 등이 자연스럽게 녹아 있다. 다음은 학생들이 쓴 성찰 일기의 일부이다. 이번 수업에 대한 학생들의 생각을 엿볼 수 있을 것이다.

김○욱 성찰저널 ✏️

악플과 게임 중독, 불법 다운로드가 이렇게 심한지는 몰랐는데 엄청 심해서 놀랐다. 50% 이상이 악플을 올려보았고, 스스로 게임 중독에 걸린 것 같다고 느끼는 사람만 하더라도 설문 조사한 인원의 30% 이상이며, 불법 다운로드를 해 보았다는 사람들도 생각보다 많았기 때문이다. 불법 다운로드, 악성 댓글, 게임 중독은 무서운 것이었다. 이것들에 걸리거나 하면 벌금을 물어야 하기 때문에 문제가 될 것 같다. 앞으로는 악성 댓글을 올리는 사람이 없어지고 불법 다운로드를 하기보다는 돈을 내고 다운받고, 게임은 정해진 시간에만 해서 게임 중독에 걸리지 않았으면 좋겠다.

김○연 성찰저널 ✏️

모둠 편성을 한 뒤에 PBL 수업을 한 '나는야 인터넷 지킴이' 발표를 막상 끝내니까 아쉽기도 하고 뿌듯하기도 하다. 우리가 직접 사이버 캠페인 활동을 하고 설문 조사, 까페 활용 등과 같은 과정을 겪은 후 시나리오와 영상 파워포인트를 만든 이번 PBL 문제는 사실 좀 힘들기도 했다. 나는 인터넷 지킴이, 악성 댓글, 불법 다운로드, 게임 중독과 같은 것을 안할 것이다. 이것은 한마디로 나의 다짐이다.

이○연 성찰저널 ✏️

이번 PBL은 많은 선생님들과 ○○초등학교 6학년 평가단들이 평가를 하는 것이었기 때문에 지난 2주 동안 많은 준비를 하였다. 처음에는 잘할 수 있을지 염려가 되었다. 너무 어려운 활동 같았다. 그러나 점차 이해가 되면서 잘 풀어나갈 수 있었다. 나는 이번 PBL에서의 경험으로 불법 다운로드(저작권 침해), 게임 중독, 악성 댓글이 심하다는 것을 알게 되어 깜짝 놀랐다. 많은 사연과 정보들을 읽고 알게 된 것이다.

권○진 성찰저널 ✏️

이번 PBL은 나에게 많은 좌절과 도전, 용기를 가지게 한 시간이었다. 나는 우리 4모둠이 발표 내용도 좋고 PBL을 잘한 것도 좋았지만, 서로 협동하고 단결하며 서로에 대한 이해와 배려를 제일 좋았다고 생각한다. 처음에는 모둠원 ○○에 대해 너무 실망하고 화도 났지만 그래도 ○○가 하고자 하는 열성만은 인정해 주려고 한다. 다른 친구들을 돌아보고 배려하는 마음만 생긴다면, 우리 4모둠은 오늘보다 더 나은 내일이, 지금보다 더 발전된 시간이 기다릴 것이라 믿는다. PBL을 통해 내가 배워야 할 것은 이번과 같은 좌절과 어려움 속에서도 용기를 갖는 것과 어려움을 극복하고 도전하는 도전정신, 그리고 우리 모둠원 모두를 껴안는 넉넉한 마음인 것 같다.

:: CHAPTER 11 ::

• PBL 실천노하우 Ⅲ
- 붉은 악마의 수를 구하라

PBL은 맥락과 상황을 포함한 실제적인 문제 해결 과정에서 학습이 이루어지는 것이 특징이다. 학교에서 배우는 지식들을 '알고 있음'에서 한 걸음 나가서 실제와 유사한 문제들을 해결하면서 적용하고 새로운 지식을 생산하는 수업이다.

국어, 사회, 과학, 음악, 체육, 미술 교과를 재구성한 PBL 수업은 많이 적용하였으나 초등학교에서 수학 교과는 주로 기본 개념과 기초 계산 중심으로 이루어져서 수학이 이용되는 구체적인 문제 상황에 적합한 교수 설계를 하는 데 어려움이 있었다. 그러던 중 PBL 교사 연수에 참여하였던 교사의 아이디어를 발전시켜서 4학년 교육과정에 맞게 '붉은 악마의 수를 구하라'를 PBL 문제를 개발하게 되었다.

PBL을 처음 시도하려는 선생님들은 문제 개발을 가장 어려워한다. 이번 수업사례를 통해서 PBL 수업이 공개 수업이나 수업 연구처럼 특별할 때 한 번 하고 끝내는 수업이 아니라 작은 아이디어를 발전시켜서 꾸준하게 수업을 할 수 있음을 공유하고 싶다.

수학과의 '붉은 악마의 수를 구하라'의 설계부터 적용 과정을 쉽고 상세하게 안내하여 교사들이 PBL에 도전하는 교사들에게 도움을 주고자 한다.

PBL 수업 설계하기

'붉은 악마의 수를 구하라' 수업은 4학년 사각형의 넓이단원을 재구성한 것으로 시청 앞 광장의 붉은 악마의 수가 '주최 측 추산 10만명'이라는 뉴스 기사를 출발점문제로 설계한 것이다. PBL은 학생들이 주도적으로 문제를 해결해가는 수업인데 4학년 학생들이 알고 있는 수학적 배경지식이 어느 정도인지 가늠할 수 없었기에 수준이 너무 어렵다면 수업 중간에 교사가 정보나 미니 강의를 준비해야 하는데 언제 투입해야하는지 예측하기 어려웠다. 그래서 문제해결에 필요한 힌트나 자료를 순차적으로 학습자에게 제공하는 단계형 PBL 형식으로 수업 운영을 설계하였다.

PBL 수업은 학습자 중심 환경이라는 특성상 해결할 주제와 문제가 주어지고 해결의 큰 흐름이 정해지면 수업 중에 얼마든지 융통성 있게 추가, 삭제, 수정이 가능한 열린 계획임을 강조하고 싶다. '붉은 악마의 수를 구하라'의 수업도 수업과정에서 학생들의 활동을 관찰하여 필요할 때 적절한 정보와 전략을 제공하고 난이도를 조절하며 운영하였다.

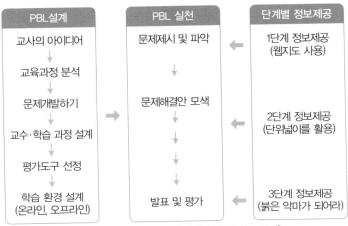

['붉은 악마의 수를 구하라' 수업 설계 및 실천 과정]

문제 개발하기

PBL 문제 개발은 교사의 관심사나 수업 주제마다 조금씩 다르게 접근할 수 있다. 일반적으로 PBL 수업설계의 시작은 단원의 목표와 성취기준을 분석하는 것부터다.

'붉은 악마의 수를 구하라'는 문제는 월드컵 경기를 응원하러 모인 시청 앞 광장의 붉은 악마의 수를 구하기 위해서는 넓이의 개념을 이용하여 구할 수 있다는 초보적인 정보가 시작점이다. 이렇듯 PBL은 교사의 아이디어나 학생의 관심사에서 출발하거나 코로나19와 같은 시사적인 주제와 교육과정을 연계하여 설계할 수도 있다. 예를 들면, 코로나로 거리두기 2m를 유지하면서 코로나 검사나 백신접종을 위해 주어진 공간에서 수용할 수 있원을 측정하는 것으로 문제를 만들어도 좋을 듯하다.

평소에 축구를 좋아하는 반 학생들에게 '붉은 악마'라는 상황은 매우 흥미로운 주제이다 .PBL을 위해 교사가 제시한 문제 상황이나 주제가 학생들의 삶과 연계가 되거나 관심사일 경우 특별한 동기부여가 없어도 몰입할 수 있는 과제가 될 수 있다.

평소 PBL: 문제 개발을 위해 참신한 아이디어나 다른 사람의 수업사례를 수집해두면 학년의 수준에 맞게 재구성하여 사용할 수 있다.

4학년에서 배운 넓이 개념을 실생활에 적용할 수 있는 문제상황을 발견했을 때 학생들과 수업할 생각을 하니 마음이 설렜다. 신문에서 흔히 등장하는 '경찰 추산 붉은 악마 00만 명'이라는 기사를 볼 때마다 이 숫자를 누가 측정하는 것일지 궁금했었다. 조사 결과 광장에 모인 사람들의 숫자를 어림하는 업무를 수행하는 경찰 부서가 실제로 있었다. 주변의 교통상황을 통제하기 위한 자료로 사용하기 위해서이다.

문제 개발을 위해 학습 주제나 상황을 설정하는 두 가지 접근이 있다. 물론 교육과정과 연계성이 있어야 한다. 첫째는 학생들이 몰입할 만한 주제와 상황인지 살펴보는 것이다. 문제 개발과정에서 학생들의 조언과 반응을 살피고 함께 개발해보는 것을 권한다. 둘째는 실제 생활에서 벌어지고 있는 여론이 주목하는 이슈나 있을 법한 상황인지 파악하는 것이다.

아무리 완성도 높은 PBL 문제라도 학습자들의 학습 동기를 유지시키지 못하면 학생들의 참여가 저조해서 흑역사로 남게 되는 경우가 있기 때문에 설계과정에서 학생들의 의견을 반영하는 것을 권한다.

'붉은 악마의 수를 구하라' 문제개발을 위해 〈표 37〉과 같이 정보를 수집하였다.

〈표 37〉 문제 개발을 위한 정보 수집

아이디어	시청 광장에 모여 있는 붉은악마의 수를 넓이 개념으로 구할 수 있다.
교육 과정과의 연관성	4학년 도형의 둘레와 넓이, 규칙 찾기와 문제 해결, 어림하기 5학년 삼각형이 넓이, 사다리꼴의 넓이
실생활과의 연관성	경찰관 업무 중에서 집회 인원을 계산하는 정보과라는 부서가 실제로 있고, 추산하는 방법은 카메라로 찍은 면적을 구하고 1㎡에 들어가는 인원 수를 곱하여 계산한다는 정보를 알아냈다.

이 수업의 최종 결과물은 '시청 앞 광장에 모인 붉은 악마의 수를 구하기'이다. 붉은 악마의 수를 구하기 위해 넓이 개념이 어떻게 활용되는지 교육과정을 분석하였다. 분석 결과 4학년 5단원 평면도형의 둘레의 넓이, 5학년의 사다리꼴의 넓이와 관련이 있었다.

본격적으로 문제 시나리오 작성을 위해 개발 과정에서 수집한 정보들을 〈표 38〉의 내용처럼 시나리오 구성 요소인 배경, 상황, 주인공과 역할을 작성하는 바탕이 되었다.

〈표 38〉 '붉은악마의 수를 구하라' 문제의 구성 요소

배경	◆ 월드컵 기간 동안 붉은악마 응원단이 우리나라 대표팀을 응원하기 위해 시청 광장에 모임. ◆ 교통 상황을 파악하기 위해 붉은악마의 인원을 파악할 필요가 있음.
상황	◆ 경찰관이 된 주인공이 붉은악마의 수를 계산하는 첫 임무를 맡게 됨. ◆ 카메라와 줄자를 이용하여 사람의 수를 어림잡아야 함.
주인공과 역할	◆ 시청 광장에 모인 붉은악마의 수를 계산하여 보고함. ◆ 계산 과정을 과장님께 논리적으로 설명해야 함.

〈표 38〉처럼 문제의 구성 요소가 정해지면 이야기 형태로 제시되는 문제 시나리오를 작성한다. 문제를 해결하는 주인공인 경찰관은 학급에서 장래 희망이 경찰관 학생의 이름을 사용하였다.

<표 13> PBL 문제 '붉은악마의 수를 구하라.'

0000년 0월 0일 경찰 시험 합격자 발표가 있는 날입니다. 이강 씨는 두근거리는 마음으로 컴퓨터를 켜고 경찰청 사이트에서 합격자 발표 버튼을 클릭을 하였습니다.

"축하합니다. 합격입니다." 어릴 적부터 꿈이었던 경찰관이 되는 순간입니다. 이강 씨는 너무 기뻤습니다.

이강 씨는 12월 1일자로 경찰청 소속 교통 정보과에 발령을 받았습니다. 처음 맡은 일이었기 때문에 아무리 작은 일에도 최선을 다하리라 마음먹었습니다.

마침, 월드컵 기간이라서 시청에는 붉은악마들이 시청 앞 광장에서 열띤 응원을 하고 있었습니다. 이강 씨에게 처음 맡겨진 업무는 붉은악마들이 시청 앞에 몇 명 정도 모여 있는지 통계를 내고, 이것을 교통계에 알려서 주변의 교통 상황을 예상하는 일이었습니다.

교통 정보과의 통계관의 과장님께서 첫 업무를 맡겼습니다.

"이강 씨, 여기 카메라와 줄자를 사용하여 붉은악마 응원단이 대략 몇 명이 모였는지 확인하고 만 명까지 반올림해서 보고하세요."

"네, 알겠습니다."

대답은 크게 했지만, 정말 난감했습니다.

카메라와 줄자만을 갖고 어떻게 붉은악마의 수를 측정할 수 있을까요?

이강 씨는 처음 맡겨진 업무라 인정받고 싶었습니다. 시청 앞 광장 앞의 건물 옥상에서 내려다보니, 붉은악마들이 시청 광장을 붉게 물들이고 있었습니다.

어떻게 구름떼처럼 모여 든 응원하러 모인 사람들을 어림잡아 셀 수 있을까요?

4학년 3반 여러분! 이강 경찰관이 되어 붉은악마의 수를 구해 봅시다.

이 문제는 상황을 좀 더 복잡하고 비구조화해서 5학년과 6학년 학생들 대상으로 수업이 가능하다. 실제로 5학년 학생들과 '붉은 악마의 수를 구하라'는 수업을 같은 난이도로 진행했는데 4학년 학생들보다 시간은 오래 걸리지 않았지만 구하는 과정에서의 시행착오와 어려움은 비슷하였다.

〈표 39〉 난이도에 따른 문제 시나리오

비구조화 정도	○		

◆ 붉은악마 응원단이 있는 장소를 시청 광장으로 제한함.
◆ 문제 해결을 위한 간접적인 단서를 단계별로 제공함.

비구조화 정도	○	○	

◆ 붉은악마 응원단이 있는 장소를 시청 광장으로 제한함.
◆ 문제 해결을 위한 단서를 단계별로 제공하지 않고 스스로 다양한 전략을 세워서 해결하도록 함.

비구조화 정도	○	○	○

◆ 붉은악마 응원단이 있는 장소를 시청 광장으로 제한하지 않고 사진에 나타난 도로와 인근 골목까지 포함하여 구하도록 함.
◆ 문제 해결을 위한 단서를 단계별로 제공하지 않고 스스로 다양한 전략을 세워서 해결하도록 함.

〈표 39〉에서 알 수 있듯이 문제의 비구조화 정도에 따라 3가지 다른 문제 상황을 제시할 수 있다. 문제 해결을 위해 동원해야 할 수학적 개념이 많다. 도형의 넓이, 단위 넓이 개념, 규칙 찾기, 어림하기, 길이의 단위 개념들을 적절한 전략을 사용해야만 붉은악마의 수를 구할 수 있다.

이 수업에서는 4학년의 수준에 맞게 붉은악마의 규모를 시청 광장으로 국한하였고, 해결의 단서들을 단계별로 제공하여 수업을 촉진하였다. 다양한 도형의 넓이에 대한 배경 지식을 갖고 있는 고학년에게는 좀 더 비구조화된 문제 상황을 제시하는 것이 적절하다.

교수·학습 과정 설계하기

학생들이 PBL에 익숙한 정도나 수준에 따라서 교사는 문제의 난이도를 조절할 수 있는데, 문제의 난이도는 비구조화된 정도와 배경지식의 유무에 따라 달라진다. 따라서 〈표 40〉과 같이 교사가 의도한 학습 목표를 포괄적으로 기술한다. 학습자 중심의 학습 환경이기 때문에 넓이에 대한 배움의 얼마나넓고 깊어질 것인지는 학습자의 몫이기 때문이다. 이번 수업의 시간 계획은 주로 교실 수업에서 토론이 많이 필요한 수업이고, 인터넷의 정보 수집보다는 배경 지식을 활성화하여 해결해야 할 문제이므로 온라인 시간 계획은 따로 계획하지 않았다. 튜터 시트는 일종의 수업 지도서의 역할을 하는 것으로 학생들의 학습을 조력하기 위한 참고 자료로 활용한다.

문제명	'붉은악마의 수를 구하라'		대상 학년	4학년
교과 정보	중심 교과	수학 6. 규칙 찾기와 문제 해결	관련 단원	수학 5. 평면도형의 둘레와 넓이
	관련 교과	재량 활동 〈인터넷을 활용한 정보 찾기〉		
수업 기간	20xx년 12월 10일~12월 16일(7일간)			
학습 목표	◆ 둘레와 넓이의 개념을 실생활에 적용할 수 있다. ◆ 단위 넓이의 개념을 확장시켜 실생활에 적용할 수 있다. ◆ 사각형의 넓이를 이용하여 다각형의 넓이를 구할 수 있다. ◆ 수학적 의사소통을 통해 오개념과 오류를 수정할 수 있다. ◆ 웹 지도를 활용하여 거리와 넓이를 측정할 수 있다.			
문제 개요	경찰관이 된 주인공 이강 씨가 축구 경기를 응원하러 시청 광장에 모인 붉은악마의 수를 만 단위까지 계산해야 한다.			
학습 과정	활동 내용			일정

문제 파악	◆ 동기 유발
	  • 붉은악마가 응원하는 모습이 담긴 동영상
	  • 붉은악마의 시청 광장 응원 사진과 뉴스 기사를 제공하면서 경찰 추산이 몇 만 명인지 알아맞히기
	◆ 문제 제시
	  • 문제 핵심 파악 및 주인공의 역할 인식
	  • 모둠별 문제 해결 계획서 작성하기
	  • 문제 해결을 위한 모둠별 난상 토론
				12/10
				2교시

문제 해결안 모색	◆ 문제 해결 모색 과정에서 교사가 단계별로 3가지 단서를 제공하여 학습을 촉진하기 ◆ 단서 1 제공 – 웹 지도를 사용하라 • 컴퓨터실에서 시청 광장의 지도를 통해 넓이 계산 및 문제 해결 전략 토의하기			12/13 3교시
	◆ 단서 2 제공 – 단위 넓이를 이용하라			12/14
	◆ 단서 3 제공 – 붉은악마가 되어라			12/15
결과 정리	◆ 최종적인 문제 해결 방법 결정하기 ◆ 붉은악마의 수를 구한 과정을 바탕으로 발표 자료 만들기			12/15
발표 및 평가	◆ 모둠별로 계산 과정과 전략 발표하기 ◆ 상호 평가와 오류 발견 및 질의 응답하기 ◆ 교사의 총평 및 오개념 지도			12/16 4교시
성찰하기	◆ 모둠 평가지 작성하기 ◆ 성찰 일기 작성하기			

〈표 40〉에서 알 수 있듯이 학습 기간은 일주일이고, 그 중 교실 수업은 총 3차시로 계획하였다. 공식적인 수업 차시 외의 학습 일정은 학생들이 아침 자습 시간과 쉬는 시간에 모둠별로 자율적으로 진행하였다. 4학년 수업에서는 해결안 모색 과정에서 학생들에게 단계별로 단서를 제공하는 것으로 계획하였지만 고학년의 경우 단서 제공이 필요하지 않을 경우 단계형 PBL로 운영하지 않아도 된다.

평가 계획하기

PBL 평가의 특징은 학생들의 학습상태를 파악하고 피드백을 주고 배움이 구성될 수 있도록 다양한 평가 방법과 학생이 참여하는 방법을 사용한다. 평가 방법으로 교사의 관찰평가, 상호 평가, 결과물 평가, 성찰 일기로 계획하였다.

〈표 41〉 성찰 일기 양식

성찰 일기		
		이름 ( )
내용	**성찰 일기 작성**	**점수**
문제를 풀기 위해 어떻게 공부했는지 과정을 간략하게 적으시오.		
자신이 생각해낸 아이디어는 무엇이었나요?		

문제를 풀기 위해 잘못 생각했던 수학의 방법은 무엇인가요?	
모둠에서 열심히 참여한 친구는 누구이며, 어떤 점이 칭찬할 만한가요?	
새롭게 알게 된 사실은 무엇인지 모두 적으시오.	
총점	

〈표 42〉 튜터 시트 작성하기

모르는 낱말	업무, 통계, 교통 정보과
문제 핵심 파악 (6하 원칙으로 작성)	경찰이 된 이강 씨가 맡은 첫 업무를 해결하는 것이다. 그 업무는 시청 광장에 모인 붉은악마의 인원 수를 추산하여 보고하는 것이다.
문제 해결 방법	◆ 시청 광장의 넓이를 구하기 위해 도형을 잘라 사각형으로 만든다. ◆ 시청 광장의 모양이 사다리꼴이므로 사다리꼴 넓이 구하는 방법을 사용한다. ◆ 단위 넓이를 사용하는 것이므로, 가로, 세로 각각 1m의 넓이 안에 몇 명이 들어가는지 직접 해 본다. ◆ 인터넷을 통해 시청 광장에 모인 사람 수가 나온 정보를 찾아보고 어림하여 계산한다. ◆ 직접 세어 본다.
더 알아야 할 사실은 무엇일까요?	◆ 시청 광장의 넓이를 구해야 한다. ◆ 붉은악마의 수가 단위 넓이에 몇 명이 들어가는지 알아야 한다.
예상되는 오류	◆ 둘레로 넓이를 구하려는 오개념 ◆ 붉은악마의 수를 구해야 하는데 넓이만 구하는 경우 ◆ 길이의 단위를 환산할 때의 오류
학습 자원	◆ 줄자, 1m자 ◆ 웹 지도 프로그램 ◆ 붉은악마 동영상 및 사진 자료

PBL에서 튜터 시트는 문제 해결의 모범 답안이 아니다. 튜터 시트는 문제 해결에 필요한 방법, 학습 자원 및 오류에 대해 사전에 교사가 예측하면서 작성하는 것이다. 이를 바탕으로 학습자들에게 확산적인 질문을 던지기도 하고, 갈피를 잡지 못하고 헤매는 모둠에게는 간접적인 팁을 제시할 수 있다. 튜터 시트를 작성하다 보면, 자신이 개발한 문제를 풀어 보게 되는 것이므로 문제에 대한 평가도 될 수 있다.

PBL을 처음 시작하는 교사에게 튜터 시트 작성을 권한다. 튜터 시트의 형식은 〈표 42〉처럼 학습계획서와 유사한데 작성을 통해 문제의 난이도 파악, 예상되는 오류, 결과물 도출의 방향, 제공한 학습 자원 목록, 예상되는 해결 방법 파악이 가능하다.

튜터 시트의 필요성을 두 가지로 요약하면 다음과 같다. 첫째는 개발한 문제가 적절한지를 점검할 수 있다. 이 과정에서 학생들이 문제 시나리오에서 빠진 부분과 학생들이 혼란스러워할 부분을 발견하고 수정할 수 있다. 두 번째는 학생들이 붉은 악마의 수를 구하기 위해 필요한 정보가 무엇인지 사전에 예측할 수 있고 추가로 제시할 자료를 준비할 수 있다. 그리고 같은 수업을 다시 할 경우에 학생들의 활동 결과를 바탕으로 튜터 시트에 첨가하여 재작성하고 이전의 문제를 정교화하거나 수정하는 근거자료로 사용할 수 있다.

수업 과정

PBL '붉은악마의 수를 구하라.'는 H초등학교 4학년 29명을 대상으로 적용한 것이다. 이 학생들은 한 달에 1번 이상 PBL 수업을 지속적으로 해온 학생이므로 PBL의 과정을 잘 알고 있고 협동 학습에 익숙한 편이다.

'붉은 악마의 수를 구하라'의 중심 활동을 역량개발 측면에서 볼 때에 수학적 의사소통 역량과 문제해결력을 개발하는 데 있다. 이러한 배움이 일어났는지 확인하기 위해서 학생들이 학습 과정에서 학생들이 나누었던 대화와 시행착오가 중요한 근거이다. 동영상으로 촬영한 자료를 전사하여 최대한 현장감을 살린 대화를 글로 옮겼다.

똑같은 PBL 문제라도 수업의 주인인 학생과 교사에 따라 조금씩 다르게 운영된다. 이 수업의 실천 사례를 통해 PBL에 대한 아이디어와 실천 가능성을 발견하여 수업에 많은 도움이 되기를 바란다.

문제 파악하기

1) 동기 유발

동기 유발 자료로 시청 광장에 모인 붉은악마 응원단의 모습을 준비하였다. 흥겨운 응원가를 배경으로 재미있는 복장을 한 붉은악마의 모습을 보여 주자 학생들도 함께 응원가를 부르며 즐거워하였다. 학생들은 붉은악마의 응원하는 모습에 덩달아 신이 났고, 경찰관이 붉은악마 응원단의 사람의 수를 파악한다는 새로운 사실에 신기해하였다.

★ 교사 : 빨간 옷을 입고 있는 사람들은 누구인
가요?

◈ 학생 : 붉은악마요. 전에 체험 학습에서 시청
에 갔을 때 우습게 생긴 옷을 입은 사람들이
얼굴에 분장을 한 것 보셨잖아요!

☐ 학생들 : 맞아요. 오! 대한민국. 승리의 함성 오오오오~

★ 교사 : 그럼, 우리도 응원 한번 해 볼까? 대~한민국.

☐ 학생들 : 짝짝짝 짝짝!

★ 교사 : (붉은 악마가 시청 주변을 뒤덮고 있는 장면에서 정지)
여기 모인 사람들은 모두 몇 명이나 될까?

◈ 학생 : ······ 너무 많아서 셀 수가 없어요.

◈ 학생 : 한 백만 명?

◈ 학생 : 그렇게 많아? 음, 50만 명? 근데 답이 있어요?

★ 교사 : 나도 모르겠는데, 그런데 여기 이 사람은 알고 있어.

◈ 학생 : 경찰관이요?

★ 교사 : 그래. 경찰관은 범인을 잡는 일만 하는 것이 아니라 사람들이 많이
모이면 인원이 몇 명인지 파악하는 일도 해.

◈ 학생 : 왜 몇 명 모였는지 경찰관이 알아야 되나요? 진짜 몇 명인지 알 수
있어요?

★ 교사 : 좋은 질문이다. 이번 PBL 문제를 보면 알게 될거야.

2) 문제 파악하기

이번 수업에서는 텍스트 형태로 문제를 제시하였으며, 학생들에게 문제가 적힌 종이를 나누어 주었다. 동기 유발을 통해 이번에는 어떤 문제일지 궁금해 하면서 학생들 모두 재빨리 문제를 읽어 나갔다. 여기 저기서 키득거리며 웃는 소리가 들렸다. 경찰관 이름이 장래 희망이 경찰인 우리 반 친구였기 때문이다.

★ 교사 : 여러분! 혹시 어려운 낱말 있어요?

◆ 학생 : 줄자가 뭐예요? 정보과가 뭐예요? 업무가 뭐예요?

★ 교사 : 응. 업무는 '맡은 일'을 말해요. 여기서는 경찰관이 해야 할 일을 말하죠.

◆ 학생 : 선생님, 카메라와 줄자만으로 정말 몇 명인지 알 수 있나요?

◆ 학생 : 선생님, 그냥 세어 보면 안 될까요?

◆ 학생 : 경찰관도 사람이기 때문에 세려면 시간이 너무 오래 걸려서 안돼요.

★ 교사 : 이번 문제의 핵심이 무엇인지 육하원칙으로 말해 볼 사람 있나요?

◆ 학생 : 경찰관 이강 씨가 시청 광장에 모인 붉은악마의 인원을 알아내는 것입니다.

★ 교사 : 잘 파악했어요! 여러분은 지금부터 경찰관 이강 씨가 되어서 문제를 해결해야 합니다. 여러분은 어떤 마음을 갖고 해야 할까요?

◆ 학생 : 처음 경찰관이 되었으니까, 실수하지 않게 잘 해야 돼요.

★ 교사 : 그래요. 붉은악마가 몇 명인지 잘 계산해야 교통이 안 막히도록 미리 준비할 수 있겠죠?

★ 교사 : 자! 문제 파악도 다 되었으니, 지금부터는 모둠별로 어떻게 이 문제를 해결할지 토론해 봅시다. 토론하다가 질문 있으면 언제든지 물어 보세요.

문제의 핵심을 잘 파악하도록 개인별 탐색, 짝 토론, 모둠별로 과제 수행 계획서를 순서대로 작성하도록 하였다. 문제 파악 과정에서 교사는 학생들이 문제를 정확히 파악했는지 몇 가지 질문을 하면서 주인공의 역할을 내면화하도록 강조한다.

〈표 43〉 모둠이 작성한 처음 과제 수행 계획서 예시

문제 핵심 파악 (육하원칙으로 작성)	이강 씨가 시청 앞 광장에 있는 붉은악마들을 카메라와 줄자를 사용하여 대략 몇 명 모였는지 확인하고 만 명까지 반올림해서 보고하는 것이다.
문제 해결 방법	◆ 일일이 세어 본다. 시간이 많이 걸린다. ◆ 우선 가로와 세로에 있는 사람 수를 세고 그 수를 곱한다. 왜냐하면, 그 가로와 세로 안에 있는 사람들이 그 안에 있기 때문이다. 곱한 뒤 만 명까지 반올림한다.
더 알아야 할 사실은 무엇일까요?	◆ 사람들이 어떤 모양으로 있는지 알아야 한다. ◆ 넓이를 구하기 위해서는 △ 삼각형 모양인지 □ 사각형 모양인지를 알아야 한다.

〈표 43〉의 학생들이 작성한 과제 수행 계획서는 처음 작성한 내용을 바탕으로 계속 논의되고 수정되고 발전하면서 완성도가 높아진다. 처음 계획서에서 중요한 것은 문제의 핵심을 정확히 파악하는 것이다. 더 알아야 할 사실을 조사하기 위한 방법은 인터넷 정보 검색 외에도 전문가 인터뷰, 관찰, 체험, 실험을 포함한다.

과제 수행하기

⋮

① 문제 해결 방안 모색하기

이 수업에 대한 학생들의 반응은 예상 외로 뜨거웠다. 모둠 활동 시간에 29명 각자가 생각한 방법들을 설명하느라 교실 전체가 와글와글 거렸고 적절한 해결방법을 찾기 위해 혼란스러웠다. 이는 PBL에서 학습이 본격적으로 이루어지는 과정에서 흔히 볼 수 있는 장면이다.

학생들은 각자가 생각한 붉은 악마의 수를 구하는 방법을 연필로 그려 가며 친구들에게 열심히 설명하였다. PBL에서 모둠 활동의 의미 중 하나는 학습자 중심 환경에서 자칫 방향을 잃고 헤매지 않게 지지하고 비판하는 학습의 공동체 역할이다.

이번 수업에서도 학생들은 서로의 의견을 경청하면서 타당하고 합리적인 생각일 경우 지지하고 오류가 발견되면 반론을 제기하고 자신의 의견이 옳다고 믿을 경우 친구를 설득하면서 연습장이 새까맣게 될 정도로 머리를 맞대며 시간 가는 줄 모르고 고민하였다. 팀활동에서 서로 다른 의견이거나 수정해야할 의견에 대해 기분나쁘지 않게 토의하는 방법을 사전에 연습하는 것이 갈등상황을 줄일 수 있다.

모둠활동의 두 번째 의미는 문제 해결을 위해 학생들마다 서로 다른 관점을 가졌기에 하나의 문제 해결을 위해 다양한 접근을 통해 학습이 풍성하게 구성되는 것이다.

처음에 문제를 개발할 때는 학생들이 너무 쉽게 해결할까 염려했는데 막상 시작하니 학생들은 어려워하면서도 즐겁게 몰입하는 모습을 보면서 PBL이 갖는 매력을 새삼 확인할 수 있었다.

오늘의 PBL 수업은 묘한 승부욕을 꿈틀거리게 했다. 왜냐하면, 이번 PBL 수업은 너무 어려운 문제였기 때문이다. 풀 때 필요한 것이 어림하기, 넓이 구하기, 규칙 찾기 이런 것 같다. 나한테는 승부욕의 불을 붙여 준 이 PBL 학습이 지금까지 중의 최고로 어려운 문제였다. 너무 구하기가 어려워 컴퓨터실에 가서 네이버 지도를 인터넷에 검색하고, 네이버 지도를 클릭해 보니, 우와~ 서울 광장인지 시청 광장인지는 자세히는 모르겠지만, 시청 광장의 길이를 구하면 뭔가 알 수 있을 것 같다. 네모나게 길이를 구하고 (가로)×(세로), 그리고 거기에서 뺄 부분은 빼 준다. 그러면 왠지 나올 것 같다. 모둠원들이 5분 동안 묵묵히 침묵을 지키면서 생각하였다. 나도 생각을 해 보았지만 너무 힘들다. PBL 학습 종이에 있는 사진을 보고, 또 보고 생각하고, 또 생각하고 집에 와서도 텔레비전 볼 때도 밥 먹을 때도 그 생각만 하였다. 난 이런 PBL 학습이 참 좋은데 어렵기는 무지 어렵다.

오늘 수학 '붉은악마의 수를 구하라.' PBL 수업을 하였다. 시청 앞 광장에 있는 붉은악마의 수를 구해야 되는데 넓이와 어림하기를 이용해야 될 것 같은데 생각이 안 난다. 또 단위 넓이가 힌트이니 참 어렵다. 우리는 아주 깊은 생각에 빠졌다. 선생님이 말씀해 주신 힌트가 바로 '단위 넓이'이다. 지금 내 머릿속에서 빙빙 돌기만 한다. 선생님이 단위 넓이라 한 것은 의미가 있을 거야. 답은 언젠가는 나오겠지. 생각 좀 해 봐야겠다. 과연 붉은악마의 수를 구할 수 있을까? 난 어떻게든 구하고 싶다.

컴퓨터실로 가서 선생님께서 네이버 지도 쓰는 법을 힌트로 알려 주셔서 배우고 시작했다. 나는 머리가 복잡해져서 머리를 쥐어박았으면 좋겠다. ○○는 새로운 것을 해 보고, ○○는 계속 찾고 있다. 마침내 영우가 알아냈는데 약 1만 명 정도 된다고 하였다. 생각보다 적어서 믿어도 될지 고민이다. 자세한 것은 오늘 오후 9시에 꽃다지 7기 카페 게시판을 통해 논의하기로 하였다.

[이 수업이 진행되는 중에 쓴 학생의 일기]

[문제 해결을 위해 토론하는 학생 모습]

　학생들이 붉은악마의 수를 구하기 위해 모둠원들과 수학적 의사소통을 끊임없이 하면서 시행착오를 거쳐 수정하는 과정을 반복하였다. 모둠 활동에서 자신의 의견을 인정받으면 더욱 확고해지고 문제가 제기되면 이를 수정하기를 반복하였다. 이렇게 협업 환경에서는 1+1=2가 아닌 10이 되고 20이 되어 혼자서 해결할 때보다 문제 해결 능력이 증폭된다.

　4학년 눈높이에 맞게 문제 상황을 수정하였다. 처음에는 붉은 악마가 위치한 장소를 하늘에서 단순환 도형아 아닌 형태로 제시하였다가 시청광장 테두리 안으로 장소를 제한하였다.

　학생들이 난관에 부딪힌 첫 상황은 시청 광장의 넓이를 구하기 위해서는 광장의 둘레를 구해야 되는데 어떻게 해야 할지 난감해했다. 몇몇 학생은 '인터넷에 검색하자'. '시청에 전화해서 물어보자', '직접 시청에 가서 줄자로 재보자'며 다양한 아이디어가 나왔다.

　이 시점에서 첫 번째 단서를 제공하였다. 단서는 '인터넷 지도 이용하기'이며 컴퓨터실에 가서 디지털 지도를 활용하는 방법과 거리를 측정하는 방법을 알려주었다. 첫 번째 단서를 제공하자 학생들은 활기를 띠기 시작했다. 몇몇 모둠은 붉은 악마의 수를 다 구했다면서 계산한 결과 종이를 꼭꼭 접어서 보안을 유지하기도 했다.

단서 제공 후 컴퓨터실에서 학생들은 시청 광장의 둘레를 재고 넓이를 구하는 방법을 다각도로 모색하였다. 4학년이 배운 도형의 넓이는 삼각형과 사각형인데 사다리꼴 모양의 넓이를 어떻게 구해야 하는지 고민을 하였다. 필자가 예상한 넓이 구하는 방법은 첫 번째로 4학년이 알고 있는 사각형과 삼각형으로 나누어 구하는 것이고 두 번째는 사다리꼴의 넓이를 구하는 방법에 대해 질문하거나 공식을 인터넷으로 조사하여 구할 거라고 예상하였다. 그러나 4학년은 사다리꼴의 넓이를 배우지 않았기에 아무도 궁금해하지 않았다.

넓이 단원에서 도형의 모양이 사각형이 아닌 경우 도형을 나누어 사각형으로 만들어 구하는 방법을 여러 번 다루었지만 예상과는 달리 사다리꼴을 자르는 방법으로 접근하지 못했다. 오히려 수학 시간에 배운 '둘레가 같아도 넓이는 다르다'는 개념을 다르게 적용하여 둘레를 4등분 하여 사다리꼴의 모양을 정사각형으로 만들어 계산하는 모둠이 많았다.

이번 수업에서 교사의 중심 역할은 해결안에 수학적 오류가 발견되면 소크라테스처럼 모둠을 순회하면서 질문을 던져서 사고에 균열을 내는 것이었다. 이번 수업에서 중간발표는 보안 유지를 위해 팀원과 교사와의 소규모 만남을 가졌다. 학생들은 반박하며 설명하다가 논리적으로 막히거나 오류를 발견하면 놀라기도 하고 충격을 받으면서 새로운 해결안을 모색하였다. 절반의 모둠은 수학적인 오류나 비논리적인 해결 방법에 피드백을 받아도 생각이 변하지 않았다.

[컴퓨터실에서 웹 지도를 활용하여 활동하는 모습]

◈ 학생 : 선생님, 저희 다 계산했어요. 다른 모둠이 모르게 쪽지를 접어서 보관하고 있어요.

★ 교사 : 정말 빨리 했네요. 어떤 방법으로 해결했나요?

◈ 학생 : 서울 시청 광장의 둘레가 있는데 이게 약간 좀 모가 나 있잖아요. 대략 둘레의 길이가 440m가 나오거든요. 그것을 4로 나눠요. 몫 곱하기 몫을 하면 넓이가 나오잖아요. 그래서 약 만 명 정도가 돼요.

★ 교사 : 지금 설명한 것에는 두 가지 문제가 있어요. 한 가지만 말하면 여러분은 넓이만 구한 거예요. 문제는 그 안에 있는 사람의 수를 구하는 것인데 ....

◈ 학생 : 그러면요. 거기에 사람이 있잖아요. 거기를 꽉 채우잖아요. 그럼 촘촘히 있다고 생각하면 되잖아요. 그 넓이만 구하면 사람이 꽉차 있으니까 되잖아요.

★ 교사 : 그렇다면 가로 2m, 세로 2m가 있다면 넓이가 4m2인데, 4명이 꽉 차 있는 것일까요? 가로 2m, 세로 2m 정사각형을 직접 그려서 만들어 보고, 자신들의 생각이 맞는지 확인해 보세요.

대화를 분석해 보면 넓이 계산에서 몇 가지 문제점을 발견할 수 있다. 첫 번째 오류는 4학년 2학기 5단원에서 둘레가 같아도 넓이가 같지 않다는 것을 배웠다. 그런데 사각형 모양의 시청 광장의 둘레를 4등분해서 정사각형으로 만들어 넓이를 아주 쉽게 구해 버렸다. 두 번째 오류는 넓이를 구한 것과 사람의 수가 동일하다고 가정한 것이다. $1m^2$당 한 사람이 들어갈 것이라고 생각하였다. 이것은 여기서 사용된 넓이의 단위에 쓰인 $1m^2$의 의미와 크기를 숫자로 계산은 할 수 있지만 $1m^2$의 단위 넓이의 크기를 실제 넓이의 개념으로 인식하지 못하였고 사람의 수를 세는 게 최종 결과임에도 불구하고 넓이와 사람의 수를 동일시하는 오류가 생겼다.

학생들의 문제 해결과정을 관찰하면서 수학 교과서의 넓이 문제를 정확히 계산했다고 하여 넓이의 개념을 이해한 것은 아니라는 사실을 알았다. 교과서에서 탈맥락적으로 배우는 아주 쉬운 지식도 막상 실생활에는 전이되지 못하는 한계를 확인하였다.

두 번째 단서로 제공한 것은 '단위 넓이를 이용하라'였다. 학생들이 넓이를 대략적으로 구했지만, 붉은악마의 수를 어떻게 구해야 할지 2개의 모둠을 제외하고는 진전이 없었다. 그래서 학생들에게 단위 넓이를 임의로 정하여 시청 광장의 넓이에서 몇 번 들어가는지, 그리고 자신들이 정한 단위 넓이 안에 몇 명이 들어갈 것인지를 직접 측정해 보도록 하였다.

한 모둠에서는 교실의 50cm 자를 이용하여 단위 넓이를 구하자는 아이디어를 냈다. 학생들이 가로 1m, 세로 1m의 단위 넓이를 이용하여 그 안에 몇 명의 붉은악마가 들어가는지 직접 측정해 보자는 것이다.

[단위 넓이를 이용한 문제 해결 과정]

앞의 모둠은 시청 광장의 넓이를 일단 구해 놓은 상태였기 때문에 그 넓이 안에 몇 명이 들어갈 것인지에 대해 많은 고민을 하고 있었다. 두 번째 단서인 '단위 넓이를 이용하라'는 힌트를 듣고 모둠원들은 생각에 잠겨 있었다.

다음은 문제 해결 과정에서 학생들이 나눈 대화이다. 수학 시간에 넓이의 도입에서 다루었던 단위 넓이에 대한 교과서 부분을 찾아 접근하고 있었다.

◈ 학생 : 단위 넓이를 이용하라고 했으니까, 수학책에서 단위 넓이가 먼지 한 번 찾아보자.

◎ 학생 : 여기, 1cm²가 단위 넓이 아니야?

▨ 학생 : 말이 되냐? 이렇게 가로가 1cm에 사람이 어떻게 들어 가냐?

♧ 학생 : 그러면, 더 넓게 1m²로 해야 될 것 같아.

☐ 학생들 : 맞아! 그렇게 해 보자!

◈ 학생 : 다른 모둠 모르게 우린 복도에 나가서 하자. 비밀이 새어 나가면 안 되잖아.

◎ 학생 : 자가 50cm 길이니까 그냥 50cm로 하자.

▨ 학생 : 그럼 계산하기 복잡해. 딱 떨어지게 1m로 해야 돼.

▨ 학생 : 일단 앉아 보자.

♧ 학생 : 바닥에 앉아야지 응원할 때처럼.

◈ 학생 : 4명 들어가는 데 사람이 많이 좁게 앉으니까 한 명 더 들어와 봐.

◎ 학생 : 딱 맞아. 5명 들어가는 걸로 하자.

▨ 학생 : 이제 계산만 하면 되네. 춥다! 들어가자.

학생들은 수학적인 의사소통을 계속 나누면서 의견을 검증하고 아이디어를 발전시켜 평가하며 문제 해결을 위해 한 발자국씩 전진하고 있었다. 학생들은 기존의 배경 지식을 활용하여 스스로 학습을 구성해 나가고 있다. 비슷한 방법으로 문제를 해결해 나가는 다른 모둠이 있었는데, 그중 한 학생이 집에서 엄마와 아빠와 함께 $1m^2$ 넓이 안에 몇 명이 들어가는지 직접 앉아서 해 보고 왔다고 하였다. 두 번째 단서까지는 대부분의 모둠이 넓이만을 구한 상태이고 위의 대화처럼 한 모둠만 단위 넓이를 활용하여 붉은 악마의 수를 구한 상태이다.

세 번째 단서로 '붉은 악마가 되어라.'를 제시하였다. 교사가 의도한 이 힌트의 사용 방법은 학생들이 단위 넓이를 임의로 정하고 나서 붉은악마처럼 직접 그 안에 몇 명이 들어갈 수 있는지를 구한 다음, 전체 넓이에서 단위 넓이가 몇 번 들어가는지 구하고, 단위 넓이 안에 들어간 사람 수를 곱하여 계산해 보도록 하였다. 실제 경찰관이 집회 인원을 파악하는 방법도 이러한 과정이기 때문이다.

학생들은 마지막 힌트를 제공하자마자 학생들은 문제 해결 방법과 연결 짓기 위해 갖가지 추측들을 늘어놓았다. '붉은악마가 되어라.'는 글자가 8글자니까 8만 명일 거라고 추측하는 모둠, 아이디어가 생각난 듯 동그랗게 모여 어깨동무를 하고 속닥거리다가 자를 들고 황급히 나가는 모둠, 아직도 알쏭달쏭해서 모르겠다는 모둠까지 다양하였다. 다음은 세 번째 단서를 제시한 뒤의 활동 모습이다.

[세 번째 단서 제공 후 문제 해결 과정]

세 번째 단서를 제공한 후, 2개의 모둠은 아직도 모둠원 안에서 만족스러운 결과를 얻지 못하여 계속해서 해결 방법을 제안하고, 검증하고, 폐기하기를 반복하고 있었다.

② 결과 정리 및 발표 준비

처음 문제를 개발할 때는 하루면 끝날 것으로 예상했는데 3일이 지나도 해결이 되지 않자, 학생들은 문제해결을 위한 추가시간을 요청하여 2일을 더 연장하였다. '붉은 악마의 수 구하기'에 학생들이 이토록 몰입하는 까닭이 무엇일지 생각해보았다. 그것은 프로젝트의 문제가 가지는 비구조성이라는 특징 때문이다. 일반적으로 수업에서는 배워야 할 지식이 존재하고 교사는 수업내용을 잘 전달하고 이해하기 쉽게 구조화해서 학생에게 제시하는데, PBL에서는 비구조화된 문제상황을 제시하고 학생들이 구조화하여 최종 결과물을 자신들이 만들어가기에 이 과정에서 학생들은 자발성과 주인의식을 갖게 되는 것이다.

이번 붉은악마 수업을 위해 나는 수학 시험 볼 때도 선생님이 검토를 3번 하라고 아무리 강조해도 한 번만 했는데, 이번에는 계산이 맞는지 확인하느라고 11번이나 했다. 확인하고 또 확인하기를 반복했다. 이렇게 수학 문제를 풀었으면 100점 맞았을 것 같다. 제발 붉은악마 수가 맞았으면 좋겠다.

그림에서 보듯이 결과 정리는 시간 관계상 컴퓨터를 이용하지 않고, 도화지에 풀이 과정을 써서 설명하기로 하였다. 학생들은 도화지에 시청 광장 그림과 풀이 과정을 기록하고 발표자를 정하여 발표 연습을 하였다.

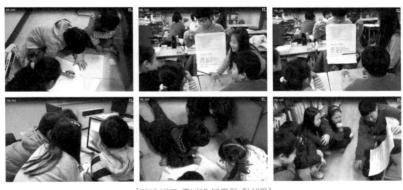

[결과 발표 준비에 분주한 학생들]

모둠별로 돌아가면서 발표 내용을 살펴보는데, 필자가 생각지도 못한 방법으로 계산한 모둠도 있었고, 여전히 수학적인 오개념으로 풀이를 전개해 나가는 모둠도 있었다. 한 모둠은 문제 해결에 대한 모둠원들의 의견이 모아지지 않아서 계속 토론 중이고 풀이에 대한 자신의 생각을 친구들에게 설득하고 있었다. 모둠에게 주어진 시간이 얼마 남지 않았기 때문에 의견을 다수결로 결정하라고 주문하였다.

PBL은 교사주도의 수업에 비해 자기주도적인 학습시간과 협업 시간이 절대적으로 많이 필요하다. PBL 수업을 하다 보면 교사가 계획한 일정보다 짧게는 1~2일, 길게는 일주일이 길어진다. 수업 일정을 무한정 늘릴 수는 없지만 학생들의 요구와 준비도를 파악하여 일정을 연장하는 것이 학생들의 성취감과 배움에 유용하다. 하지만 수업 기간이 지나치게 길어지게 되면 긴장감과 책임감이 떨어지기 때문에 교사는 학습의 동기와 몰입도를 유지하도록 프로젝트 진행 정도와 시간관리를 수시로 확인할 필요가 있다.

학생들은 결과 발표 준비를 하는 과정에서 모둠원 간에 검증하고 수정하는 시간을 갖는다. 이번 PBL은 자료 검색과 재구성보다는 학생들의 수학적인 아이디어와 논리적인 사고들을 종합해야 하는 학습이므로, 학생들은 마지막 결과 정리 직전까지도 끊임없이 문제를 해결하려는 모습을 보여 주었다.

결과 발표 및 평가하기

드디어 붉은악마 수업의 발표 시간이 다가왔다. 모둠별로 해결방안 내용을 극비리에 진행하였기 때문에 서로의 해결 방법을 전혀 모르고 있었다. 평소에 서로 친한 친구들끼리도 말을 안 했다고 해서 깜짝 놀랐다. 학생들이 학습 과정에서 과제에 대한 집착력이 얼마나 강한지를 알 수 있는 대목이었다.

발표에 앞서 학생들과 함께 평가 기준을 간단히 정하였다. 발표 내용, 발표 태도, 창의적인 아이디어의 세 가지로 정하여 〈표 44〉과 같이 상호 평가표를 활용하여 발표와 동시에 평가를 하였다.

결론적으로 말하면 6개의 모둠의 해결 방법이 모두 달랐고, 해결 과정에서 오류와 오개념을 하나씩 갖고 있었기 때문에 발표 과정에서 날카로운 질문들이 쏟아져 나왔다.

〈표 45〉의 내용처럼 학생들은 발표 과정에서 넓이와 단위 넓이의 개념 등의 수학적인 지식을 재구성하였다. PBL의 최종 결과물을 공유하는 발표 시간에는 약간의 긴장감이 흐른다. 발표를 듣는 학생들은 꼼꼼하게 내용을 따져보고 질문 공세가 쏟아지기 때문이다. 학습 과정에서 자신들도 충분히 고민하고 알고 있었던 내용이기 때문이다.

첫 모둠이 발표할 때 학생들이 너무 조용히 발표자를 바라보았다. 첫 발표라 떨려서 그런지 목소리가 매우 작았지만 교실이 너무 조용해서 다 들을 수 있었다. 처음에는 학생들이 조용한 이유가 별 관심이 없어 그런 줄 알았지만 한 학생이 반올림을 하지 않았다는 질문을 던지자마자 전체 학생이 한 목소리로 '맞다.'라고 외쳤다. 모두들 숨죽이며 머릿속으로 다른 모둠의 계산을 평가하고 검산하며 학습을 구성하고 있었던 것이다.

시청 광장의 전체 둘레의 길이를 재어 보면 총 440m 입니다. 이것을 4로 나누어서 정사각형을 만들면 한 변의 길이가 110m입니다. 따라서 사각형의 넓이는 1,210m²가 됩니다. 이것을 cm로 고쳐서 풀면 총 12,100,000cm²가 됩니다. 단위 넓이는 1cm²이므로 붉은악마의 수를 구하면 12,100,000명이 됩니다.

◆ 질문 : 왜 반올림을 하지 않으셨나요?
♣ 학생들 모두 : 만 단위까지이니까 안 해도 되잖아요.

◆ 질문 : 지금 넓이를 구한 것이지 붉은악마의 수를 구한 것은 아닌 것 같은데요.

▶ 답변 : 우리 모둠은 단위 넓이를 1cm²로 정해서 구했기 때문입니다.

◆ 질문 : 그렇다면, 1cm2에 1명이 들어간다는 말입니까?
▣ 교사 : 그럼, 손으로 1cm2가 어느 정도인지 손가락으로 크기를 표현해 보세요.

♣ 학생들 : 헉 이만큼이요. 너무 좁아요.
▣ 교사 : 그럼, 이만큼에 사람이 한 명 들어갈 수 있 나요?
♣ 학생들 : 아니요.

	◈ 발표자 : 여기 서울 광장의 넓이를 쉽게 구하기 위해 여기 조금 튀어나온 부분을 잘랐습니다. 그래서 대략 직사각형으로 만들었습니다. 여기서 가로 곱하기 세로를 해야 서울 광장의 넓이가 나오겠죠? 가로 102m, 세로 120m를 곱하면 12,240m²가 됩니다. 여기서 1m²가 단위 넓이가 되는데, 1m² 안에 자로 재서 해 봤는데 3명이 들어갑니다.
	◆ 질문 : 3명이 들어갔는지 어떻게 해 보았습니까? ◈ 발표자 : 집에서 해 봤습니다. 붉은악마들은 꽉 차 있으니까, 엄마, 아빠, 제가 들어갔더니 꽉 찼습니다. 그래서 12,240m²이니까 1m² 안에 3명이 들어가서 12,240×3=36,720명이구요. 만의 자리까지 반올림하면 4만 명입니다. 질문 있습니까?
	◆ 질문 : 저기에 1m라고 되어 있는데, 잘못 쓰지 않았습니까? 1m가 단위 넓이라고 했는데, 넓이의 단위는 1m²인데. ◈ 발표자 : 아! 잘못 썼습니다. 죄송합니다. ◆ 질문 : 저기, 직사각형을 잘랐으면 넓이가 달라지지 않습니까?
	◈ 발표자 : 아닙니다. 여기를 잘라서 직사각형으로 만들었습니다. ◆ 질문 : 그럼, 답이 달라지지 않습니까? ◈ 발표자 : 이건 대략이니까, 붉은악마의 수를 대략 구하는 것이라서 그렇게 했습니다. 반올림을 만 단위로 하는 것이라 괜찮을 것이라 생각했습니다.

　　6개의 모둠이 발표할 때마다 학생들은 사소한 단위에 대한 실수부터 풀이 과정에서 수학적 오류들을 찾아내기 위해 예리한 질문을 쏟아내었다. PBL에서 발표 과정은 학습이 일어나는 중요한 순간이다. 문제해결 과정에서는 주로 모둠 단위에서 토의와 토론을 통해 배움이 구성되었다면 발표 과정에서는 6개의 서로 다른 관점과 전략을 공유하므로 학습이 확장되고 오개념이나 오류를 철회하고 재구성된다.

'붉은악마의 수를 구하라'의 문제 해결 방법은 모둠마다 모두 다르게 나왔다. 구성주의 학습에서 말하는 '다양한 해결안'이 나왔고, 처음 수업을 설계할 때 교사가 예상하지 못했던 참신한 접근 방법들이 많았다.

아래와 같이 독특하게 인터넷을 활용하여 해결한 모둠도 있었다. 이 모둠은 열심히 넓이를 구하고 계산하다가 자신들의 방법에 확신이 서지 않아서 인터넷 검색으로 문제를 해결하였다. 또 한 모둠은 단위 넓이의 개념을 기존의 $1cm^2$나 $1m^2$가 아닌 좀 더 자유롭게 사용하여 적용하였다. 어른 한 명이 차지하는 넓이를 단위 넓이로 사용한 학생도 있었다. 해결방안 중에 최고의 아이디어이다. 모둠의 의견으로 채택되지 못해서 발표는 하지 않았지만 성찰 일기 작성에서 자신의 처음 해결 방법을 적는 부분에서 발견하여 친구들에게 설명하도록 요청하였다. 발표할 때는 학생들은 풀이 과정을 외워서 전달했는데 얼마나 고민을 많이 했는지 알 수 있었다.

〈표 46〉 인터넷 검색을 활용한 해결 방법

◈ 발표자 : 서울 광장의 평수는 1,900평입니다. 근데 한 평에는 22명이 들어갈 수 있습니다. 그러므로 1,900 곱하기 22를 하면 41,800입니다. 답은 41,800인데 만의 자리에서 반올림하면 4만이므로, 답은 4만입니다.
◆ 질문자 : 한 평에 22명이 들어가는 것은 어떻게 알았습니까?
◈ 발표자 : 인터넷에서 찾았습니다.
◆ 질문자 : 인터넷에 그렇게 나왔다고 해서 그것이 옳다고 할 수 있을까요?
◈ 발표자 : 꼭 옳다는 것은 아니지만…….
◆ 질문자 : 여러 가지 답을 찾아서 비교해야 되는 것 아닙니까?
◈ 발표자 : 여러 가지 답을 찾아보았지만 이런 답은 나오지 않았습니다.
▣ 교사 : 한 평이 어느 정도입니까? 가로 1.8m, 세로 1.8m,의 넓이입니다. 교실에서는 이 정도의 넓이입니다. 여기에 22명이 들어갈 수 있나요? 너무 많다고요? 그래요. 22명은 너무 많은 듯합니다. 실제로 한 번 1평 넓이에 몇 명이 들어가는지 확인했으면 하는 아쉬움이 있습니다. 이 모둠은 정말 대단해요. 아주 정확하지는 않지만 인터넷의 정보를 활용하여 문제를 해결하는 것도 참신한 접근입니다. 인터넷의 정보가 정확한지 여러 사이트를 비교하고 확인한 후 사용하는 신중함을 이번 기회에 배울 수 있는 경험이 되길 바랍니다.

PBL '붉은악마의 수를 구하라' 문제는 학생들에게 도형과 넓이의 개념을 실생활 맥락에서 적용성을 높이고, 문제 해결 과정에서 학생들이 수학적 의사소통을 통해 학습을 스스로 구성할 수 있도록 설계하였다.

프로젝트 수업에서 발표 시간에는 모두가 초집중 상태로 경청한다. 문제 해결 과정에서 깊이 있게 고민했던 내용이기에 경청하게 되고 궁금한 내용이나 반박할 질문들이 많을 수밖에 없다. 발표 시간의 질의응답 과정을 지켜보면, PBL 과정에서 학생들의 학습의 양과 질을 추측할 수 있다.

맨 마지막에 발표를 하는 모둠의 발표자는 앞에 나오자마자 발표를 못하고 흐느끼며 울기 시작하였다. 앞 모둠에서 발표하는 내용을 들으면서 자신의 모둠의 문제 해결 방법이 잘못되었다는 것을 알았던 것이다. 즉, 발표 과정에서 또 다른 학습이 일어난 것이다. 우리 학생에게 아이들은 '괜찮아', '틀리면서 배우는 거야'라며 박수를 치며 격려를 해주었다.

발표가 끝난 다음, 학생들이 가장 많은 오류를 범한 둘레의 길이와 넓이와의 관계에 대해 다시 한 번 정리하였다. 정리하는 과정에서 수학을 잘해서 평소 '이 박사'라고 불리던 학생은 얼굴이 발그레해지며 자신의 수학적인 실수에 대해 많이 부끄러워하였다.

이번 문제 해결의 핵심적인 개념인 넓이는 도형 영역 중에 학생들이 가장 쉽다는 생각하는 내용이었기 때문에, 거의 모든 모둠이 쉽게 해결할 것으로 기대하였다. 하지만 수학 시간에 배웠던 '둘레의 길이가 같아도 넓이는 다르다'는 개념을 혼동하여 전체 둘레를 4로 나누어 정사각형으로 만들어 넓이를 계산한 모둠이 6모둠 중에 4모둠이나 되었다.

이번 '붉은 악마의 수를 구하라.'는 PBL을 하면서 교과서에서 다루고 있는 탈맥락적이고 일반화된 지식을 실생활에 적용한다는 것이 얼마나 어려운 일인지를 절감하였다. 평소 학급에서 수학을 잘해서 100점을 맞은 학생들의 해결 방법과 그렇지 않은 학생들의 PBL에서 학습 결과는 거의 차이가 나지 않았다. 오히려 〈표 47〉처럼 주목할 만한 아이디어로 문제를 해결한 학생은 평소 수학 실력이 뛰어난 학생이 아니었다.

먼저, 시청 광장의 넓이를 구했는데, 시청 광장의 둘레의 길이를 네이버 지도에서 구해 보니까 432가 나옵니다. 그것을 4로 나누면 한 변의 길이가 108m로 나옵니다. 108 곱하기 108 하면 11,664가 됩니다. 그럼 단위 넓이인 70cm×70cm에 사람이 얼마나 들어가는지 알기 위해서 11604m^{2}를 cm^{2}로 바꾸면, 116,040,000cm^{2}가 됩니다. 그래서 단위 넓이로 정한 490cm^{2}를 나누면 23,804명이 되어 반올림하면 2만 명이 됩니다.

'붉은악마의 수를 구하라.' 수업은 학생들이 넓이계산문제를 잘 푸는 것과 넓이와 단위넓이의 개념을 제대로 아는 것에는 차이가 있음을 알게 되었다.

수업을 마치고 나서 처음 이 수업을 설계할 때 작성했던 튜터 시트에 새로운 항목들이 추가되었다. '붉은 악마의 수를 구하여라' 이 수업을 다시 하게 된다면 튜터시트를 참고하여 학생들의 사고를 촉진하는 조력자의 역할을 더 잘할 수 있을 것이다.

학생들이 쓴 성찰 일기를 통해 학습 과정, 상호 작용, 생각의 변화, 수업에 대한 평가를 간접적으로 확인할 수 있었다.

학생들의 성찰일기 ✏️

나의 아이디어가 아주 좋아서 기분이 좋았다. 시청을 직사각형 모양으로 잘라 빈 공간은 남은 것을 가져다 붙여 직사각형을 만들어 넓이를 구했다. 왜냐하면, 그렇게 하면 구하기도 쉽고 정확하기 때문이다. 이렇게 안될 것 같은 일도 노력하면 무엇이든 된다는 것을 느꼈다. 어려웠지만 재미있었다.

시청 광장에 사람들이 엄청 많이 들어간다는 것을 알았다. PBL은 비밀이다. 왜냐하면, 우리가 모르는 비밀을 파헤쳐서 알게 되기 때문이다. 친구들과 같이 웃고 떠들면서 머리를 맞대어 생각한 것이 좋았다.

새롭게 알게 된 것은 수학은 계산만 하는 것이 아니라 몸으로도 해야 될 것도 있다는 것을 배웠다. ○○와 ○○의 새로운 모습을 보게 되었다. 어떤 모습이냐 하면 꼴찌들도 수학적인 재능과 머리를 100% 나타낼 수 있다는 점이다.

둘레의 길이가 같다고 넓이는 같지 않다. 어렵기는 했지만 재미있었고, 공부할 것이 아직도 많이 남아 있다는 것을 느꼈다. PBL 수업은 나의 생각이다. 왜냐하면, 내가 알고 있는 것을 이용하여 하는 것이기 때문이다. 문제를 해결할 때, 너무 한 가지 의견으로만 해결하지 말고 폭넓게 생각하고, 잘못하고 실수를 하더라도 다시 구하면 된다는 것을 알았다. 모둠 친구들이 실수를 해도 위로해 주었고, PBL을 하면서 더 돕게 되었다.

부모가 변하면 학교도 변한다.

[사례1]

교실 앞에 웅크리고 앉아 울먹이던 한 아이가 떠오른다. 평소 밝은 표정에 장난 끼가 다분한 아이라서 큰일이라도 생긴 줄 알고 황급히 다가가서 물어보았다.

"무슨 일이니?, 왜 집에 안가고 울고 있어."

아이는 창백해진 얼굴로 울먹이며 말했다.

"엄마가 온다고 했어요."

"교실로 엄마가 오신다고? 무슨 일로 오신다고 그러시니?"

선생님의 질문에 아이는 더 이상 말을 잇지 못했다. 발을 동동거리고 울먹일 뿐, 선생님의 질문이 귀에 들어오지 않는 모습이었다. 어떤 공포에 질린 모습과도 같았다. 그때, 계단 아래에서 누군가 다급히 올라오는 소리가 들렸다. 직감적으로 아이의 엄마인 것 같았다. 엄마는 교실 앞에 서있는 아이를 날카롭게 쏘아보면서 다소 흥분된 목소리로 말했다.

"선생님, 시험지 좀 보여주세요. 우리 애가 그런 적이 없는데 이번에 많이 틀렸어요."

당황스러웠다. 선생님과 제대로 된 인사도 나누지 않았는데 다짜고짜 시험지를 보자고 한다. 마치 선생님이 잘못 가르쳐서 시험성적이 떨어졌다는 일종의 원망도 섞여 있는 것 같았다. 일단, 불쾌한 느낌을 뒤로 하고 아이의 시험지를 꺼내서 엄마에게 보여주었다. 엄마는 공포에 질린 아이를 옆에 앉히고 틀린 문제를 짚어 가면서 책망을 하기 시작했다.

"어떻게 이걸 틀릴 수가 있어. 쉬운 문제잖아. 이거 꼭 외우라고 했지."

"이건 뭐, 이걸 시험이라고 본거니? 이제 당분간 컴퓨터는 못할 줄 알아."

엄마는 너무 흥분한 나머지 선생님 앞이라는 것을 잊은 모양이다. 아이는 큰 죄인이 된 것처럼 고개를 푹 숙이고 사색이 된 표정으로 엄마의 처분만 기다리고 있는 듯 보였다.

부모들은 자녀의 미래를 위해 초등학교 때부터 성적 경쟁을 벌이기 시작한다. 이 무렵 성적(공부)이 아이를 바라보는 시선에 중요한 척도가 되고, 부모의 기대에 차지 않기라도 한다면 무한 갈등 상황이 벌어지기도 한다. 부모들은 높은 지위에 오르기 위해서는 좋은 학벌을 가져야 하고, 학연이 권력이 되는 사회에 살고 있기 때문에 하기 싫은 공부라도 억지로 해야 한다고 여긴다. 그것이 결국 자기 자녀를 위하는 길이며, 성공의 지름길이라고 확신한다. 이런 믿음 때문에 많은 부모들은 초등학교를 대학 입시 경쟁의 출발선이라고 생각하면서 어린 나이부터 성적경쟁으로 몰아넣는다. 아이들은 성적경쟁에 뒤쳐지지 않기 위해 밤늦은 시간까지 빈틈없이 짜여 진 스케줄에 따라 수학, 영어, 논술, 종합, 예능, 체육 등의 각종 학원에 피곤하고 지친 몸을 맡긴다.

[사례2]

Reading시간에 50개의 단어들을 보았다. 나는 아깝게 1개를 틀렸고 남자애들은 너무 많이 틀렸다. 선생님께서는 원래 틀린 개수 −7번을 맞는데 특별히 재시험과 맞기 둘 중의 하나를 선택하도록 해 주셨다. 나 같으면 재시험을 택했을 것을 Kevin은 바보같이 맞기를 선택했다. 우리 Kate 쌤의 회초리는 아무도 못 따라올 정도로 아프다. 나도 맞아본 적이 있는데 1대를 맞으면 빨개지며 멍이 들어 연필로 글씨도 못 쓰고 2대를 맞으면 눈물이 나온다. 쌤의 몽둥이는 여러 가지 있는데 다른 여러 쌤들께 나눠주신다. 오늘 Kevin은 선생님들도 인정하신 아주 초강력 두꺼운 회초리로 5대를 맞았다. 걔는 단숨에 손바닥이 빨개졌고 너무 아파서 우리 모두 앞에서 울었다. 사랑의 매라는 것은 알지만 내가 생각해도 너무 심한 것 같다.

– 초6학년 어느 아이의 일기 「영어학원에서 생긴 일」중

학생인권조례는 학교 안에서만 유효한 것일까. 성적을 올리기 위해서라면 회초리나 온갖 벌칙이 동원되어도, 아이들의 인권이 침해당해도 괜찮다고 생각하는 부모들이 여전히 많다. 'OECD 학업성취도 국제비교평가(PISA)'에서 교과소양은 최상위권으로 높지만, 흥미도는 최하위 수준, 자기주도적 학습능력이나 학습효율화 지수도 매우 낮은 수준에 불과하다는 것은 분명 우리에게 시사하는 바가 크다. 이제는 '공부가 없는 세상에서 자유롭고 싶다'라는 아이의 외침에 귀를 기울여야 할 때이다. 자녀들이 배움의 과정에 스스로 참여하고 배움의 우선순위도 아이들이 선택하고 실천할 수 있도록 기다리는 과정은 행복한 일이다. 조급한 마음, 비교하는 마음은 부모와 아이 모두를 병들게 만들 뿐이다. 지금부터 시작이다. 아이들이 단순한 지식 습득에 매달리기 보다는 학습에 대한 책임감을 키우고 학습하는 방법에 대한 노하우를 쌓을 수 있도록, 혼자 하는 공부보다는 작은 공동체 속에서 협력하고 경쟁보다는 상생의 힘을 키울 수 있도록 사랑스런 자녀들이 자신의 배움에 주인이 될 수 있도록 아름답게 기다려주는 일만 남았다. 부모가 달라지면 아이도 자연스럽게 바뀐다. 부모가 행복하면 아이도 행복하다. 이해되지도 않는 많은 양의 지식을 머릿속에 저장하는 일보다 자신의 눈높이에서 출발한 빈약하긴 하지만 질 좋은 이해가 더욱 소중하고 값진 것임을 부모와 자녀 모두 깨닫게 되는 순간, 배움의 행복이 바로 곁에 자리하고 있음을 알게 될 것이다. 교실이 아이 자신이 꿈꾸는 미래를 멋지게 준비하고 실현시킬 수 있는 공간이 될 수 있도록 가정에서부터 변화의 바람을 불어보자.

필자는 프로젝트 수업을 선택하고, 오랫동안 중단 없이 꾸준히 실천한지 스무 해가 가까워지고 있다. PBL수업을 통해 얻은 희열만큼이나 부모들의 오해로 인한 웃지 못 할 일들도 많이 경험했다. 여전히 PBL수업을 적극적으로 현장에 도입하기에는 눈에 보이지 않는 견고한 장애물들이 존재한다. 그럼에도 불구하고 지금까지 용기를 갖고 PBL을 실천할 수 있었던 것은 아이들의 놀라운 변화 덕분이다. 제한적으로 제공되는 PBL 환경 속에서도 배움의 주인공이 되고 어른들도 해결하기 힘든 어려운 과제들을 반짝이는 아이디어로 멋지게 해결하는 모습, 무엇보다 도전 정신, 자신감, 자기조절, 타인에 대한 배려 등의 삶의 태도 변화들이 필자들을 여기까지 이끌어주었다.

아이들의 변화 외에 어려운 시기에 믿고 격려해 주었던 부모들의 작은 관심이 큰 힘이 된 적이 많았다. PBL에 아이들이 푹 빠져 지낼 수 있도록 과감하게 학원을 그만두게 하기도 하고, 어려운 과제는 함께 해결하며 동료학습자가 되어주기도 하는 등 PBL 실천에 있어서 든든한 지원군이 되어 주었다. PBL은 학교 안에서만 이루어지는 수업이 아니라 가정에서 많은 부분을 진행해야 하기 때문에 부모들의 이런 협조들은 아이들의 잠재력을 발휘하도록 하는데 긍정적인 영향을 미친다. 아이들도 부모가 믿는 만큼 배운다. 시간이 걸리더라도 절대로 그 믿음을 내려놓지 말아야 한다. 아이들에 대한 '믿음'과 '인내' 그리고 '사랑'은 부모와 교사 모두가 가져야 할 기본적인 덕목인 셈이다.

선생님께는 아이들의 잠재능력을 깨워주시기 위해 노력하시는 것에 대한 감사함. 어린친구들은 그 선생님께 책임감, 협동심, 창의성, 노력, 자신감 등으로 보답. 그리고 부모님들은 선생님께 끝없는 믿음과 신뢰를…아이들에겐 무한한 사랑을…^&^

– 김○주 아버지의SNS 글

아이들은 상상 이상으로 많은 잠재력을 가지고 있다. 교과서와 같은 일정한 틀 안에서만 바라보면 이런 잠재력은 잘 드러나지 않는 법이다. 우리 자녀들에게 도전할 수 있는 기회를 제공해 주는 일, 이왕이면 PBL수업과 함께 한다면 아이들은 우리들에게 기대 이상의 모습으로 화답해줄 것이다.

'지금 내가 프로젝트학습에 대해 아는 것은 무엇일까?'
'과연, 알고 있다고 믿고 있는 지식들이 옳은 걸까?'

모든 수업은 설계가 필요한 전문가적인 행위이며, 직·간접적으로 연계된 이론적 토대 위에 세워집니다. 당연히 '프로젝트학습(Project Based Learning: PBL)'이라는 모형을 전문가로서 현장에 실천하고 싶다면, 수업의 토대가 되는 '이론(Theory)'들을 섭렵할 필요가 있습니다. 특정 수업 사례를 참조하고 그대로 따랐다고 해서, 오랜 세월 반복적으로 실천해왔다고 해서 그 수업을 온전히 이해할 수 있는 것은 아닙니다. '이론'이라는 과학적이고 검증된 창으로 들여다보지 않는 한 프로젝트학습을 제대로 실천했는지 여부조차 판단할 수 없기 때문입니다. 이론이라 불리는 모든 지식들은 집단지성의 산물이며, 실제를 근거로 삼습니다. 당연히 이론과 실제의 세계는 별다른 곳에 위치한 것이 아니라 하나의 세상 속에 촘촘히 연결되어 있는 것입니다.

그래서 이론은 실제를 바라보는 해석적 틀이며, 그것을 관찰하고 분석한 연구가들에 의해 하나의 이론으로 체계화된 것입니다. 수업에 적용하는 교수학습모형과 이와 관련된 교수학습이론들도 마찬가집니다. '보는 눈'이 있어야 자신의 PBL수업을 분석할 수 있고, 부족한 부분을 찾아 개선도 시도할 수 있습니다. '안다'라는 착각에서 벗어나 프로젝트학습의 진수가 무엇인지 제대로 맛볼 수 있게 됩니다.

최근 들어 혁신학교, 거꾸로 수업, 융합교육(STEAM), 자유학년제 등에 적용된 PBL사례들이 넘쳐나지만, 안타깝게도 이들 수업이 프로젝트학습의 관점에 부합하는지 여부는 뒷전일 때가 많습니다. 늦은 시간까지 공들여 만든 수업이 무늬만 프로젝트학습이라면 여러모로 속상한 일일 것입니다. 교육현장에 프로젝트학습을 제대로 실천하고 싶다면, PBL로 빚어낸 자신의 창의적인 수업을 점점 발전시켜나가고 싶다면, 지속적인 공부가 필요하겠죠? 무엇보다 프로젝트학습에 대한 제대로 된 안목을 형성하기 위해서라도 관련 이론을 공부하는 것은 필수일 것입니다.

이런 이유로 필자는 프로젝트학습을 교육의 대안으로 삼아 실천하는 교사를 위해 「교사, 프로젝트학습에서 답을 찾다 01 THEORY: 아는 만큼 보이는 법」을 집필하였습니다.

참고로 「교사 프로젝트학습에서 답을 찾다」는 '1편 THEORY: 아는 만큼 보이는 법!'을 시작으로 '설계(Design)', '실천(Action)'까지 총3편으로 집필될 예정입니다. 이론이라는 단단한 토대 위에 창의적으로 PBL수업을 설계하고, 성공적인 실천을 이끌어내는데 이 책이 도움이 되길 고대하면서 말입니다. '1편 THEORY: 아는 만큼 보이는 법!'은 크게 세 부분으로 나눕니다.

「PART1. 프로젝트학습이라 불리는 모형들이 궁금하다」는 프로젝트 학습의 철학을 공유하는 교수학습모형들을 통합적이고 융합적인 관점에서 바라보고 자세히 소개하고 있습니다. 이들 교수학습모형들을 적극적으로 프로젝트학습 범주 안으로 가져와 교사 스스로 창의적인 수업을 빚어내도록 하는데 초점을 두고 있습니다.

이어서 「PART2. 프로젝트학습이 담긴 철학이 무엇일까」는 '앙꼬 없는 찐빵'처럼 철학이 빠진 프로젝트학습이 되지 않도록 하기 위해 교사가 가져야 할 관점이 무엇인지 담고 있습니다. 여기에는 학습의 본질에 해당하는 지식에 대한 관점에서부터 프로젝트학습이 부각될 수밖에 없는 사회문화적 배경, 필자의 오랜 연구를 통해 체계화시킨 PBL에 나타난 재미이론(Fun learning)까지 망라되어 있는 것이 특징입니다.

마지막으로 「PART3. 프로젝트학습은 진화하고 있다」는 테크놀로지의 혁신적인 변화흐름에 맞춰 프로젝트학습이 어떻게 변화하고 있는지 보여주고 있습니다. 새로운 시대에 적응적인 형태로 진화를 멈추지 않고 있는 프로젝트학습의 진면목을 확인할 수 있습니다.

특별히 이 책에는 저학년과 고학년 학생을 대상으로 적용해볼 수 있는 13개의 PBL프로그램이 담겨 있습니다. '잼공팩토리(JAMGONG FACTORY)' 섹션은 필자가 PBL실천의 묘미를 알아가는 과정에서 관련 이론들을 섭렵해나갔듯, 독자들 역시 그러한 경험들을 만끽하길 바라면서 수록한 것입니다. 더불어 이 책은 본문의 내용에 따라 예상되는 Q&A, 개념이해를 위한 부가적인 설명, 관련 정보 등을 66개의 'Guiding Tips'로 묶어 친절하게 제공해 주고 있는 것도 특징입니다.

무엇보다 이 책에서 설명하는 이론은 실제와 밀접하게 연계되어 있으며, 대부분 사례를 중심으로 설명이 이루어지고 있습니다. 더욱이 다양한 상황을 담은 삽화들이 풍부하게 제공되고 있어서 이론에 대한 이해를 높이고, 고정관념에 따른 심리적인 거리를 어느 정도 해소해 주고자 한 것이 큰 특징 중에 하나입니다. 아무쪼록 프로젝트학습에서 답을 찾는 교육자들에게 인식의 폭을 넓혀주는 이론서로서 가치와 의미를 지니길 바래봅니다.

주목하라! 재미교육연구소가 떴다

　재미와 게임으로 빚어낸 프로젝트학습을 만들기 위해 열혈남녀들이 까다로운 과정을 거쳐 재미교육연구소(이후 잼랩)의 일원이 되었습니다. 이들은 초·중등학교, 특수학교, 박물관·미술관 등 각기 다른 교육현장을 무대로 프로젝트학습을 실천해왔던 숨은 실력자들이기도 합니다. 다르게 생각하고 새롭게 접근하는데 익숙한 개성 강한 이들의 좌충우돌 스토리가 흥미진진하게 펼쳐지는 잼랩엔 뭔가 특별한 것이 있습니다.

"경계를 넘나들며 통합의 길을 모색하다!"

초·중등교사, 특수교사, 학예사(에듀케이터), 교수설계전문가, 박물관·미술관교육전문가 등이 잼랩에 폭넓게 참여할 수 있는 것은 핵심적인 지향점을 '통합'에 두고 있기 때문입니다. 국민공통기본교육과정(10학년) 안에서 교과를 넘어 학년, 학교 간 통합을 추구하고, 형식교육과 비형식교육의 경계를 허물기 위한 생산적인 활동이 협업을 통해 이루어지고 있습니다. 잼랩이 추구하는 무학년은 대상과 장소를 인위적으로 섞어버리는 물리적인 결합이 아닌 콘텐츠 중심의 자율적인 통합을 전제로 합니다. 'PBL CREATOR BAND', 무엇보다 잼랩은 다양한 분야의 PBL 크리에이터가 모여 변주곡을 연주하듯 창의적인 작품을 구현해내는 하모니 밴드를 지향하고 있습니다.

"잼랩의 심장! 잼공팩토리"

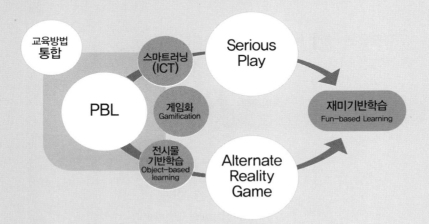

'잼공(재미있는 공부 or 재미공작소의 약자)'은 잼랩이 구현하고자 하는 재미와 게임으로 빚어낸 프로젝트학습의 고유 명칭입니다. 잼공이라는 이름 자체가 학습자의 관점에선 '재미있는 공부', 교육실천가 관점에선 '재미공작소'라는 의미를 내포하고 있습니다. 잼랩은 세 가지 성격의 재미(3S-Fun)를 기반으로 하는 학습환경을 구현하고자 게임화를 전제로 다양한 교육방법의 통합을 추구합니다. 교실이라는 제한된 공간에서부터 박물관이나 특정지역 등의 광범위한 공간에 이르기까지 주제에 따라 규모를 달리하며 다채로운 잼공프로그램이 탄생하고 있습니다. 더욱이 잼공은 주제나 실시된 공간에 따라 부가적인 이름이 더 해집니다. 이를테면 삼청동이나 정동과 같이 특정 지역(동네)를 무대로 프로젝트학습이 진행될 경우에는 잼공타운, 박물관일 경우엔 잼공뮤지엄 등으로 불리는 식입니다. 참고로 잼공프로그램의 대표적인 유형은 다음과 같습니다.

잼공프로젝트유형

MUSEUM

잼공뮤지엄, 박물관, 미술관 등의 매력적인 공간을 활용한 PBL프로그램

CLASS

잼공클래스, 학교교육과정과 연계한 다양한 주제의 PBL교실수업 프로그램

TOWN

잼공타운, 특정지역(주로 마을 단위)을 무대로 펼쳐지는 PBL프로그램

PLAY

잼공플레이, 보드게임을 비롯해 각종 놀이와 연계한 PBL프로그램

　이러한 잼공프로그램은 '실행공동체(Community of Practice)'를 뜻하는

CoP팀과 특정 과제수행 중심의 TF팀을 통해 만들어집니다. 이들 팀 하나하나가 바로 잼랩의 심장! '잼공팩토리'인 것입니다. 지금 이 순간에도 잼공팩토리에선 교실을 무대로(잼공클래스), 때론 박물관과 미술관을 무대로(잼공뮤지엄), 특정지역을 무대로(잼공타운), 보드게임+놀이를 접목시킨(잼공플레이) 다채로운 PBL프로그램들이 만들어지고 있습니다.

교실 속 즐거운 변화를 꿈꾸는 **프로젝트학습**

"CPR로 무장한 연구원이 있다!"

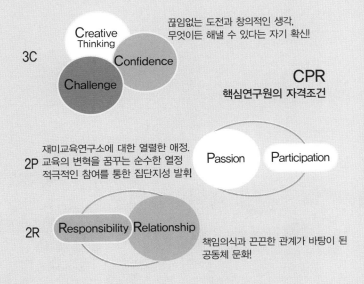

연구원들은 잼랩의 구성원이기에 앞서 각자 자신의 삶의 터전이 있는 어엿한 직업인이기도 합니다. 이들은 자신의 소중한 시간과 경제적인 부담을 감수하면서 자발적인 참여를 지속하고 있습니다. 잼랩의 모든 활동은 연구원들에게 창의적인 생산성을 끊임없이 요구합니다. 특히 재미와 게임으로 빚어낸 프로젝트학습을 팀별 혹은 개별로 구현하다보면, 자연스레 연구원들의 역량 강화로 이어지기 마련입니다. 단, 이 과정에서 'CPR'이라는 핵심연구원의 자격조건이 기본적인 전제가 됩니다. 근본적으로 'CPR'을 갖추지 못한 사람은 잼랩의 문화에 빠져들 수가 없습니다. 진지한 재미로 가슴 뛰는 교육세상을 만들고자 하는 잼랩의 시도들, 그 밑바탕엔 CPR(일반적으로 심폐소생술을 의미한다)로 무장

한 연구원들이 있습니다. 지금 이 순간도 다채로운 잼공프로그램들이 이들에 의해 탄생되고 있습니다. 잼랩의 구성원들이 써 내려가는 작지만 의미 있는 도전의 역사들은 앞으로도 쭉 계속될 것입니다.

"잼랩의 일은 진지한 놀이다!"

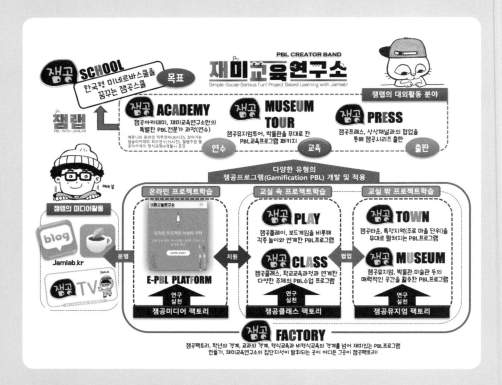

진지한 재미에 빠지면 노력을 앞세우지 않더라도 놀라운 생산성을 보여주기 마련입니다. 그래서 잼랩에서 벌이는 대내외활동은 늘 창조

적인 사고를 기반으로 한 진지한 놀이, 그 자체라고 할 수 있습니다. 만약 어떤 일이 노력만이 요구될 정도로 심각해지거나 엄숙해지게 되면 가던 길을 멈추고, 원점부터 다시 시작하는 것도 주저하지 않을 겁니다. 놀이엔 실패란 없는 법이니까요. 모든 과정이 소중하고 아름다운 경험일 뿐입니다. 그렇기에 잼랩의 문화 속엔 다르게 생각하고 새롭게 접근하는 모든 도전들이 언제나 환영받습니다. 잼랩만의 특별한 문화가 만들어내는 놀이터가 어떻게 진화해 갈까요? 전문분야도, 교육현장도, 출발점마저 다른 사람들이 모였지만 잼랩이라는 '매직서클(magic circle)'안에 너나할 것 없이 푹 빠져 지내고 있는 것만은 틀림없습니다.

"잼랩의 공식적인 창을 만들다!"

2015년 3월 28일, 잼랩과 상상채널이 MOU를 체결했습니다. 이후로 잼랩에서 생산한 다양한 저작물과 사례들이 상상채널을 통해 지속적으로 출판되고 있습니다. 이어서 2017년 9월 잼랩의 온라인 연수과정(30시간)도 에듀니티 행복한 연수원에 개설됐습니다. 이제 「재미와 게임으로 빚어낸 신나는 프로젝트학습(상상채널)」을 책뿐만 아니라 동명의 연수로도 만나볼 수 있습니다.

에듀니티 행복한 연수원(happy.eduniety.net)

더불어 잼랩의 다양한 소식들은 블로그(blog.naver.com/jammylab), 카페 (cafe.naver.com), 유튜브(잼공TV) 등의 잼랩미디어 활동을 통해 매일매일 접할 수 있습니다. 아무쪼록 새로운 교육을 향한 갈망, 열정으로 똘똘 뭉친 사람들 간의 활발한 교류의 장이 되어주길 바래봅니다. 자, 그럼 이 책을 통해 잼랩과 함께 잼공할 준비를 해 보는 것은 어떨까요? 마음 이 움직인다면 과감히 실천으로 옮겨봅시다.

참고문헌

> 이 책의 이론적 근거들 대부분 「교사, 프로젝트학습에서 답을 찾다.
> 01. THEORY(2019)」에 체계적으로 정리되어 있다.

◆ 강인애. (2003). 우리시대의 구성주의. 서울: 문음사.

◆ 강인애, 정준환, 정득년. (2007). PBL의 실천적 이해. 서울: 문음사.

◆ 류태호. (2018). 성적 없는 성적표. 서울: 경희대학교 출판문화원.

◆ 장상수. (2014). 가족배경과 학습시간, 성적: 국제비교의 관점에서 본 한국. 한국청소년연구, 25(2), 291–318.

◆ 정준환. (2015). 재미와 게임으로 빚어낸 신나는 프로젝트학습. 서울: 상상채널.

◆ 정준환. (2018a). 부모, 프로젝트학습에서 답을 찾다. 서울: 상상채널.

◆ 정준환. (2018b). 설레는 수업, 프로젝트학습 PBL달인되기2: 진수. 서울: 상상채널.

◆ 정준환. (2019a). 설레는 수업, 프로젝트학습 PBL달인되기1: 입문(개정판). 서울: 상상채널.

◆ 정준환. (2019b). 교사, 프로젝트학습에서 답을 찾다. 01. THEORY. 서울: 상상채널.

◆ 정준환. (2020a). 잼공 독서 프로젝트 1편 기존 독서상식을 비틀어 볼까. 서울: 상상채널.

◆ 정준환. (2020b). 설레는 수업, 프로젝트학습 PBL달인되기3: 확장. 서울: 상상채널.

◆ 정준환, 강인애. (2012). 학습의 재미에 대한 개념적 탐색을 통한 재미발생구조 도출. 학습자중심교과교육연구, 12(3), 479–505.

◆ 정준환, 강인애. (2013a). PBL에 나타난 학습의 재미요소 추출과 상호관계에 관한 연구. 교육방법연구, 25(1), 147–170.

◆ 정준환, 강인애. (2013b). 학습자 관점에서 드러난 PBL의 재미요소에 대한 질적 연구. 학습자중심교과교육연구, 13(3), 291–324.

◆ Adler, A. (1964). Social interest : A challenge to mankind. NY : Capricorn.

◆ Anderson, L. W., Krathwohl, D. R., Airasian, P. W., Cruikshank, K. A., Mayer, R. E., Pintrich, P. R., Raths, J. and Wittrock, M. C. (2001). A taxonomy for learning and teaching and assessing: A revision of Bloom's taxonomy of educational objectives. Addison Wesley Longman.

◆ Andersen, S. M., Berk, M. S. (1998). Transference in everyday experience: Implications of experimental research for relevant clinical phenomena. Review of General Psychology, 2(1), 81–120.

◆ Antonio, M. B., Kurt, W. F., Pierre, J. L. (2003). 마음, 뇌, 교육의 연결고리를 찾아. 김유미 역(2009). 서울: 학지사.

◆ Atkinson, P. (1992). Understanding ethnographic texts. Newbury Park, CA: Sage.

◆ Bamberger, J. (1991). 'The laboratory for making things: developing multiple representations of knowledge'. In Schön, D. A. (Eds.) The reflective turn – case studies in and on educational practice. New York: Teachers Press, Columbia University, 37–62.

◆ Bloom, B. S. (1956). Taxonomy of Educational Objectives: The Classification of Educational Goals. Handbook 1; Cognitive Domain. NY: David McKay Co. Inc.

◆ Bernard, D. (2008). Social bridge with serious fun. Philadelphia: Trans–Atlantic.

◆ Boud, D., Feletti, G. E. (1997). The Challenge of Problem Based Learning. London: Kogan Page.

◆ Caroll, J. B. (1963). A Model of school learning, Teachers College Record, 64. 김호권 역 (1994). 완전학습이론의 발전. 서울: 문음사.

◆ Carter, R. (1999). Mapping the mind. CA: University of California Press.

◆ Cattaneo A., Teyssier R. (2007) AGN self–regulation in cooling flow clusters, Monthly notices of the Royal Astronomical Society, 376(4), 1547–1556

◆ Chen, J. (2007). Flow in games(and everything else). Communication of the ACM, 50(4), 31–34.

◆ Cialdini, R. B., Trost, M. R. (1998). Social influence: Social norms, conformity, and compliance. In D. T. Gilbert, S. T. Fiske, & G. Lindzey (Eds.), The handbook of social psychology (Vol 2, pp. 151–192). Boston: McGraw–Hill.

◆ Csikszentmihalyi, M. (1975). Beyond boredom and anxiety. San Francisco: Jossey Bass.

◆ Csikszentmihalyi, M. (1990). Flow : The psychology of optimal experience. New York: Haper & Row.

◆ Csikszentmihalyi, M. (1996). Creativity: Flow and the psychology of discovery and invention. New York: Harper Collins.

◆ Csikszentmihalyi, M. (2000). Beyond boredom and anxiety: Experiencing flow in work and play. San Francisco: Jossey Bass.

◆ Deci, E. (1975). Intrinsic motivation. NY: Plenum.

◆ Deci, E., & Ryan, R. (1985). Intrinsic motivation and self–determination in human behavior. New York: Plenum.

◆ Dewey, J. (1910). How we think. Boston; Heath.

◆ Dewey, J. (1913). Interest and effort in education. NY: Houghton Mifflin Company.

◆ Dewey, J. (1933). How we think: A restatement of the relation of reflective thinking to the educative process. Boston: Heath.

◆ Duffy, T., Jonassen, D. (1992). Constructivism and the technology of instruction: A conversation. NJ: Lawrence Erlbaum Associates.

◆ Edward, O. W. (1998). Consilience: The unity of knowledge. NY: Vintage books.

◆ Fosnot, C. T. (1995). 구성주의 이론, 관점, 그리고 실제, 조부경외 3인 역(2001), 서울: 양서원.

◆ Gazzaniga, M. S., Heatherton, T. F.(2003). Psychological science. New York: W.W.Norton, & Company.

◆ Goleman, D. (1995). Emotional intelligence. New York: Bantam Books.

교실 속 즐거운 변화를 꿈꾸는 **프로젝트학습**

◆ Collins, A. (1991). Cognitive apprenticeship and instructional technology. In Idol, L & Jones, F. (Eds.), Educational values and cognitive instruction : Implications fo reform (pp. 121–138). Hillsdale, NJ : Lawrence Erlbaum Associates.

◆ Gottschall, J. (2012). The Storytelling Animal: How Stories Make Us Human. New York: Houghton Mifflin Harcourt.

◆ Harris, P. (2004). 흥미로운 유아의 상상력의 세계 (전경원 역). 서울 : 교문사. (원저 2000 출판)

◆ Hein, H. (1968). Play as an Aesthetic Concept. The Journal of Aesthetics and Art Criticism, 27(1).

◆ Holen, A. (2000). The PBL group: self-reflections and feedback for improved learning and growth. Medical teacher, 22(5), 485–488.

◆ Huizinga, J. (1955). Homo ludens; a study of the play-element in culture. Boston: Beacon Press.

◆ Izard, C.E. (1991). The psychology of emotions. New York: Plenum Press.

◆ Jensen, E. (1998). Teaching with the brain in mind. VA: ASCD.

◆ Jensen, E. (2000). Music with the brain in mind. CA: The Brain Store.

◆ Kagan, J. (1972). Motives and development. Journal of Personality and Social Psychology, 22, 51–66.

◆ Kare, L. (2012). A Rebuttal of NTL Institute's Learning Pyramid. Education, 133(1).

◆ Keller, J. M. (1983). Motivational design of instruction. In C.M. Reigeluth (Ed.), Instructional-design theories and models: An overview of their current status (pp.383 – 434). Hillsdale, NJ: Erlbaum.

◆ Kilpatrick, W. H. (1918). The project method. Teachers College Record, 19(3), 319–335.

◆ Kilpatrick, W. H. (1924). The project method: The use of the purposeful act in the educative process. NY: teachers college, columbia university.

◆ Kolb, D. (1984). Experiential learning. Englewood Cliffs, NJ: Prentice Hall.

◆ Kolb, B., Taylor, L. (2000). Facial expression, emotion, and hemispheric organization. In R. D. Lane, & L. Nadal (eds.), Cognitive neuroscience ofeontion. Oxford: Oxford Unicersity Press.

◆ Korthagen, F. A. J. (1985). Reflective teaching and preservice teacher education in the Netherlands. Jounal of Teacher Education, 9(3), 317–326.

◆ LeDoux, J. E. (1996). The Emotional brain. New York: Simon & Schuster.

◆ Loyens, S. M., Magda, J., Rikers R, M. (2008). Self-directed learning in problem-based learning and its relationships with self-regulated learning. Educational psychology review, 20(4), 411–427.

◆ Lubart, T. I. (1994). Creativity. In R. J. Sternberg (ed.), Thinking and problem solving(pp. 289–332). San Diego: Academic Press.

◆ Maturana, H., Varela, F. (1982). 인식의 나무. 최호영 역(1987). 서울: 자작아카데미.

◆ Olds, J. (1956). Pleasure centers in the brain. Scientific American (October, 1956). Reprinted in S. Coopersmith (ed.), Frontiers of Psychological Research, (54–59), San Francisco: W.H. Freeman & Company(1966).

◆ Piaget, J. (1952). The origins of intelligence in children. New York: W. W. Norton.

◆ Piaget, J. (1970). Structuralism. New York: Basic Books.

◆ Piaget, J. (1977). Equilibration of cognitive structures. New York: Viking.

◆ Piaget, J. (1981). Intelligence and affectivity: Their relation during child development. Palo Alto, CA: Annual Reviews. (Originally published 1954)

◆ Ratey, J. J. (2001). A user's guide to the brain. New York: Pantheon Books.

◆ Routtenberg, A. (1978) The reward system of the brain. Scientific American. 154–164.

◆ Salovey, P., Mayer, J. D. (1990). Emotional Intelligence. Imagination, Cognition, and Personality, (9), 185–211.

◆ Schank, R. (1990). Dynamic Memory Revisited. New York: Cambridge University.

◆ Schank, R. (1994). Tell Me a Story Evanston, IL: Northwestern University Press.

◆ Schulz, L.E., Bonawitz, E. B. (2007) Serious fun: Preschoolers engage in more exploratory play when evidence is confounded. Developmental Psychology, 43(4), 1045 – 1050.

◆ Schwartz, P., Mennin, S., Webb, G. (2001). Problem–based learning: Case studies, experience and practice. London, UK: Kogan Page Limited.

◆ Spiro, J., Coulson, L., Feltovich, J., & Anderson, K. (1988). Cognitive flexibility theory: Advanced knowledge acquisition in ill–structured domains. In The tenth annual conference of the cognitive science society. Hillsdale, NJ: Lawrence Erlbaum Associates.

◆ Tsai C. W., Shen P. D. (2009). Applying web–enabled self–regulated learning and problem–based learning with initiation to involve low–achieving students in learning. Computers in human behavior, 25(6), 1189–1194.

◆ von Glasersfeld, E. (1995). Radical constructivism: A way of knowing and learning. London: Falmer.

◆ Vygotsky L. (1978). Mind in society: The development of higher psychological precesses. Cambridge, MA: Harvard University Press.

◆ Wenger E. (1998). Communities of Practice: Learning, Meaning, and Identity. New York: Cambridge University Press

◆ White, R. (1959). Motivation reconsidered: The concept of competence. Psychological Review, 66, 297–333.

◆ Wilson, E. (2005). 통섭 : 지식의 대통합 (최재천, 장대익 역.). 서울: 사이언스북. (원저 1998 출판)

◆ Zeichner, K. M. (1983). Alternative paradigms of teacher education. Journal of Teacher Education, 34(3), 3–9

◆ Zimmerman, B. J. (1989). A social cognitive view of self–regulated academic learning. Journal of Educational Psychology, 81, 329–339.

◆ Zimmerman, B. J., Lebeau, R. B. (2000). A commentary on self–directed learning. In D. Evensen, C. E. Hmelo (Eds.), Problem–based learning: A research perspective on learning interactions(299 – 313). Mahwah, NJ: Lawrence Erlbaum.

◆ Zull, J. E. (2002). The art of changing the brain. VA : Stylus.